イメージから考える
人生論

青木克仁 著

大学教育出版

イメージから考える人生論

目　次

序章　探求の始まり ……………………………………………………… 1

第1章　人生をイメージするためのメタファー …………………………… 8
§1　「人生」を「旅」に喩える　　9
§2　「人生」を「物語」に喩える　　38
§3　「人生」を「演劇」に喩える　　48
§4　「道図式」による理解　　68
§5　その他のメタファー　　71
§6　断片化した「人生」　　112
§7　以下の章への橋渡し　　118

第2章　古典より、人生についての考え方を探る ………………………… 120
§1　レフ・トルストイの（Lev Tolstoy）見解　　121
§2　アルベルト・カミュ（Albert Camus）の見解　　128
§3　ワルター・ステイス（Walter Stace）の見解　　134
§4　結び　　136

第3章　言語分析の手法から学ぶ ………………………………………… 142
§1　分析の練習をしよう　　143
§2　ヘア（R. M. Hare）の見解　　155
§3　カート・バイヤー（Kurt Baier）の見解　　159
§4　ポール・エドワード（Paul Edwards）の見解　　161
§5　トマス・ネーゲル（Thomas Nagel）の見解　　164
§6　「意味」、「価値」そして「目的」　　166

第4章　「線分」の内側から考えるとは？ ………………………………… 177
§1　リチャード・テイラー（Richard Taylor）の見解　　177
§2　西岡兄妹の『この世の終わりへの旅』に見られる「繰り返し」のイメージ　182
§3　ショーペンハウエル（Arthur Schopenhauer）と人生のイメージ　　186
§4　テイラー再び　　189

§5　ノージック（Robert Nozick）風の批判　　*194*
　　§6　結語　　*196*

第5章　エネルゲイア——ラッチス（John Lachs）の見解 …………… *197*
　　§1　ラッチス風イソップ物語　　*197*
　　§2　寓話のモラル、その1　　*199*
　　§3　寓話のモラル、その2　　*223*
　　§4　エネルゲイア　　*228*
　　§5　禅の世界　　*234*
　　§6　「遊ぶために遊ぶ」　　*240*
　　§7　二人の学者の本より　　*248*
　　§8　松本大洋ワールドに表現されたエネルゲイア　　*250*
　　§9　「大きくなったら何になるのか？」　　*259*
　　§10　結語　　*263*

第6章　最終章——死について—— ……………………………………… *266*

あとがき ……………………………………………………………………… *275*

参考文献及び引用文献 ……………………………………………………… *277*

序章　探求の始まり

　私たちが人生の意味を問い始めるということは、どちらかというとあまり普通ではないことでしょう。物事が万事順調な時、人はこうした問いを思いつきもしないかもしれません。仮にそうした問いが脳裏をよぎるとしても、その問いに憑かれたかのように、深く考え込むなどといったようなことはないでしょう。かといってこのことが、この問いに対して無関心でいられるということを証明するわけではありません。平常は、この問いに頭を悩ますことによって、かえって社会における自己の正常な機能を果たせなくなるので、気になっていても、夜を徹して考え抜くような真似をしないだけなのかもしれません。自分にとって、もうすっかりお馴染みになっている、ルーティーンと呼ばれる、日常生活における、ある正常な流れのようなものを、このような深刻な問いを問うことによって塞き止めてしまうはめになることを誰でもあまりよいことだとは感じないからです。
　けれども、逆にこうした正常と思うほど、身に染まった日常の流れが、何らかの外的、あるいは内的要因で、意に反して塞き止められることになろうものなら、私たちは「人生とは何か」という問いに苦しめられるようになるでしょう。例えば、突然、自分が不治の病に侵されていることを告げられた時、あるいは最愛の恋人を何らかの形で失った時、突然の天災に見舞われ、無一文で被災地に立ち尽くす時、普段は有り難さも感じなかった健康な状態を失い、死の陰りが射す時——例えば、喘息の持病があり、普段はまったく意識すらしないですむ、呼吸という、この生存する上で最も基本的な活動を、喘鳴によって一呼吸ずつ意識させられるような時——、リストラされて、職も無く、日々の生活にも事欠き、貧困に喘ぐような状態に追い込まれた時、あるいは、友人や親族の死ということで、葬儀に臨席する時、「人生とは何か」という問いに突然

不意を打たれ、今まで心の片隅に押しやっていたこの問いが意識の全面を占めるようになってくるのです。私たちはこの問いを、万事が順調な時は気になりながらも避けてきたはずなのに。

　最近は、職場や、何と小中学校で、何のいわれれも無く、周囲から無視され、陰湿な虐めを受け、自分の居場所が見つけられず「なぜ生きているのか」という疑問に苦しみぬいたあげく、自殺を遂げる、という事件が日本全国で多発しています。さらに最近は、増大する社会的な不透明性の中で自分の居場所を見失ってしまうという場合や、日常性のあまりにも凡庸な均質性、つまり「毎日、毎日が同じだ」ということからくる閉塞感ゆえに、こうした均質性を絶ち切るために、自殺へ駆り立てられてしまうという場合も見られるようになってきています。「人生とは何か」という問いは、このように、時には、人を死に至らしめるほど、深刻な響きを帯びてくるのです。

　こうして考えてみると、私たちが日常の正常なルーティーンと感じ意識すらしなくなった生活の流れに、ある淀みが生じた時、私たちは突然「人生とは何か」という問いに一対一で対面させられるのではないのか、ということが言えるでしょう。確かに人生には、「死」を筆頭にした諸々の不安や苦痛を呼び覚ますような出来事が、たとえ嫌でも存在し、そうした諸々の出来事に不意を打たれ、人生行路において足取りを止めざるを得なくさせられる時があるのです。釈迦もこうした生存の不安や苦痛に接して、悟りに至る道を切り開こうと、王宮を後にしたのでした。

　人は、何らかの困難に直面した時に、人生について考え始める、ということは、私個人に関して言えば、正しいことでした。音楽の勉強をするために、アメリカ留学をしていた私は、暴漢に襲われて、指を折られてしまう、という体験をした後、どもりや震えなどを伴う対人恐怖症を患うようになってしまいました。社会の中に居場所を持てず、何をしてよいのかまったく分からなくなって途方にくれて、無駄に時間が経っていきました。そんなある日、そろそろ明け方に近い頃、地平線すれすれのところに、アンタレスの真っ赤な光を放つ、巨大な蠍座を見たのでした。これは本当に言葉にはならないような衝撃的な体験で、世界には自分が知らない体験が無数にあるかもしれない、という発見に癒されるのを感じました。

今でも、シューマンの音楽を聴くと、あの時の蠍座の体験を思い出すことがあります。彼の音楽を聴いていると、懸命な燃焼と夢見るような憧憬の果てに、突然、天空が裂けて一条の光が差し込むかのように訪れる、あの時の蠍座のような「名状し難きもの」に触れることができるのです。『序奏とアレグロ、作品134』や『ファウスト』の序曲の結尾部に響き渡るブラス、あるいは、『第二交響曲』の終楽章に現れる「賛美歌」などを例として挙げることができるでしょう。シューマンの構築法は、反復によるものが多いのですが、燃えるような反復の果てに、天啓が訪れる瞬間が来るのです。この異次元からの天啓に触れることによって、シューマンの聴き手は癒されることになります。シューマンの音楽は、社会の中に生きている私たちの、この現世そのものへの賛歌に留まるような音楽ではなく、天啓のように、突然この世にやって来る次元に触れることを許してくれる、そんな音楽なのです。私は、シューマンを聴きながら、いつもあの蠍座を思い起こします。これが、私自身が「人生とは何か」ということを問い始めたきっかけでした。

ニーチェは『悦ばしき知識』の「生存の目的の教師」と題されたセクションの中で、このように説きました。「生存の目的」なるものは、人間の捏造した余計な存在条件であって、人間はそのせいで、「自分の存在理由」を問わねば生きていかれなくなってしまったのだ、と。もし、そうだとしたら、逆説めいて聞こえますが、生きることが困難になり、良き人生を送れないから、捏造された存在条件を絶えず気にしなければ生きていけないことになるのかもしれません。けれども、これは逆説でも何でもないのかもしれません。実際に、今、述べてきたように生の流れに淀みが生じた時に、私たちは、「人生の意味」を見いだそうと、「人生の意味とは何か」と問い始めるからです。けれども、逆に、このように考えることもできるのではないでしょうか。つまり、「捏造された存在条件」にうまく適応してしまっている人たちだからこそ、「人生の意味とは何か」という問いすら思い浮かびさえもしないのだ、と。本書の目的の1つは、読者の皆さんが、このニーチェの言葉の意味を逆説ではなく真理として、理解できるよう、その理解の助けを提供することにあります。この逆説めいた言葉によって、ニーチェは、どのように生きよ、と言いたいのでしょうか。

けれども本書は、決して「ニーチェ論」ではありません。本書で取り扱う問

いは、「人生の意味とは何か？」ということです。この「人生の意味」というテーマを、神秘的にならずに、また形而上学的に難解にならずに、誰にも理解できるような言葉で考えていきたい、と思います。そのために、私たちは、「人生」を考える時に私たちが知らずと頼ってしまっているイメージを取り出すことから出発します。こうした基本的なイメージを取り出して、それを探求の基盤に据えようと思います。そして、一連の探求の結果として、先述したニーチェの言葉が理解できるようになった時には、読者の皆さんは、「生きる」ということを、以前とは違った観点から捉えることができるようになっていることでしょう。

　それでは、ここで、本書全体の流れを簡単に提示しておきましょう。この本では、人生論の古典とされている、カミュやトルストイの作品、そして英米の分析哲学派に位置付けられる哲学者の人生論、そして、筆者自身が師事したマーク・ジョンソン、ジョージ・レイコフの認知意味論の考え方を応用した人生論を主に扱っていきます。

　第1章では、マーク・ジョンソン、ジョージ・レイコフの考え方に従って、私たちが、人生をイメージする時に、必ず引き合いに出してくる「比喩（メタファー）」を調べてみたいと思います。私たちは、「人生」を、もっと経験しやすい他の何かに喩えることによってイメージ化しているからです。そしてこの考察から、考えるヒントを引き出してみたいと考えます。そんなわけで、第1章は、「人生」に関するイメージ論が展開されます。この章で、「人生」に関するイメージトレーニングを十分にしておくことにしましょう。きっと、皆さんは、「人生」に関する豊富なイメージを考える手掛かりとすることができることでしょう。こうしたイメージの中には、「人生」について思索を深めるために大変有益なイメージもあるし、誤った推論を引き起こしてしまうようなイメージもあるのです。実際に、「人生」を理解しようとして、より理解しやすい他の何かに喩えることによって得ることのできるイメージの中には、「人生」とは、似ていないイメージもたくさん出てくることでしょう。そうした似ていない点の内、私たちを誤った推論に導いてしまうものを「ディスアナロジー」と呼びます。私たちは、誤った推論を引き起こしてしまったイメージである「ディスアナロジー」による推論を、次章より、批判的に吟味していくことになるのです。

第2章では、前の章の考察を受けて、人生を考える際に、必ず引用される古典を調べてみたいと思います。この章より、いよいよ本格的に議論を進めていきます。特に、トルストイの『ざんげ』とカミュの『シーシュポスの神話』を取り上げて、そこから主要な議論を取り出し、それに対して批判的な検討を加えてみたいと考えています。こうした古典的な作品が読まれなくなってしまった時代であるだけに、これらの著述家の作品から主要な議論を抽出しておくことは有益でしょう。前章で紹介した「人生」に関するイメージが、トルストイやカミュの議論の背景にあることを分かっていただけると思います。

　第3章では、前章で考察した思想家の議論の欠点を理解するために、哲学の領域では、「分析哲学」という名称で知られている哲学者の見解をヒントに思索を深めていきたい、と考えています。この章では、「意味」とか「目的」とか「価値」などのように、「人生の意味」を探求する際に、私たちが必要とするだろう語彙を形成している、基本的な言葉の意味を考えてみたいと思います。そのためには、分析哲学者の「言語分析」の方法が助けとなるのです。探求の結果、皆さんは、この章で考察する分析哲学者の見解は、ある1つの方向に収斂していることに、気づかれることと思います。

　第4章では、前章の哲学者たちが示した方向に従って、思索を進め、彼らの結論を批判的に検討するために、リチャード・テイラーの見解を検討し、さらに探求の焦点を絞っていこうと考えています。テイラーは、「意味の無いと思われる人生のイメージ」を想像し、そのイメージにどのような要素を加えたら、「有意味な人生」になるのか、という面白い「思考実験（頭の中で想像力にのみ頼って実験してみること）」をしてみるよう、私たちを促します。第1章で、イメージ・トレーニングを済ませた読者の皆さんは、どのような「思考実験」を展開されるでしょうか。そして、テイラー自身は、「有意味な人生」になるための要因として、何を提示するでしょうか。

　第5章は、本書のクライマックスに当たります。前の章で、ヒントとして提示された考え方を一層深めて、ここで「生き方」についての1つの結論を提示します。第3章まで、検討してきた、「目的」を設定することによって、「人生に意味を見いだす」やり方とは違った考え方が、この章で提示されるのです。それとの関連で、先ほど紹介したニーチェの言葉の真意を考えていきます。

そして最終章である第6章では、「死」についての考察を通して、第5章で導き出した結論を検討していきたい、と考えています。

　早分かりを望む方は、第4章から読み始めてくださっても構いません。それでも、ただ議論の結論を鵜呑みにするのではなく、議論の過程を大事にしていただきたく思います。哲学は、論理学という「議論の学」を生み出しつつ発展してきました。それゆえ、哲学書を読む際に、心掛けていただきたいことは、どのような議論が展開されているのかを知る、ということです。そこで、哲学をする際の手段になる「議論」というものを簡潔に定義しておきましょう。議論は conclusion（結論）と呼ばれる文と、1つ以上の premiss（「プレミス」と読み、「理由や証拠」を提供している文のことです）と呼ばれる文から成っており、「議論をすること」は、「結論を支持するために一連の理由や証拠を提供すること」なのです。そんなわけで、「議論」をするためには、必ずしも議論の相手がいなければならない、というわけではありません。ソクラテスの有名な探求は、「汝自身を知れ」という神託を真面目に受け取ることから開始されましたが、まさにこの「自己吟味」の手段として、自分1人で自分の内面で議論を展開することも可能なのです。あなたが、哲学書をあなた自身の「自己吟味」に役立てようとするのであるのならば、哲学書を読む以上、ただ単に結論を暗記するのではなく、どのようなプレミス（理由や証拠）に基づいて、結論が導き出されているのか、を考えながら読んでいただきたいと思います。そうしていただくことが、あなた自身の「自己吟味」のために役立つのですから。「人生の意味なんてねえんだよ」とうそぶく前に、議論の形で、「人生の意味」ということを吟味してみましょう。そうした上で、あなた自身はどうするのか、考えてみても遅くはないはずです。

　付記；哲学の伝統において、議論のプレミスと結論が、何であるのかを、分かりやすく示すために、議論を構成する文ごとに番号を付けた上で、長い横線の上にプレミスを並べて書き、その横線の下に結論を書く、ということをしています。本書でも、この方式を踏襲しています。例えば、このように書きます。

1）人間である以上、誰でも死を免れ得ない。
2）ソクラテスは人間である。
───────────────────────
3）従って、ソクラテスは死を免れ得ない。

長い横線の上に並べた、1）と2）は、理由や証拠を提供する役割を担った文である「プレミス」です。横線の下に記されている3）が「結論」なのです。「長い横線」は、「プレミスに述べられている理由や証拠によって、結論を導き出しています」ということを意味するのです。

第1章　人生をイメージするためのメタファー

　この章では、私たちが「人生」について考えようとする時、実際に、どのようなイメージに従って「人生」を考えているのか、ということを調べてみようと思います。こうしたイメージの中に考えるヒントが潜んでいるはずです。ですから、人生に関する代表的なイメージを調べ、私たちが、それらのイメージをどのように役立て「人生」を思索しているのかを探っていきたいと思います。
　私たちが「人生」を理解しようとする時、私たちは、何か他の理解しやすいものに喩えて理解しようとします。例えば、「人生」を理解する時に、私たちは、「人生の門出」や、「思い出の1ページ」などという言い方に見られるように、「人生」を「旅」や「物語」に喩えることで理解しています。「人生」という抽象的な概念を理解するために、誰でも経験している「旅」や「物語」のイメージに頼ることで、「人生」をイメージ化することができるのですね。具体的にどのようにイメージ化していくのかは後ほど見ていくことにしますが、このように、「ある事柄を理解するのに、その事柄と何らかの関連があり、より身近で具体的な別の事柄に擬えて表現すること」を「Metaphor メタファー（隠喩・比喩）」と言います。例えば、私たちが「電気」について考える時、「電気」を「川」に喩えて考えています。つまり、「電気」も「川」のように「流れる」ものだ、と考えているのです。このように「川」に喩えることによって、「電気」について考えるための分かりやすいイメージが提供されることになるのです。伝統的に考えられてきたように、メタファーが単に修辞学の問題であり、言葉の単なる綾であるという考え方は、人間が現実というものをいかにメタファーによって概念化しているのかということを無視してしまっています。メタファーは「抽象的なもの」や「分かり難いもの」あるいは「言葉で表現し難いもの」などを、イメージを通して思考するという人間特有の思考法を支配す

る類のものであり、単なる文彩の問題などではないということを強調すべきでしょう。「抽象的なもの」や「分かり難いもの」あるいは「言葉で表現し難いもの」は、そのままでは理解し難いわけですが、身近で身体経験しやすいものに喩えられることによって、イメージ化すれば、そのイメージを通して考えを進めていくことができるようになります。簡単に言えば、私たちはメタファーの助けを借りて、抽象的なものや言葉ではなかなか表現し難いものなどにイメージを与えているのです。これは「人生」について考える場合も同じです。自分たちがまだ最後まで生き切ったわけではないのに、つまり、まだ人生の道のりの途上にいるにもかかわらず、私たちは「人生」について問わねばならない、というわけですので、「人生」そのものを考えることは、何か抽象的なものでも取り扱っているかのような難しさがあります。そうした難しさに直面した時に、「人生」を「旅」や「物語」のように、理解しやすいイメージに喩えて考えてみることは、私たちに「人生」を考える上で、豊富なイメージを提供してくれるという点で、理解の助けになるわけで、大変有益でしょう。そこで、次のセクションから、「人生」をイメージする際に、私たちが頼っている代表的なメタファーを検討していくことにしましょう。

§1 「人生」を「旅」に喩える

『奥の細道』の冒頭の有名な一節で、松尾芭蕉は、時間そのものも永遠の旅人なのだ、ということを述べ、一生を舟の上で暮らす船頭や、馬の轡をとって人を乗せる馬子は、旅をすることで一生を送るわけですが、風雅の道に生涯を捧げた先人たちも「旅」に誘われ、「旅」の途中で死んでいったのだ、と書いています。芭蕉の先人たちの一生は、まさに「風雅の道を探究する旅」であったわけで、こう考えれば、「人生」そのものが「旅」ではないのだろうか、と思えてきます。

そこで「人生」を「旅」に喩える場合を考えてみましょう。ここでは、「人生」という、より抽象的な経験領域が、「旅」という具体的な身体経験を通して理解されるのです。こうしたメタファーが可能であると言えるのは、「旅」という、より経験しやすいものの構造に、抽象的な「人生」の構造を対応させて考

えることができるということが言える時なのです。「旅」のイメージを「人生」を考える手助けにする時、私たちは「旅」のイメージを利用して「人生」について考えようとします。「旅」のイメージを「人生」に重ねて考えていくことによって、「人生」の一側面を私たちは理解することができるようになるのです。「旅」のイメージを「人生」を考えることに役立てることを、「旅」のイメージを「人生」に「写像する」と言うことにしましょう。「人生」をイメージしなさい、と言われても、それだけでは、難しいと思いますが、「旅」のような別の経験領域の持つイメージを重ねていくことによって、「人生」をイメージしやすくなるわけです。「人生」を「旅」のようなものとしてイメージしなさい、と言われれば、皆さんも「人生」をイメージしやすくなるでしょう。このように、イメージし難い経験領域に、別のもっとイメージしやすい経験領域から来るイメージを重ねて考えていくことを、「写像」と呼ぶのです。私たちは、「旅」のイメージの持つ旅特有の構造を「人生」に写像させて「人生」の構造のある側面を浮き彫りにすることができるのです。今、「ある側面」と限定したことは重要です。なぜならば「旅」を通して「人生」を眺めることによって、「人生」のすべての側面が理解できるわけではないからです。「人生」について、「旅」に喩えることで理解され得る側面もあれば、「物語」に喩えることによって理解され得る側面もあるわけです。

「人生」と「旅」の対応表

このメタファーに従って考える時、私たちは「旅」の構造に対応させて、それに類似している「人生」の構造を理解しようとしているのです。そうすることで、私たちは「旅」の構造に類似している「人生」の一側面に気づくことになるのです。それでは、具体的に「人生」と「旅」の間に、いかなる対応関係があるのかを見てみることにしましょう。例えば、「旅」のイメージを「人生」に「写像」してみると、

1) 旅における「旅行者」が、人生を生きる当人に、
2) 旅における「目的地」が、人生における「目的」に、
3) 旅における「道」や「乗り物」が、人生の「目的に至る諸手段」に、

4）旅における障害物（行く手を阻むもの）が、人生における苦難や困難、あるいは不運や不正義に、
5）旅における道案内（案内人、地図、羅針盤、船頭など）が、人生における指導者（教師、友人、親、座右の銘など）に、
6）旅の仲間が、同じ目的を目指す人たちに、
7）旅程をいかほどこなしたか（どれだけ目的地に近づいたか）が、人生における「達成感」に、
8）旅における道標や足跡が、人生においていかなる事柄を私たちが達成したかに、
9）旅における十字路や分かれ道が、人生における重要な選択や転機に、
10）旅における「旅行計画」や「旅程」が、人生設計に、
11）旅における「平坦な道」や「順風」は人生の順調さに、

それぞれ対応するでしょう。

　このように、私たちは「旅」のイメージに基づいて、ちょうど「旅」に「出発点」と「道のり」、「目的地」があるように、「人生」にも「出発点」があり「目的地」があり「目的地に辿り着くまでの道のり」があると考えるのです。「人生」は出発点と目的地を持った道のりであるゆえ、「道」としてイメージ化されます。自分の「人生」を生きる当人である私たちは、「人生」という「旅路」を行く「旅人」に喩えられているのです。

「旅」のイメージを利用した様々な慣用表現

　それでは、上述の対応表に従って、私たちがいかに「旅」のイメージに頼りながら、「人生」を考えているのかを確認していきましょう。実は、「旅」のイメージは、「人生」について語ろうとする時に使われる慣用表現の中にも見つけることができるのです。思いつくままに例を挙げてみます。まず、「これが私の生きる道だ」と言う時の「生きる道」という言い方や「人生行路」という言い方を、「人生」を「旅」における「道」に喩えているということの証拠として挙げることができるでしょう。「これが私の生きる道」という表現は、人生を生きるのには「道」があるのだ、というイメージを提供してくれます。「道」とい

うイメージによって、「人生」について思索しやすくなるのです。「人生の行路」という慣用表現は、「道を行くこと」という意味の「行路」が使われており、「旅」のメタファーの代表的な表現です。さらに、「渡る」ということは基本的には「移動する」ことを意味しますので、「世渡り」という慣用的な言い方も、「旅」のメタファーに従った発想法なのでしょう。

　私たちは「人生」の「十字路」や「分かれ路」で歩みを止めねばならなくなるかもしれません。そんな時、私たちは、「人生の岐路に立つ」とか「重大な岐路にさしかかる」などと慣用的に表現しています。「人生」という「旅」において、「二進も三進も行かない」状態、つまり、どこにも進むことのできない状態に陥るかもしれません。そのような状況を私たちは、「八方塞がり」と慣用的に呼んでいます。そうした状況に追い込まれた時でさえ、人は「道を切り開こう」と努力し始めるかもしれません。旅の途中に出現した何らかの「障害物」を前に、「道を切り開こう」と努力する、というこの「旅」のメタファーから得られるイメージを使って、私たちは、「人生」における「困難」を克服しようとする努力について語るのです。このような困難が嫌なので、幸福や金儲けへの「近道」を考える人たちもいるのです。たった今、「道を切り開く」という表現を見ましたので、その関連で、「前人未踏の地を開拓する」という言い方について考えてみましょう。「旅」において、まさに「前人未踏の地」に踏み入り、「道を切り開き」つつ進まねばならない場合があります。「前人未踏の地」を「切り開く」あるいは「開拓」する、ということに喩えられるような仕事は、「先駆的な」仕事のことを意味しますが、「先駆的」という言い方自体に、「先方を馬に乗って速く走る」という意味合いがありますので、「先駆的」という言い方も「旅」のメタファーに則った発想なのだと言えるでしょう。「旅路」において霧が出て「道に迷う」ように、「人生」においても「五里霧中」の状態に陥るかもしれません。「旅」において、星も出ないような真っ暗闇を行く時、「目的地」を見失ってしまうように、「人生」においても、「暗中模索」の時期があるかもしれません。人は「人生」において迷わないために、「旅」においてそうであるように、「道標」を求めます。それゆえ、例えば、『五輪書』は、「人生」の「道標」だ」と表現するのです。また、私たちが、何かを達成し、お礼の意を込めてスピーチする時、「ここまで来ることができたのもひとえに皆様のお陰です」

というフレーズを使いますが、このフレーズ中にも、「旅」のメタファーが使われています。「ここまでやって来た」、「ここまで辿り着いた」ということで、「達成感」を表現しているのですね。さらに、私たちは、「末路」に喩えることで、「一生の終わり」を考えるわけですが、「到達点」ではなく、とりわけ「末路」というところに、どちらかと言えば、「悲劇的な最後」が暗示されることになるのです。それゆえ、「平家の末路」などという風に使われるのです。

　「人生」における「目的」が、例えば「真理」や「神」を見いだすことであるのならば、「真理に至る道」や「神に至る道」がある、と私たちはイメージします。そのような「道」を歩む決意をした人は、正しい修練の「道を求める」のですから「求道者」と呼ばれます。求道者たちは、「道を極める」ことを目標とするのです。例えば、宮本武蔵は、「兵法の道」について、彼が死ぬ一週間前に完成したとされている有名な『五輪書』の水乃巻において、「此道にかぎって、少しなりとも、道を見ちがえ、道のまよひありては、悪道へ落つるものなり」と記しています。迷いのない、澄みきった心の境地こそ、武蔵が「空」と呼んでいる剣の極意であり、「兵法の道」の「最終到達点」なのです。「兵法の道」の場合は、正しい鍛錬の道を見違え、迷えば、「道を踏み外し」、決して「空」の境地には至らないのだ、と武蔵は言っているのです。また私たちは、人間として正しい行いがある、と考え、そうした行いによって生きること、即ち、道徳に従った生き方を「人の道」と呼んでいます。さらに、そのことと関連して、人としてまっとうに生きていくかそうでないかで、「正道」を行ったり、「正道」を外れたり、あるいは「裏街道」を行くようになったり、するのです。「正道」を外れた人に対して、私たちは、「戻って来い。今ならまだやり直しができる」と忠告できます。それに対して、「もう引き返すことはできない」と答える人もいるかもしれませんし、「それなら正しい方向へ俺を導いて欲しい」と答える人もいるかもしれません。人は、「人生」において「わき道」に外れ、「目的地」を見失ってしまうことを避けるために、「旅」において、前もって「旅程を組む」ように、「人生」においても「計画」を立てておこうとするのです。「旅程」を組み、「旅程」に従って「目的地」に到達した後も、人は、別の「目的地」を目指し、新たな旅路に立つことができます。それゆえ、ヤンキース入団発表のインタヴューにて、松井秀喜選手は、「新たにスタートを切るチャンスをもらっ

たので、そのチャンスを生かして、世界一のリーグでプレーをしたいという気持ちが一番強かった」(2003年1月14日)と語ったのです。人は「新たにスタートを切っ」たり、「再出発」したりできるのです。この「旅」のメタファーにおいては、私たちは、「旅人」であり、「目的地」を目指して歩みます。それゆえ、「目的地」に向かって真直ぐ進む人は、人生に「前向き」である、ということになります。「生きる姿勢」という言い方も、「目的地をしっかり見据えて真直ぐ進む様子」から来ているのではないでしょうか。このように、「旅」のイメージを利用して、「人生」について語るような慣用的な表現を私たちは数多く持っているのです。

また「旅」と言っても、いろいろな交通手段があり、交通手段によっては、「陸の旅」「海の旅」「空の旅」があるわけです。そこで、「人生」を開始することを、陸路であるのならば、「人生への第一歩を踏み出す」と表現したり、海路であるのならば、「大海に向け、錨を上げて出港する」と表現したり、空路であるのならば、「大空目指して巣立って行く」と表現したりするのです。「人生」において、万事が順調なことの喩えとして「順風に帆を張る」という表現を使いますが、これは、まさに「船旅」に「人生」を喩えて考えているのです。「流れにまかせてここまで来た」という表現も「船旅」のメタファーでしょう。「船旅」に喩える場合、「目的地」に到達し得ないと、「座礁」する、ということになるでしょう。そうなると「目的地」に辿り着けないことになってしまいますので、「彼のような知恵者が舵取りになったから大丈夫」といったような表現に見られるように、「人生」の「舵取り」に失敗しないように、「人生」においても、優秀な「船頭」を求めるわけです。「船旅」では、「船」が「川」を行く場合を考えることができますが、この場合は「川の流れ」ということで、「時」を意識させられることになります。その「流れ」が「淀む」ということで、人生に障害物が現れたことを意味するのです。また、「鉄道の旅」であるのなら、「親の敷いたレール」を進むこともあるでしょうし、「脱線」してしまうこともあるでしょう。交通手段の違いによって、実に様々なイメージが出てきます。

このように実に豊かなイメージを使って「人生」を考えていくことができますし、実際に私たちは、こうしたイメージに基づいて、「人生」について語っているのです。

それでは「人生」を「旅」に喩えている例を、文学作品の中から挙げてみましょう。ニーチェは、『このようにツァラトゥストラは語った』の中で、主人公のツァラトゥストラに、このように語らせています：「『これが——現にわたしの道である、——きみたちの道はどこにあるのか？』と、わたしは、わたしに『道を』尋ねた者たちに答えた。というのは、道一般は——存在しないからだ！」(p. 107) と。ここで、ニーチェは、「人生」を「旅」に喩えるメタファーに従って考えているのです。ここでニーチェがしているように、私たちは、「これが私の選んだ人生である」という意味で、「これが私の進む道だ」とか、「私は我が道を行く」などの表現することがありますが、このような表現は、「人生」を「旅」に喩えるメタファーの一例を提供してくれています。どのような「旅」の事例にも、必ず旅行者が通るだろう「道」が存在するからです。「道」一般というようなものが存在しないように、「人生」一般も存在しないのだ、とニーチェは言っているのです。皆誰でもそれぞれが、自分の目的地に応じた自分の道を探さねばならないように、自分の人生を探さねばならないのだ、というわけです。

　2004年夏、アテネオリンピックで水泳平泳ぎで2冠を達成した北島康介選手は、前回のシドニー大会について、あくまでも「通過点」であった、という言い方をしていました。確かに、彼の言うように、私たちはいくつかの「通過点」を、その時その時の「目的」としながらも、「人生」という「長い道のり」を歩み続けていくのです。このように「旅」に擬えることができる「人生」ですから、人は、時々、自分が「どこまで来た」のか、「振り返って」考えることができるのです。

　他にも例を挙げてみましょう。例えば、ダンテは、『神曲』の冒頭で、「人生の道半ばにして、わたしは暗い森の中に我を見いだした」と書いていますが、「道半ば」という表現からも分かるように、これは「人生は旅である」というメタファーに則った発想法です。ダンテがここで言う「暗い森」とは、おそらく「何らかの障害」で、そのせいでダンテは、人生の旅路において、「立ち止まらざるをえない」状態に置かれたのです。道を歩いていると、その進行を妨げるような障害物に遭うことがあります。そうした日常的な経験を利用し、ダンテはここで、「障害物」のイメージを「暗い森」というように、詩的そして創造的

に拡張しているのです。俗に言う、「お先真っ暗」は、「暗い森」ということで人生における「障害物」を表現しているダンテの発想と同じ延長線上にある発想法です。「旅」において「暗い森」に迷い込んだり、「お先真っ暗」であったりするということは、「人生」において、困難な状況に置かれた、ということを表しているのです。こうして人は、「人生」においても、困難な状況に置かれた時は、「荒波に揉まれ」たり、「暗礁に乗り上げ」たり、「崖っぷちに立たされ」たり、するわけです。あるいは、「道険し」という慣用表現にもあるように「上り坂」に差しかかったり、「逆風」を行かねばならなかったり、行く先に「暗雲」が立ちこめていたりするのです。「旅路」の途中で見いだされる「障害物」のイメージを「人生」における「困難」に喩えた例としては、他にも、例えば、シェークスピアの『マクベス』の中で、3人の魔女たちの予言に魅せられ、王位簒奪を企てるマクベスが、自分の出世の邪魔者に対して投げかける独白、「カンバランド公！おれはそこでつまずくか、飛び越えるか、どちらかだ。おれの行手をさえぎっているのだからな」(p. 250)の中にも見ることができます。行く手をさえぎる「障害物」に「つまずくか飛び越すか」という表現の中に、目的達成を妨害する困難に立ち向かうマクベスの決意を読み取ることができるでしょう。目的達成を妨げる人を「邪魔者」扱いするということは、「人生行路」の「行く手を阻むもの」という発想によるのですが、「人生行路」の「行く手を阻むもの」という発想も、「人生」を「旅」に擬えているからこそあり得る発想なのです。

　「旅」のイメージによると、目的地への進路が何らかの「障害物」によって塞がれた時、私たちは、目的地を見失い、立ち止まって何とかしようと考え始めます。これは、「人生」においても同様です。序でも見たように、人生における「障害物」は実に様々です。病苦、貧困、失恋、事故、失業、生活難、弱気、無気力、不運としか言いようのないような天災、助力者の死、底意地の悪い人物の出現、または誹謗、中傷、裏切り、誤解、嫉妬、無視などによる人間関係のもつれなど、実に様々な「障害物」が「人生行路」を妨げるわけです。「人生とは何か」という問いも、「人生行路」において、歩を止めた人に襲いかかるのです。「暗い森」に迷い込んだダンテもそうでした。「人生」に悩むようになった彼は、死後の世界を思索するに至るのです。ダンテの場合は、幸いなことにも

「人生」の「案内人」として、ダンテが敬愛している大詩人のウェルギリウスが現れ、困難な状況に陥ったダンテを「正しい道」へと導いたのでした。それゆえ、この「旅」のメタファーに従えば、「人生とは何か」という問いそのものを「障害物」のイメージで考えることも可能なのです。この問いに何らかの答えを与えずして、「人生」という「旅」を再開することができなくなるからです。

　「人生」という「旅」において、「歩を止める」ということの意味をもう少し考えてみたいと思います。映画『スター・トレック、ジェネレーションズ』には、次のような台詞が出てきます："Someone once told me that time was a predator that stalked us all our lives. But I rather believe that time is a companion who goes with us on the journey and reminds us to cherish every moment because they'll never come again.（ある男が、かつて、私に、時というものは、一生私たちの後をつきまとう捕食者なのだ、と言ったのだ。けれども、私は、時というものは、むしろ、旅の際に私たちと共に歩み、一瞬一瞬は決して戻ってこないのだから、そうした一瞬、一瞬を大切にしなければならないことを思い出させてくれる、そんな仲間なのだと信じているよ。）"時間を「私たちを喰らい尽くそうと、死の瞬間まで後をつけまわす捕食者」として捉えようが、「一瞬、一瞬の大切さを思い出させてくれる旅の仲間」として捉えようが、「人生」が「旅」に喩えられた時、その「旅」の「道のり」は、「時の経過」を意味しているのです。立ち止まることは、「時という捕食者に追いつかれる」ことを意味するでしょうし、「一瞬、一瞬を大切にせよ」という「旅の仲間」の良きアドヴァイスを忘れることになるからです。それゆえ、私たちは、「人生」の「旅」においては、「障害物」に立ち向かい、ともかく「歩み続けねば」ならないのです。

　トールキン原作の『指輪物語』が、ピーター・ジャクソン監督の手によって映画化され、『ロード・オブ・ザ・リング：旅の仲間』という邦題で公開されましたが、この今世紀最高のファンタジー大作は、映像として多くのファンの心を魅了しました。この映画に使われていた「In Dreams」という歌には、"In the veiling of the sun, we will walk in bitter rain.（太陽はベールに包まれて、私たちは辛く厳しい雨の中を歩くでしょう。）"という一節があります。こ

の一節には、「人生」における「困難」を、「肌を刺すような厳しい雨の中を歩く」ということに喩えて表現しているのです。また、エンヤが、トールキン自身が作成したエルフ（妖精）語を取り入れて歌っていた、「May It Be」の歌詞の中にも、"Mornie utulie (Darkness has come), Believe and you will find your way.（暗闇が訪れた、信じなさい、そうすれば道を見いだすでしょう。）"という一節がありました。この歌詞の中でも、「暗闇を行く」という比喩によって、「旅における困難」が表現されており、「暗闇の中にありながらも道を見いだす」ということで「困難の中にあっても目的を見失わずに、希望を見いだす」ということが表現されているのです。このように「旅」における「障害物」のイメージは、「人生」を語るために欠かせないイメージを提供してくれているのです。

　また、映画『ロード・オブ・ザ・リング：二つの塔』には、任務途中で挫けそうになったフロドに対して、サムが、子どもの頃聞いた、心に残る物語の意味が、子ども心には理解できなかったけれども、なぜ心に残ったのか、今こそよく分かる、と話して聞かせる、この映画で最も感動的な場面があります：

Sam: "Folk in these stories had lots of chances of turning back, only they didn't. They kept going because they were holding on to something."（物語の主人公たちは、引き返すチャンスはたくさんあったけれども、決して引き返しはしなかった。皆歩み続けたのです、なぜなら、守りぬかねばならない何かがあったからです。）
Frodo: "What are we holding on to, Sam?"（僕たちは、何を守り抜けばいいんだい、サム。）
Sam: "That there's some good in this world, Mr. Frodo. And it's worth fighting for."（この世界に、「良きもの」があるということですよ。それは、命を賭けて戦う価値があるのです。）

「旅」において、「引き返す」ということは、実際にその道を行くのが困難であったり、引き返したくなるような心理的不安があったりする場合です。いずれにせよ、「人生」を「旅」に喩えるメタファーによれば、物理的なものにせよ、心

理的なものにせよ、「行くべき道」に立ち塞がる何らかの「障害」があるからこそ、時には「目的地」への思いを断ち、「道を引き返す」ことになるわけで、「道を引き返す」ということは、目的が遠退くということですので、悪いことなのです。サムが、子どもの頃聞いた、心に残る物語の主人公たちは皆、守りぬかねばならない何かを信じて、引き返すチャンスはいくらでもありながらも、決して「引き返すこと」だけは選ばなかったのです。『ロード・オブ・ザ・リング』の第一部で描かれた２人の故郷、シャイアは、純朴な人たちの暮らす牧歌的な村で、こうした素朴な美こそ、守りぬかねばならない「良きもの」なのであり、これを守りぬくために、フロドとサムは、「決して引き返さない」という主体的な強さこそが、彼等が直面している心理的な「障害」を乗り越えるのに必要なのだ、ということを悟るのです。

　さらに、「人生」を「旅」に喩えた場合、重視せねばならない対応関係があります。それは、「足跡」というイメージです。ある人が、その人が生きた証拠に「足跡」を残す、という言い方がされます。その人の影響や業績などが、「足跡」に喩えられ、その人の影響力に関して、その人の生前を偲ぶ時に、私たちは、その人の「足跡を辿る」ことになるのです。ここでは、「旅人が、旅を終えた後も足跡を残す」ように、「人間も、死んだ後に、『足跡』（影響）を残す」と考えられているのです。ある人の人生は、「足跡」に喩えられるような「影響」を残すわけです。これとの関係で、「旅」が、昔の飛脚や現代のリレーや駅伝のように、他の者に引継がれていくイメージを取り出すことができます。つまり、「旅の半ばで倒れたけれども、後継者にバトンタッチする」というイメージを取り出すことが可能です。ある人の「足跡」を偲んだり、「バトンタッチ」が行われたり、という風に、このメタファーを通して、「死」に対する人間的態度を読み取ることができます。「死」は決して目的地ではない、ということが重要です。「死」が恐れられるのも、「旅」を完結させてくれない可能性があるからでしょう。つまり、「道半ばで倒れる」ということによって「旅」の「目的地」に辿り着けないように、「人生」おいても「道半ばで倒れる」ことがあり得るのです。

「被投性」という名の「障害物」

　「旅」の「出発点」における条件との類比で、「人生」の「出発点」における、

いわば、人生の「初期条件」を考えることができます。「旅」の「出発点」において、例えば、財布に1,000円しかなければ、それなりの「旅」しかできないでしょう。「自動車」は買えませんし、「飛行機」を使うわけにもいきません。「靴」すら買えないし、「旅」の身支度も十分に整わないかもしれません。そもそも今あなたがそこにいるその場所から出発せざるを得ないのです。同様に、「人生」においても、人は、「旅」の「出発点」を自由に選ぶことができるわけではありません。例えば、生まれつき身体の不自由があるかもしれません。人によっては、親が「レールを敷いて」今後の「道」を予め決定してしまっているかもしれません。こうなるとそこから外れようと意志すれば、困難を抱えることになるでしょう。「人生」という「旅」の場合は、既に「旅」の「出発点」において「障害物」を抱え込んでしまって、身動きがとれない場合もあるのです。にもかかわらず、人は、そんなハンディキャップを抱え込んだ「出発点」から出発せざるを得ないのです。人はそれぞれ異なった境遇を背負って人生をスタートせざるを得ないのです。つまり、「旅」を始める前の、一種の「初期条件」の段階でハンディキャップがあるのだ、ということなのです。このことを詳しくお話ししようと思います。

　現在、グローバリゼーションの名の下、「市場原理主義」を建前とした新自由主義の考え方が、アメリカ主導で、まさに「グローバル」に全世界を席巻するようになってきています。「市場原理」を優先するという建前ゆえに、経済への国家の介入に反対し、国家が民主的に築き上げてきたはずの労働法規や環境、健康、食の安全などに関する法をも撤廃してしまう勢いで、経済的な自由を謳歌しようとしているのです。全世界の誰もが皆平等に同じスタートラインに立っているのであれば、そうした考え方もまだましなものになったのかもしれませんが、「新自由主義」というゲームでは、ゲームが始まる前から有利な立場にいる人たちがいるのです。それは初めから富を持っている人たちなのです。こうした人たちがゲームを自分たちに有利に進めていくために、ゲームのルールを変えてしまっているのですから、「市場原理」は、現実には存在しない教科書の中の言葉になってしまっているのです。実際、ほんの一握りの多国籍大企業や国家権力者に世界中の富が集中し、貧富の差は拡大するばかりです。人間のあらゆる活動が「商品」のように見られてしまう、そんなゲーム板の上では、

富の「生産者」あるいは「消費者」いう役割を担うことができる人たちのみがゲームのコマになり得るのです。「反ブランド運動」で一躍有名になったカナダの活動家ナオミ・クラインさんが、紹介している、FATT（米州自由貿易地域）に賛同するカナダの国際貿易担当大臣、ピエール・ペティグリューの言葉を引用しましょう。「（現代の経済システムでは）弱い者は搾取されるだけではなく、排除される。その富を生み出すのに、あなたは必要とされないかもしれない。不要な人間の排除は、搾取よりもっと進んだ段階なのだ」。この言葉からも窺い知ることができるように、ゲームのコマになり得ない人たち、つまり貧困層の人たちは、一昔前、左翼の人たちがさかんに訴えていた「搾取される」ということすらあり得ず、まさにゲーム板の外に排除されたまま、「死んでいくにまかせる」という過酷な状況に追いやられてしまっているのです。「人生」の「初期条件」は、現在進行中のゲームでは、生存に関わる、ますます過酷な条件を押し付けているのです。

　20世紀の大哲学者と言われているハイデガーは、「私たちは世界の中に投げ出されてあるのだ」ということを、「Geworfenheit（投げ出されてあること＝被投性）」という言い方で表現しています。個人的選択によることでは決してなく、また事前に知ることも知らされることもなく、この世界にまるで投げ込まれたかのように存在しているわけですね。まさに「生れ落ちる」という表現通り、「どこだかいつだか分からぬ先に生まれ落ちてきてしまった」わけで、自分で選んでやってきたのではないのです。私たちはどこからきたのか、どこへいくのか分からないけれども、気がついてみると、今、ここにこうして存在している、という感じを、この「Geworfenheit（投げ出されてあること＝被投性）」という言葉は見事に言い表しています。コウノトリが、子どもを袋のまま落としていく、あのイメージの通り「生まれ落ちる」わけですね。

　自分の選択や意志や好みなどとは無関係に、偶然こういう風に生まれてしまった、たまたまこうして投げ出されてあるとしか言いようがないわけですが、「生まれた際に、まさに偶然として、端的に存在しているもの」を、私たちは「宿命」と呼ぶわけですが、ここでは、ハイデガーの用語を借りて、「被投性」と呼ぶことにしましょう。これに関しては、後知恵的に幸運だとか不運だ、と言うしかないのです。「金持ちの家にたまたま生まれ落ちた上に親に理解が

あった、幸運だった」とか、「俺の父ちゃんは会社リストラ組だし、お袋も性格破綻者だ、したいこともできずに一家を支えねばならなかった、不運だった」とかいう風に、です。幸運にせよ、不運にせよ、「被投性」は選べないのです。「偶然にも今、この時代に生まれてくる」という形の根源的な「受動性」から私たちは出発せざるを得ないのです。この身体も、「今、ここ」というこの時代も、自分で選んだわけではない「被投性」なのです。「なぜこの身体なのか？」「なぜこの時代なのか？」「なぜこの親の子としてなのか？」「なぜ今、日本のこの場所なのか？」すべて偶然で、受動的に受け入れるしかありません。「被投性」に意味を与え、積極的に引き受けて行こうとするのだけれども、私の存在を受動性として構成する「被投性」の内で、どんなに能動的に意味づけしようとしても、自分の意のままにならない、つまり解消し得ない部分が残るのです。ここでは特に「障害物」に喩えられるような、「不運である」と受け止められる「被投性」を問題にしていこうと思います。これから、ただ単に「被投性」と言う時、「不運であると受け止められる障害物としての被投性」について語っているのだ、と考えてください。

　思想家のジャン＝ポール・サルトルは、「状況が自由を生み、自由が状況を変える」と言いました。これは有名な「自由と状況のパラドクス」と呼ばれている言葉です。人は自分の置かれた状況から考え、そこから出発しなければ、「自由」ということを語ることさえできない、ということをサルトルは言っているのです。「被投性」は、私たちが、最初に置かれ、向き合わねばならない状況なのです。「被投性」という状況の中で、悩み、苦しむことを通して、そうした状況から出発せざるを得ないことにあなたの「自由」があるのだというのです。

　皆が同じ「被投性」から出発するわけではないのです。だからこそ、実際には、いくらがんばっても報われない人がいるのです。例えば、映画版の『青い春』にある台詞「咲かない花もあるんじゃないでしょうか、先生」に感じられるような閉塞感があります。映画の原作となった松本大洋の漫画『青い春』の中の短編「幸せなら手をたたこう」の最後のコマには、学校の校門に、映画版よりさらに悲痛な落書きがあります。「俺をここから出してくれ」と。あるいは、自分の両親を選べないゆえに、誰もが同じように愛されているわけではないということからくる絶望感が、声無き悲鳴のように至るところに存在してい

るのです。実際に、日本でも 2004 年 1 月 26 日、大阪府岸和田で起きた、中学三年生の子どもの虐待事件、その前の年に和歌山で起きた二歳男児が虐待死した事件など虐待事件が頻繁に起きているのです。『It と呼ばれた子ども』を読んでみるといいでしょう。そこでは、言語に絶する声無き悲鳴に言葉が与えられているのです。「おまえのせいで、あたしの人生は生き地獄よ」母さんは冷たく言った。「今度はおまえに、地獄がどんなものか教えてあげるわ」母さんはがっちりつかんだぼくの腕を、オレンジとブルーの炎に突っこんだ。……熱くて皮膚が破裂しそうだ。焼かれている腕から、毛の焦げるにおいがする」。「これだけはしっかり頭にたたきこんでおきなさい、この馬鹿野郎！おまえが何をやったって、あたしに良く思われるなんてことなんかないのよ！わかった？おまえなんかどうだっていい。おまえなんて"It"よ！いないのといっしょよ！うちの子じゃないのよ！死ねばいいのよ！死ね！聞こえたか？死んじまえ！」。想像してみてください、もしこのような家庭にあなたが生れ落ちてしまったとしたらと。

『砂の器』そして『愛の群像』: 宿命と向き合う

2004 年にテレビ・ドラマ化され、皆さんの記憶にも新しいでしょうから、松本清張の小説『砂の器』の音楽家、和賀英良の場合を例にとりましょう。和賀は、天才作曲家として未来を嘱望され、その上、大臣の令嬢との婚約も決まっている、という誰が見ても羨ましい限りの人生を送っています。ところが、彼は、自分の父親が、その当時は、今と違って特効薬も無く恐れられており、偏見に晒されていた「ハンセン病」──2003 年 11 月 18 日、熊本県黒川温泉のホテルがハンセン病の元患者さんに対して宿泊拒否をした、というニュースは、残念ながら、現在においても、ハンセン病について、無理解と根強い偏見があることを物語っています──を患っていたのでした。和賀は、そうした逃れ難い「被投性」の痕跡すらも窺わせないように、戸籍原簿が戦災で失われたことを利用して、戸籍も名前も変えてしまっていたのです。けれどもこうして経歴を詐称して生きている彼の前に、彼の過去を知る男が姿を現すのです。和賀は、自分の過去が世間に暴かれることを恐れて、恩人でもあるこの男を殺害してしまうのです。彼は、それが暴かれれば、彼が今までに築き上げ

たすべてのものが崩れるだろうことを思い、彼の出生にまつわる秘密が暴かれるかもしれない可能性に晒された時、彼は殺人を犯してまでも、彼の「被投性」を窺わせる痕跡を葬り去ろうとしたのでした。けれども、老練な刑事、今西栄太郎の寝食を忘れた執念の捜査の結果、今まで混沌としていた和賀の暗い過去に徐々に縁取りが与えられていきます。松本清張の小説の面白いところは、刑事の推理によって、和賀英良の過去が縁取られていくクライマックスにおいて、和賀の心理描写を一切行っていないところなのです。謎解きを期待していた読者は、まさに結論に向う推理の結集点において、突然、想像を絶するような深淵の縁に立たされ、読者の想像力は、小説家の筆から言葉を与えられぬまま、深淵の縁に留まらざるを得なくなり、和賀の心の闇を凝視し続けねばならなくなるのです。こうして清張が非常に禁欲的に表現を控えた心理描写という点において、テレビ・ドラマ版の『砂の器』は雄弁になっていました。即ち、和賀本人に「宿命」について語らせてしまうという点で、原作とは決定的に違うのです。ここでは、読者の皆さんの想像力にすべてを委ねることはせず、テレビ・ドラマ版の雄弁さに力を借りることにして、和賀が婚約者に「宿命」について語る場面から引用しましょう。「宿命っていうのはね、命が宿った時には、すでに決まっていて、自分ではどうすることもできない自分の存在、自分の価値。人は生まれながらに差がついていると思うんだ。綾香のように可愛くて、家庭にも恵まれていて、幸せな人間もいれば、そうでない人間もいる。生まれた国、肌の色、持って生まれた外見の美しさ、醜さ、どれも自分ではどうすることもできない、初めから決まってしまっている。運命よりも残酷なものだ」と。「人生」という「旅」の「出発点」において、「宿命」という名の「障害物」によって、「生まれながらに差がついている」のです。さて、もしあなたが、物心がつく前に、長じてから、その痕跡をも抹消してしまいたいような「被投性」の中に、投げ込まれてしまっていたとしたらどうでしょうか。映画版の『砂の器』には、最後に、「旅の形はどのように変わっても、親と子の宿命だけは永遠に変わらない」というテロップが流れます。誰の人生においても、生まれ落ちるということが避けられない以上、「被投性＝宿命」こそ、「人生」という名の「旅」の初期条件として、どんな人生にも必ずついてまわるものなのです。

『冬のソナタ』の大ヒットを機に、初々しい創造的エネルギーが、まさにその

まま伝わってくるような、大変質の高い韓国の映画やドラマが次から次へと紹介されており、今や韓国映画やドラマは大人気です。そこで、ここでも、ペ・ヨンジュンが主演している『愛の群像』を取り上げてお話しを進めていくことにしましょう。自分の生い立ちという「被投性＝宿命」を逃れようとする男の姿が描かれているからです。

　ペ・ヨンジュン扮するジェホは、27 歳。事故で父親を亡くし、12 歳で妹とともに母親に置き去りにされてしまう、という宿命を背負っているのです。それゆえ、「母さんのように子どもを捨てるのも愛なら愛なんて信じない」と言う彼は、愛を信じることができず、宿命を逃れ、出世するためならば、金持ちの女性を踏み台にしてでも這い上がろうと考えているのです。苦労して水産物の仲買人の地位を築き上げた彼は、仲買の仕事をしながら大学に通い、過酷な学歴社会を生きていくために、早期卒業をしようとします。ジェホは、自分の生い立ちを隠し、裕福でクールなプレイボーイを装い、財閥の令嬢、ヒョンスに接近します。そして、計略通り、彼女の心を手に入れることに成功するのですが、そんな野心とは裏腹に、心は次第に 3 歳年上で、純真な大学講師、シニョンに惹かれていくようになるのです。愛を信じられないはずなのに、心の奥底に閉ざしていたはずの母親の面影をシニョンに重ねてしまい、自分でもどうしようもなく愛してしまうという、そんな運命の突然の訪れに翻弄されて、彼にとって、貧しさから抜け出すという野心は、もはやどうでもよいものになっていきます。けれども、ヒョンスは、ジェホの生い立ちや打算的な計略に気づくにもかかわらず、ジェホに執着するようになり、あらゆる手段を使って、彼をつなぎ止めておこうとします。育ての親である伯母や親類縁者、友人と一つ屋根の下で共同生活を送っていく中、何かが起きると常にこの小さな共同体のメンバーたちに頼りにされるジェホは、自分が家長的な存在であることを意識し、この共同体のメンバーの犯した過ちの始末を一身に担い奔走します。この共同体の幸せを守りぬき、シニョンとの愛を貫くために。けれども、こうした彼の渾身の努力にもかかわらず、友人の軽率な計画やヒョンスの計略に巻き込まれて、家も伯母の店舗も差し押さえられて、まさに人生の袋小路に追い詰められてしまうのです。こうして、雑草のように強いはずのジェホも、度重なる不幸に決然と立ち向かっていく内に、身も心も燃え尽きてしまい、どうあがいて

も自分の置かれた宿命的状況からは逃れられないことを悟るのです。シニョンを幸福にする自信を喪失したジェホは、こんなにも情けない自分が身を引いた方が、シニョンのためになると考え、また共同体全体の善のためにも、ヒョンスの財力に頼る代わりに、ヒョンスの思惑通り、彼女と婚約するのです。これはシニョンを愛しながらも、彼女を捨てるという、自分自身にとっても、シニョンにとっても、あまりにも残酷な決断でした。度重なる不幸に立ち向かう内に、病魔が彼の心身を侵し続けており、ジェホは、眩暈を覚え、交通事故に遭ってしまうのです。ジェホは、事故後の検査結果によって、自分が不治の病に侵されていることを知ります。こうして、ジェホは、野心によっても愛によっても宿命から逃れる術を失ってしまうのです。シニョンとの愛を断念し抜け殻のようになってしまった上に、治療拒否をして日々やつれていくジェホの姿を見て、ヒョンスは、自分の一方通行の愛では、もはやジェホを救えないと思うようになり、愛する人に生きていて欲しいと望んだ時、自分の傍らでは、ジェホはただ死んでいくだろうけれども、シニョンの傍らでは、彼は生きようとするだろう、と考えて、シニョンにジェホを託し身を引く決心をします。ジェホは、シニョンと結ばれ、シニョンとの愛のために、病と闘う内に、「今、ここ」が限りなく愛しい時間となっていき、体験の質がまったく変わってしまうのです。温かくジェホを見守り続け、いつでも彼を愛情深く優しく包んでくれていたシニョンが、たった一度だけ、過酷な運命に腹を立てて、ジェホにも辛く当たってしまう場面があります。そんなシニョンにジェホが語って聞かせる台詞は印象的です、「愛している、って言葉がこんなに尊いものだと知っていたら、もっと大切にしたのに。今考えてみると、この言葉をあまりにも簡単に使いすぎていたようだ。ありがとう。僕にはまだ残された時間があると教えてくれて」。愛を知らないで育ったジェホが、相手を利用しようというエゴイスティックな愛でもないし、自分の置かれた宿命からの脱出口としての愛でもない、これまでとは次元の違う愛に到達するのです。こうして、ジェホは、ヒョンスの愛も愛として理解し、自分を捨てた母親を赦し、宿命さえも受け入れることができる境地に至るのです。このドラマの全編を通して、「僕の代わりは誰もいないと知った日から、歳月が投げかける痛みまでもが、自分の人生だと考えてきた。ただ一度も自分自身から自由になれずに苦しんだ」という歌詞の

音楽が流れますが、この歌詞にもあるように、あまりにも宿命に呪縛されてしまっている自分自身というものから、なかなか自由になれなかったジェホは、理解し、赦す愛の高みに到達することで、「自分自身から自由になる」のです。

古谷実の『ヒミズ』:「宿命」という閉塞感

　古谷実の漫画『ヒミズ』では、主人公の中学生、住田君は自分の宿命を覆そうと、思わず、殺人を犯してしまうのです。「自分が特別だと思っている普通の人間のずうずうしい振る舞いが我慢できない」という信条を持つ住田君は、「普通こそ最高」であると考えています。幸福や不幸に限らず、何か特別なことに見舞われる確率なんてそんなに高いものではないゆえに、「普通でいられる」はずです。「普通でいられる者」が「特別」を望まず、誰にも迷惑をかけずに誰からも迷惑を被らずに、ただただひっそりと暮らすこと、それが住田君の考える「普通でいること」なのです。この漫画のタイトルである『ヒミズ』は、「ヒミズモグラ」という一生を地面の中で送るモグラの名前を借りているわけなのですが、こうした住田君の考え方をタイトルに反映させるとともに、これからお話しする彼の悲劇をも暗示しているのです。住田君の親父は飲んだくれで、ギャンブル好きの生活破綻者で、母親は、そんな父親に愛想を尽かして、貸しボート屋に住田君を残して、愛人と駆け落ちしてしまうのです。こうして親に捨てられてしまうという普通は起きないことが住田君の身に起きてしまうわけです。「すべてお前が悪いんだ、お前はオレの悪の権化だ」と父親を恨む一方、「人生なんてしょせんあの世への長い待ち時間だ。ただ待っているだけじゃあまりにもヒマなので、みんな勝手にいろいろなことをするんだ」という父親の言葉からは、影響を受けているのでしょう、「勝手なことをやらない普通さ」に憧れているのですから。嫌だ、と思っても、自分が生れ落ちた「家族」という「被投性」からは、良い影響であろうが、悪い影響であろうが受けてしまうことになり、その「被投性」の影響から脱するにせよ、ともかくその「被投性」とは向き合わねばならないのです。自分の「被投性」に立ち向かうがごとく、住田君はこのように言うのです。「世の中にはいるんだよ、本当に死んだ方がいい人間が、生きていると迷惑ばかりかけるどうしようもないクズが……たまたまクズのオスとメスの間に生まれただけだ……だがオレはクズじゃない、オレ

の未来は誰にも変えられない。見てろよ。オレは必ず立派な大人になる！！」。この台詞には「なぜこの親なのか？」という「被投性」の持つどうしようもない偶然性への問いが見受けられます。こうした「被投性」の中で、「普通でいること」を不可能にしたのは、「親父」のせいである、と住田君は考えているのですが、あたかも今後の彼の行動が予定されているかのように、桟橋のボートを繋ぐ杭に、なぜかブロックが置いてあり、そのブロックで、遊ぶ金をせびりにやってきた父親を殺してしまいます。もちろん、この「父親殺し」は、「宿命」に立ち向かう行為なのです。けれどもその代償は「普通であること」が適わなくなってしまった、という、住田君の人生哲学にとって、深刻なことなのです。せっかく「普通だという意味で立派な大人になること」が夢だったのに、殺人者となった住田君は、「普通である」ことを失い、それでも「立派な大人になること」の証しに「1年の間に悪い奴を1人殺して死のう」と決心するのです。「今からでも立派な大人になれる」と考えて。

　この漫画の中に「一番ずうずうしい奴は人の命を奪う奴だ。そういう奴を殺したくなる」という論法を主人公が披露する場面がありますが、この論法の難点は、「ずうずうしい奴を殺してしまった途端に、自分自身もずうずうしい奴になってしまう」ということですね。住田君は、父親を殺害したその日から、自分自身が最も嫌っている「ずうずうしい奴」になってしまったことを意識しています。そこで自分には、1年間というおまけ人生が許されるのみだ、と彼は考えるのです。その1年の内に、「悪い奴を1人殺して死のう」というわけなのです。掘っ建て小屋みたいな家に1人残され、悪い奴を求めてうろつき回る主人公を、愛してくれる少女や仲間たちがいるにもかかわらず、世俗的などんな幸福も癒すことはありませんでした。住田君は、このように呟きます：「そういえば前に読んだ本にこんな事が書いてあったな、『生きることに意味を求めるな、それこそ無意味だ』、冗談じゃない、そんなのどうせヒマで死にそうな奴の言い草だ、そんなこと言う奴はいっそのこと死んでしまえ。もううんざりだ、あの川も……あの道も……もう見たくない、吐き気がする」と。そう、自分が生れ落ちたこの場所、つまり自分の「被投性」を象徴している「あの川、あの道」が断固存在しているじゃないか、「何で、他の川や他の道じゃなくて、あの川、あの道、なんだ。偶然と分かっているけれど、意味を求めるなという

方が無理だ」というわけです。「被投性」という偶然性が、収容所の壁のように確固たる存在感を持って存在していて、それゆえ、彼は吐き気を覚えているのです。「ある」という以外の一切の意味づけを拒み、ただただそこにある、というだけの「存在」に対して、サルトルの『嘔吐』の主人公が吐き気をもようしたように。

　この漫画には、住田君の自己意識が生み出した１つ目の不思議な化物が登場します。この化物は、宿命の門番のような存在なのです。例えば、漫画家としての成功を夢見る友人を前に、「俺はここでのんびりボートを貸す、たぶん一生」と住田君は彼の人生設計を語るわけですが、そうした矢先、母親が愛の逃避行をしてしまうのですが、その時、背景にこの１つ目の化物が、ニヤニヤ笑いを浮かべて出てくるのです。あるいは、初雪に感激して一瞬童心に帰る瞬間に、そうした些細な幸福に一瞬でも逃れようとすることすら許されない、とでもいうように、この化物が姿を現すのです。彼に想いを寄せる茶沢さんとの普通の結婚を夢見て、茶沢さんの勧めるままに自首をしようと考えて、茶沢さんに呼ばれてやってきた警官に「明日必ず出頭します」という台詞のこの「明日」というその箇所で、その背景にあの１つ目の化物が現れるのです。その瞬間、読者は、住田君にはこの「明日」ということが許されないのだな、ということを悟るわけです。そして案の定、その夜、「やっぱりダメなのか？どうしても無理なのか？」と呟く住田君に対して、この化物は、「決まっているんだ」と応答するのです。そして「一番ずうずうしい奴は人を殺す奴である」という自分自身の論法が自分自身を裁く瞬間がやってきます。「人生というゲームにはジョーカーが１枚ある、それは自殺である」という彼は、ジョーカーを使わざるを得ない状態にまで自分を追い込んでしまうのです。銃声が響きます。彼は父親の死体を埋めた場所で命を絶ったのでした。こうして、一生、光を見ることなしに死んでいくヒミズモグラのように、住田君は、「被投性」の閉塞感の中で死んでいくのです。

「黒人差別問題」から考える

　「たまたまそのように生まれてしまった」という「被投性」に対して、それは「自然災害」のようなものだから、仕方が無い、というしかないのでしょうか。

人間社会の場合、社会や文化が、「自然」と思われるものに浸透してしまっており、単に「自然の問題だから、不運だったね」では、済まされない問題が、確かに存在しています。例えば、「黒い皮膚」を持って生まれるという「被投性」ゆえに、差別され続けてきた黒人たちの場合はどうでしょうか。この問題をしばらく一緒に考えていきましょう。

　人が抑圧されているかどうかということはその人に対して選択肢が多様に開かれているかどうかということで分かります。「自由のイメージ」の典型として、選択肢が多様に開かれているということを、「私の目の前に、たくさんのドアがあり、どれだけのドアが、私を拒まずに開かれてあるか」というイメージで表現したものがあります――目の前に無数のドアが並んでいます。どのドアもあなたの入場を拒まないのであるのならば、あなたは抑圧されておらず自由なのだ、というイメージです。「人生」の「旅」に外の世界へ飛び立つ時、あなたは、どのドアからも出ていくことができるでしょうか。「人生」の「出発点」においてさえ、ドアの数が限られてしまう、という場合を、「黒人差別問題」を見ることによって理解しましょう。

　黒人の精神分析医であるフランツ・ファノン（Frantz Fanon）の体験談を読んでみましょう。ファノンは1925年、カリブ海に浮かぶ西インド諸島の南端にあるフランス領マルチニック島で生まれました。引用は彼の代表作である『黒い皮膚、白い仮面』（Black Skin, White Masks）からです。この本の題名は、ファノンが白人文化のエリート的教養を身につけたにもかかわらず、「黒い皮膚」というその外見のイメージゆえに受けた屈辱的な心の傷を暗示しています。彼はこんなことを書いています：

「ほら、ニグロ！」それは、通りがかりに私を小突いた外的刺激だった。私はかすかにほほえんだ。
「ほら、ニグロ！」それは事実だった。私はおもしろがった。
「ほら、ニグロだ！」輪は次第に狭まった。私はあけすけにおもしろがった。
「ママ、見て！ニグロだよ、ぼくこわい！こわい！こわい！」。
この私が恐れられ始めたのだ。私は腹をかかえて笑おうとした。だがそうできなくなってしまっていた。

この件を読まれた後で、皆さんにまず考えていただきたい２つの問いがあります。「なぜファノンは愉快な気持ちになってきたのでしょうか」という質問と「そんなファノンなのに、なぜ彼は笑うことが不可能になっていたのでしょう」という質問です。

　この２つの問いに答えてみましょう。「ほら、ニグロ！」という言葉が、周囲の白人たちから発せられた時、「そうだ、その通りさ、ニグロだよ、当り前のことではないですか」と考えて笑いたい気持ちになったファノンなのですが、子どもの言葉である「見て、ニグロだよ、ぼくこわい！」という言葉をきっかけにファノンの反応に変化が起き始めるわけです。この子どもの口から発せられた言葉は、「ニグロであることが、即、恐怖の対象であることなのだ」ということを、子どもの言葉であるゆえにかえって正直に表現しているのです。この言葉をきっかけに彼は「涙が出るほど笑いたかったのだけれども、もはや笑うことが可能ではなくなる」のです。彼が「黒い皮膚」を持っていることは、ファノン自身も認めるあまりにも当り前のことで、そのことを周囲の人々から今さらながら指摘されることによって何か愉快な気持ちになってきた、というわけなのですが、「黒い皮膚」は「黒い皮膚」という外見上の事実だけではなく、実は既に「恐怖の対象」であるという意味づけされてしまっているのだ、ということをファノンは思い知らされるわけです。自分が意識的にかつ自由に自分の存在の仕方を選択する以前に、自分の『黒い皮膚』が、周囲の白人たちに対して『彼が何者であるのか』ということを語ってしまっているのです。それも「恐怖の対象」として！自分の存在が好もうと好むまいと既に「恐怖の対象」という意味づけを被ってしまっているということがファノンにはっきりと分かるわけなのです。彼の「黒い皮膚」は、彼に対する白人の「態度」を引き出してしまっているのですね。このファノンの体験談には当り前であると考えて、気にも止めていなかったことが、他人の視線に晒されることによって「当り前」ではないような何かに変容してしまう瞬間が記されています。自分が当り前のように思って、気にも止めていなかったことが、自分の生存を脅かすかもしれないような意味を他者たちから与えられてしまっている、自分の意志による自由な選択以前に、既に自分に関する何事かが決定されてしまっている、ということがファノンに理解される瞬間なのです。「黒い皮膚」は、ファノン

にとって自然なことなのに、その自然は、白人の支配的文化の偏見に侵食された自然だったのです。

このように、自由に選択しようとする前に、「身体に意味が与えられてしまっており、こうして記号と化した身体に束縛されてしまう」という体験を黒人たちは背負って生きているのです。これがどんなに不自由なことかを、想像できるでしょうか。黒人の哲学者、ローレンス・トマス（Laurence Thomas）は、彼の『次に生まれてくる時は、白人でありたい（"Next Life, I'll Be White"）』というタイトルのエッセーの中で「公共的信頼（public trust）」という概念を鍵に黒人の置かれている状況を分析しています。まず、彼自身の体験を綴ったいくつかのエピソードを紹介しましょう。

1)「私が白人女性の目の前にいるっていうただそれだけで、彼女が財布をしっかり握りしめ始める」。「私がただただ目の前にいるってことが、多くの白人たち——女性も男性も同様にだけれど——に車の鍵を掛けることを思い出させてやるんだ。私が公共の安全に知らず知らずの内に貢献しているって言えるんじゃないかな」。
2)「もし体重が70kg位で、ツイードスーツとネクタイとウールのスラックスを着ている身なりのきちんとした白人男性が、大学の会議室の外にある伝言板を読んでいたとしたら、彼が疑わしい人物として警察に通報されるなんて想像もできない。ましてやある中西部の大学にて、実際に私の身に起きたように、私がただ一人で伝言版を読んでいただけだというのに、警察に通報されて4人の警察官がやってくるなんて想像もできない。白人だったら第一、通報されないだろうし、いいですか4人もの警察なんだよ！一体何者として私は警察に通報されたんだろう、——何者として通報されたら4人の警察官が動員されるんだろうか。軍隊の服装を身にまとった身長2mの男がいる、とでも通報されたのだろうか。それとも、ただ一言、黒人がいるぜ、とでも通報されたのだろうか」。

彼の身に起きた以上のようなエピソードを分析してトマスはこう述べています。「私は滅多に、白人たちが『公共的信頼』と呼んでいるものにあずかった

ためしがない。つまり、私と面識のない大抵の白人は私の肌の色ということから否定的に私のことを判断しがちなのだ。どれほど私の服装や歩きぶりを含めたマナーが暮らし向きの良い白人男性の伝統的な基準にマッチしていようともだ」と。黒人たちはいかに道徳的に生活していようと、「皮膚の色」ということのみで判断されて、ただただそのせいで「公共的な信頼」が得られないでいる、とトマスは言っているのです。白人であれば、当り前のように享受している「公共的信頼」を黒人たちはただ「皮膚の色が黒い」ということによって警戒され、常に疑いの眼差しを向けられ、「公共的信頼」を楽しむどころではないというわけなのです。けれどもそんな黒人たちに、カントの倫理学を受け継ぐ白人たちは、おそらくこう言ってきかせるだろう、とトマスは述べています、「本当に道徳的な人間は公共的信頼になんて無関心なのだよ」と。周囲の人々がどう思おうと、正しい人間はただただ良心に従って正しいのだから、「公共的信頼」などには無関心でいられるだろう、とカントの倫理学は教えることでしょう。周囲の人間が何を言おうが思おうが自分が良心に従って正しければ、そんなことはどうでもいいじゃないか、というわけです。それに対してトマスは、「公共的信頼」という社会生活を営む上での「善」は、「健康」というものがそうであるように、それを失った時に初めてその有難さが身に染みるようなそういう性質の「善」なのだ、と反論しています。差別と抑圧を被る側の黒人たちは、そのあまりにも過酷な差別と抑圧の歴史ゆえに、何か当り前のことを要求する資格を自分たちが持っていないのではないか、と思うようにまでなってしまっているのだ、とトマスは言っています。白人にとって当り前のことを、黒人たちは要求する資格すらないのではないか、と思い込むようになってしまうほど、抑圧を被ってきた、というわけなのです。

「黒人は恐い」などといった、社会に蔓延している「ステレオタイプ」によって、自分の意識的選択以前に、自分に関する何かがもう既に決定されている、それもただ単に「黒い皮膚」を持っているというだけで「自分がどういう風に見られているのか」が決められてしまっているのでした。しかも、トマスが述べているように、「黒い皮膚」というだけで、常に疑いの視線を浴びせられ、「公共的信頼」を得られないのです。

今「ステレオタイプ」という用語を使いましたが、リップマンによれば、「ス

テレオタイプ」とは、「修正が難しい、単純だが、誤りの多い、ある集団に関するイメージ」のことです。ある集団の一員に或る特長が見られると、その集団全員がその特長を持つものであると一般化をしてしまう、そういう単純化をしてしまう思考法にステレオタイプ化する思考の源泉があることは確かです。確かに、人間には、限られた情報処理能力しかありませんので、複雑な問題を単純化する傾向が確かに存在しています。例えば、裏山の「松の木」も、よく見れば、一本一本皆違う松の木なのに、私たちは、通常、どれもこれも皆「松」と一括りにして思考を進めていくのです。そんなわけで、人間は「認知の節約家」なのです。こうした単純化は普通に行われているわけです。けれども、「ステレオタイプ」の場合は、ただ単に単純化するだけではありません。「認知の節約家」だからと言って済む問題ではないのです。例えば、「黒人は恐いものである」というステレオタイプは、単なる記述とは違い、黒人に対しマイナスの評価を与えているので、評価的ですし、その評価が「恐い」という負の感情ですので、情動的（即ち、何らかの感情が含まれている）です。評価的で情動的な要素を含む意見は、「態度（Attitude）」と呼ばれています。「ステレオタイプ」とは、「ある集団に対する『態度』に基づく単純化された記述のこと」なのです。

　「態度」に表明される評価が好ましい評価か好ましくない評価かによって、ステレオタイプを2つに区別できます。ステレオタイプの内、マイナスの評価を含むものを「ネガティヴ・ステレオタイプ」、プラスの評価を含むものを「ポジティヴ・ステレオタイプ」と呼びます。このファノンの体験談に読み取ることのできる「黒人は恐怖の対象である」というステレオタイプは、「恐怖の対象」というマイナスの評価を与えていますので、「ネガティヴ・ステレオタイプ」なのです。「日本人は勤勉だ」とか「イギリス人は紳士的である」などは、プラスの評価に基づく「ポジティヴ・ステレオタイプ」なのです。「ステレオタイプ」という「態度」は、コミュニケーションの際に、明らかに「ノイズ」として作用するのです。なぜなら、意図的なコミュニケーションを始める前に、ステレオタイプのせいで、相手が、自分に対する態度を決定してしまうからです。

　確かに、「黒人は恐怖の対象である」のような「ネガティヴ・ステレオタイプ」は、「マイナス・イメージ」を与えられるのですから、明らかに差別されて

いる、ということが誰でも分かるわけです。また「ネガティヴ・ステレオタイプ」を使うような人間には、明らかに悪意があるわけです。こうしたことから、「ネガティヴ・ステレオタイプ」による差別は大変分かりやすいものなのです。

　ここで皆さんに注意していただきたいことは「ネガティヴ・ステレオタイプ」ではなくて、「ポジティヴ・ステレオタイプ」であるのなら、よいのだろうか、といった疑問です。こうした「ポジティヴ・ステレオタイプ」に気づくために、「皆さんが知っている黒人の有名人」をちょっと列挙してみてください。おそらく、スポーツマンかミュージシャンばかりになるのではないでしょうか。今皆さんに挙げていただいたことからも分かるように、例えば、そうした「ポジティヴ・ステレオタイプ」の中に「黒人男性はマッチョでスポーツ向きの身体を持って生まれてきている」といったものがあります。このステレオタイプのお陰で、スポーツは黒人が社会的成功を許された領域の１つとなっています。これは「見ろ、アメリカ社会は能力あるものは報われるという正義が生きているではないか。その証拠に社会的達成感と成功の可能性が黒人たちにも開かれているではないか」といった自負心をアメリカの白人たちに抱かせています。けれどもこれは黒人をスポーツ界のみに囲い込んでしまうような幻想で、実はそれ以外の領域で黒人が自己実現していく可能性を事前に壊してしまうような力として作用してもいるのです。

　他にも例えば、「黒人は生まれつきリズム感がいい」といった身体に与えられたプラスイメージを考えることもできるでしょう。こちらの方のステレオタイプは黒人の進出領域を音楽界に限定してしまっています。こうしたステレオタイプが支配的になりますと、黒人として生まれてしまったら、好もうが好むまいが、スポーツ選手になるか、ミュージシャンになるかしかない、ということになってしまいます。自分の選択以前に道が既に用意されてしまっている、というわけなのです。ジョン・ラッセルさんは、「マスコミ・大衆文化が提供する、歪んだ黒人像によって黒人らしさのイメージが固定してしまい、黒人に何が期待できるのかということが限定されている。一般に黒人を天才的エンターテイナーや天性のスポーツ選手あるいは犯罪者予備軍としか考えない傾向のある多くの日本人にとって、そのような固定観念に反駁する生身の黒人とどう親しみ交流するかということが、この差別問題を解決するための重要な鍵の１つ

であろう」と述べています。

　人が抑圧されているかどうかということを「自由のイメージ」に照らし合わせて考えることができるのでした。「私の目の前に、どれほどたくさんのドアが、私を拒まずに開かれてあるか」というイメージに照らし合わせて考えてみれば、黒人が抑圧されていることが分かるでしょう。なぜなら選択しようとする以前に既に選択肢が限定されてしまっているからです。ネガティヴ・ステレオタイプは「おまえはこのドアからは入れない」とあからさまに否定の言葉を投げかけるでしょう。ネガティヴ・ステレオタイプのせいで、「公共的信頼」を楽しめないのなら、誰からも疑いの目を向けられるので、そもそも「どのドアからも入れなくなる」かもしれません。他方、ポジティヴ・ステレオタイプは、「おまえのためにこのドアにスポットライトを当てておいたぞ」あるいは「あなたが黒人なら是非このドアからどうぞ」といった具合に「黒人専用」の特定のドアのみを強調することになるのです。いずれにせよ、目の前に開かれるドアが限定されてしまうわけですので、自由は抑圧されることになるのです。

　ポジティヴ・ステレオタイプは、一見したところ褒められているように思われ心地良い響きがあるのですが、ポジティヴ・ステレオタイプも、ご覧のように選択肢を狭めてしまう抑圧として機能することになるのです。ネガティヴ・ステレオタイプにしろ、ポジティヴ・ステレオタイプにしろ、それがステレオタイプである以上、「黒人はこういうものだ」という決めつけがあるのです。ポジティヴ・ステレオタイプの怖さは、そうした決めつけを、その決めつけによって差別されているはずの黒人の側が、積極的に肯定してしまう、ということなのです。つまり、黒人の側が、「スポーツができなければ、黒人じゃないんだ」「リズム感が悪ければ黒人じゃないんだ」と自分から思い込んでしまうようになるのだ、というわけです。このようなステレオタイプが蔓延している社会では、たとえ、「機会の平等」を与えていることを謳っているとしても、それが結局、見せかけの謳い文句に終わる可能性が非常に高いでしょう。多くある選択肢の中からどれでも選べるのに、あえてこれを選んだと言えないからです。ステレオタイプから来るイメージによって、ある限定された選択肢を選ぶよう、誘導されてしまっているのですから。

　経済学者のアマルティア・セン（Amartya Sen）は、『不平等の再検討』と

いう本の中で、幅広い選択肢を社会が与えてくれることこそ、豊かさなのだ、ということを論じています。センは、「Capabilityケイパビリティ（≒潜在能力）」という概念を使っています。センの言う「ケイパビリティ」とは、簡単に言えば、「人間が人間として様々な生き方が可能であり、その中から自分で価値のある生き方を選んだと言い得るような、そうした選択肢の幅が十分にある生き方」を意味します。私たちに、様々な生き方を可能にしてくれる、そうした選択肢の多様さが保証されている社会こそが、豊かな社会なのだ、とセンは言うのです。こうした「豊かさ」が、ポジティヴ・ステレオタイプによって妨げられているのです。黒人だから「スポーツ選手」か「エンターテイナー」あるいは「音楽家」という風に、特定の選択肢に既にスポットライトが当てられているのなら、そのような社会は黒人たちに「ケイパビリティ」を与えていないのです。様々な選択肢が目の前に可能性としてある中から、真の選択をした、というわけではなく、「スポーツ選手」あるいは「エンターテイナー」という限られた選択肢しか選び取れないような状況を強いられているからです。それゆえ、そのような社会は、センが言う意味において、「貧しい社会」なのです。

　以上の分析でお分かりいただけましたように、身体にまつわるステレオタイプは「人生の旅」の「出発点」という初期条件において、「入ることのできるドア」を限定してしまう「障害物」として働いてしまうのです。「肌の色が黒い」という「被投性」ゆえに、「旅」の初めから、このような「障害物」を抱え込む人たちが確かに存在しているのです。「旅」の「出発点」において、「障害物」ゆえに、早くも「人生の意味」を問わずにはいられない、という場合があるのです。

　以上見てきましたように、「人生」を「旅」に喩えることによって得られる実に多彩なイメージが、「人生」に関する慣用句に反映していることを理解していただけたと思います。「人生」を「旅」に擬えるメタファーは、例を挙げたら切りが無いほど、無数に例を探すことができます。読者の皆さんも、「旅」のメタファーの例文を探してみてください。私たちが、どれほどこのメタファーに頼って思考しているのかを理解していただけるはずです。

§2 「人生」を「物語」に喩える

次に「人生」を「物語」に喩えて理解するメタファーを考えることにしましょう。「旅」のメタファー同様に私たちは「人生」を「物語」に擬えることによって理解しようとします。人類が伝記や自叙伝を書き残し続けているのも、私たちが「人生」を「物語」に擬えて理解しようとしているということの証拠として挙げることができるでしょう。「人生」は一体どういった点において、「物語」の構造を持つものとして捉えられ得るでしょうか。誰かからあなたの人生の物語を聞かせてくれるようせがまれたら、あなたはそれをいかに語るでしょうか。あなたは、幼年期から現時点に至るまでの物語を1つの一貫性のあるものとして構成することでしょう。そうした上で、人に語って聞かせるのではないでしょうか。物語のような人生の構造とは、それならば、具体的に言っていかなるものなのでしょうか。

「人生」と「物語」の対応表

「人生」を「旅」に喩えた時と同様に、「物語」と「人生」の対応関係を考えてみましょう。「物語」のイメージを「人生」に「写像」してみましょう。

物語には、登場人物がある；同様にあなたの人生に重要な役割を演じてきた人々がいる。
物語には、主人公がいる；あなたの人生の主人公はあなた自身である。
物語は背景、重要な事件、エピソードなどの部分を持つ；人生も同様である。
物語には段階を踏んだ発展がある；人生にも、「開始」のための背景（あなたがどのような家庭に生まれたかなど）があり、「開始」（誕生）があり、現時点に至るまでの諸々のエピソードが時間的に配列されて続いている。そして「終結」として現在のあなたの状態があるであろう。
そして重要なことは「物語」が時間的背景に従って線的に展開していくのと同様に、人生も線的な連続性を持つものとして理解されているということである。

最後に「物語」に一貫性をもたらす構造として、主人公の目標、計画、目標に至るまでの一連の出来事や努力が挙げられる。

「人生」をイメージする時、上記の対応関係に基づいて、「物語」との類似点によって、「人生」を考えていくことが可能です。

「物語」の一貫性から「人生」を理解する

「人生の意味」と言っても、人生は、当然のことながら文ではありませんので、言語学的な意味を備えているわけではありませんが、「人生」を「物語」に擬えるこの見方においては、言語学的な意味との類似を考えることが可能です。意味のある文は、単語間の関係において、文法的に一貫性があるわけです。単語の単なる羅列は意味を成しません。これと同様に、意味のない人生を構成する出来事は、他と一貫性を持たない出来事の単なる羅列であると考えることができます。「物語的な一貫性」を形成する、主人公の目標、計画、そして目標に至るまでの一連の出来事や努力が、「語り」を通して、選びぬかれているわけです。こうした「目標の達成」をクライマックスにしているような「人生計画」が「物語」の構造でもって語られるわけです。ですから他の人たちは、伝記や自伝のような形で残されている多くの物語から、人生についての教訓を学ぼうとするのです。その教訓が肯定的な意味合いのもの——「この道で成功するために、この人はこんな努力をしたのか、なるほど」——であろうが、否定的な意味合いのもの——即ち、「確かに、この男のような生き方は破滅に導くな」のような——であろうが、いずれにせよ、教訓を読み取ろうとするのです。

やり直しがきかない一回切りの人生のための参考書として、私たちは、「物語」として語られた人生から教訓を得ようとするのです。天災に遭ったり、不治の病に罹り、闘病生活を強いられたり、限界状況などの困難な状況で選択を強いられた人の話ように不運や不幸に見舞われてしまった人の伝記や、あるいは、女性蔑視や人種差別などのような不正義に立ち向かう人の話などは、私たちが、同様な状況に置かれた時には、考えるための、また行動するための、モデルを提供してくれることでしょう。「そうした状況に置かれた場合、その人にとって、どのような選択肢が開かれていたのか。その人はそうした状況で何

を選択したのか。それはなぜか。そしてその時代と自分の置かれている現在とは何が条件的に変わったのか」。このように、モデルとなる人物の選択した行動を、今自分の置かれている状況との類似点と非類似点とを照らし合わせながら、捉え直すことによって、今決断できるように思索を進めていくわけです。今を生きている者の特権として、モデルとしたその人物の失敗からでさえ学ぶことができるのです。

ロール・モデル（Role model）の重要性

　書店に子ども向けの本を求めて出かけてみると、書棚には、エジソン、リンカーン、ファーブル、ベートーヴェン、ガリレオ、キュリー夫人、手塚治虫など実に多彩な伝記が並び、それらに接する子どもたちが夢を膨らませて多彩多様な将来像を描くことが可能になっています。伝記は、ロール・モデル（Role model＝役割モデル、この場合は「自分の将来像を考えるためのモデルになるべきもの」）を子どもたちに提供し、伝記に接することによって、子どもたちは、この職業に就いた時、何が私を待ち受けているのか、何が要求されるのか、どんな喜びがあるのか、またどんな困難が考えられるのか、何が期待されるのか、などを、教訓として学んでいくことができます。

　アメリカでは、今まで差別され続けてきた黒人や女性に対して、社会システムが作ってしまうハンディを補い、他の人々と同じスタートラインに立てるように助ける、という目的で、「優先政策（アファーマティヴ・アクション）」が採られています。これは、そうした抑圧を被ってきた社会的マイノリティに対して、雇用や入学の際に割り当て人数を設けることによって、黒人や女性が望んでいる地位に参入できるように助ける政策なのです。ここでは、この政策の是非を議論しませんが、大切なことは、今まで抑圧されてきた人たちに対して、社会的地位への参入の機会を増やすことで、そうしたマイノリティに属する子どもたちにも新しい「ロール・モデル」を提供できるようになる、ということです。「ロール・モデル」が新たに増えることによって、子どもたちの目の前に広がる「ドア」――目の前にあなたの入場を拒まないドアが多く広がっているほどあなたは自由だ、という「自由のイメージ」――の数が増えるわけなのです。有名女優のウーピー・ゴールドバーグは、自分が幼い頃、アメリカの国民

第1章　人生をイメージするためのメタファー　41

的人気SF番組の『スター・トレック』の中で、黒人女性が、宇宙船の仕官クラスの乗組員役を演じていたことに新鮮な驚きを感じ、黒人にも夢と可能性があることを教えられた、と語っていました。彼女は、その時の感動こそが自分の女優としての原点であることを忘れずに、女優として成功した後も、邦題で『新スター・トレック』として親しまれている『スター・トレック：ネクスト・ジェネレーション』への出演を希望した、と言います。もちろん、次世代の子どもたちにも、自分が見た夢と可能性を伝えるためにです。このように、「ロール・モデル」ということは、子どもに夢と可能性を与えるという意味で非常に重要なのです。

　マッキンタイアが述べているように、私たちの義務や責任などは、私たちが担うことになる社会的役割が持つ歴史的背景によって規定されています。私たちはいきなり政治家とか八百屋になるわけではなく、両親や先輩、あるいは先生、師匠、親方、あるいは、その道で成功した人や近所などでその職業に従事している人などの生き方を実際に見ることによって、あるいは自伝や伝記などで読むことによって、その役割が要求する「その役割らしさのイメージ」を習得するのです。その役割らしさのイメージの1つとして、その役割を「良く果たす仕方（ギリシア語では"アレテー"）」を身につけていくのです。この「アレテー」は英語では「ヴァーチュー（徳）」と訳されています。確かに、私たちがある職業に実際に従事することを通して、あるいは、職務を学ぶことを通して学んでいくことができるような倫理的態度や心得を示す徳目というものがあるのです。医者や教員、大工といったいろいろな職業について回る倫理的態度や心得を示す徳目が必ずあるのだというのです。そうした職業という「役割」が含意している「倫理的態度や心得を示す徳目」のことを、マッキンタイアは、「ヴァーチュー」と呼んでいるのです。

　医学の場合も例外でなく、特に医学の場合は医者が医者として従うべき徳目が明文化されているのです。医学者の専門集団に加わる者たちは、必ず医術の祖であると言われるギリシアのヒポクラテスの名を取ったいわゆる「ヒポクラテスの誓い」を読み、誓いに述べられた掟に従うことを医術の神々の名にかけて宣誓するのです。卒業を控えた医学生が必ず読み上げると言われているこの「ヒポクラテスの誓い」の条項の1つには、「自らの能力と判断に従い、病める

者たちの救済のために医療を施し、病める者たちに対する害と不正を避ける」というようなことが謳われていますが、医師の卵たちは、ここから、職業人として従うべき「ヴァーチュー」を学んでいくのです。どんな職業でも、その職業という「役割」が含意することへの期待があります。そして、その期待通りにしてくれるだろう、という信頼があります。一旦「信頼」を裏切れば、二度と信頼を得られないかもしれないという社会的サンクションを受けることになります。当然、社会的サンクションを受ければ、そのせいで、儲からなくなり、その「役割」を生活手段にすることができなくなってしまうでしょうし、その「役割」の共同体から外されてしまう場合すら出てきます。

　最近起きた「雪印」の事件が、信頼を裏切った時の社会的サンクションの絶大さを物語っています。一旦失った信頼を回復しようと努めても、そのためには膨大な時間を耐えぬかねばならなくなります。こうして、「職業」という「役割」への期待と信頼を寄せられ、こうして寄せられた期待や信頼に責任を持って応えていこう、とするところに、「職業倫理」が生まれるのです。「ヴァーチュー」は、「役割」に寄せられる期待や信頼に応えていくという歴史的過程の中から、生じてきた叡智なのです。

　もしそうであるならば、職業人としての自己実現に至る道は、役割の要求するヴァーチューを身につけることであると言えると思います。「良い政治家は、これこれのことをする義務や責任がある」「良い教師はこれこれのことをする義務や責任がある」などの職業特有のモラルを規定するのは、その役割の持つ歴史的背景なのです。あなたが良い菓子屋かどうか、あるいは良い物理学者かどうかは、そうした歴史的背景に照らし合わせて決められるでしょう。「こういうのは菓子屋らしくない」「これこれするのは物理学者らしくない」といった規範を提供するのは、その役割の持つ歴史的背景であるというのです。従って、人が社会的な役割との関係で「自分の何たるか」を理解する時、その人は「いかに行動すべきか」ということを、役割そのものから含意されて知っている、ということになるでしょう。マッキンタイアが言うように、こうした「役割」が含意する「ヴァーチュー」というものは、一種のヘリテージ（＝文化的な遺産）として、「歴史」という「物語」を紡ぐのに、不可欠な要素となっているのです。

こうした職業の持つ特有のヴァーチューを、私たちは、例えば、伝記のように「物語」として語られた人生から学び取るのです。ある職業に就くことで、その職業に従事する職業人らしく生きるためのヴァーチューが要求するモラルはどのようなもので、そのモラルに従って生きることで、私は生きがいを感じることができるだろうか、ということを、多種多様な伝記や自伝が、教えてくれるわけです。「物語」として語られた人生は、このように「人生の教師」として私たちに教訓を与えてくれているのです。

自分の担う「役割」から生き甲斐を感じられなくなる時代
　2004年10月3日、大リーガーのイチロー選手が、新記録を達成したという大ニュースの影に隠れて、京都市の病院で、看護助手、佐藤あけみ容疑者が、抵抗ができない、意識レベルの低い入院患者4人の手足の爪を剥がしていた、という事件が起きました。この事件で注目すべき点は、この容疑者の佐藤あけみなる人物が、「派遣社員」であった、という事実なのです。彼女は、2004年3月30日より、京都市内の人材派遣会社から、派遣され、病状の重い患者が多い、特殊疾患病棟で勤務し始め、患者の食事・入浴・排泄などの世話をしていた、ということなのです。2003年、「改正労働者派遣事業法」という法案が通ったということの意味を実感できる事件でした。つまり、とうとう、かつて「労働派遣法」に設けられていた、医療、製造業、建設業など専門性の高い領域を除くという制限が取り払われてしまい、医療などの領域にも派遣が認められ、派遣労働制度の完全自由化が実施され始めていたのだ、という事実の意味を考えさせられる事件だったのです。
　この事件で、今までなぜ、医療の領域に派遣労働が許容されていなかったのか、ということが明らかになりました。職業倫理、そして仕事への責任の問題という形で、医療領域への派遣労働を疑問視することができるからです。
　京都九条署の取り調べに対して、佐藤あけみ容疑者は、「看護師の仕事は初めてで、慣れておらず、職場の人間関係にストレスがたまっていた。鬱憤を晴らそうと思った」と供述しているのです。この彼女の供述で問題にすべき点は、「看護師の仕事が初めて」という箇所、それから、「職場の人間関係にストレスがたまっていた」という箇所の2箇所です。

まず、二点目の「職場の人間関係にストレスがたまっていた」という箇所ですが、殊に医療の領域では、未だ目新しい、派遣労働者という彼女の身分への偏見もあるかもしれません。そして、職種を転々としてこなければならないという派遣労働者の特質ゆえに、1箇所に留まって「人間関係」を築く、という必要性が感じられないのではないのでしょうか。要するに、問題にしたいことは、職を転々としないわけにはいかない、派遣の身分では、「職場の人間関係」ということに対する構えがまったく違ってしまう、ということです。

　一点目の「看護士の仕事が初めて」の箇所で、私は、まず、そんな彼女を特殊疾患病棟で勤務させた雇用者の側の無神経さに驚きを感じないわけにはいきません。さらに、「ヴァーチュー：職業倫理」の問題を考えずにはいられません。人は、自分が担う「役割」から期待される「ヴァーチュー：職業倫理」に対して義務を感じて生きるわけです。こうした義務を担って生きている人を見て、世間では、「あの人はまさに、その道のプロだ」と評価するわけです。けれども、自分の担う「役割」が、短期で職を変えねばならない「派遣労働者」であるのならば、どうでしょうか。そこに「プロ意識」や「職業倫理観」が芽生えることすら難しくなるのではないでしょうか。契約期間が短期に限定されている派遣労働者の場合、「どうせ一生懸命やっても1年足らずで終わりだ」という意識があったとしたら、「プロ意識」や「職業倫理観」は育たないでしょう。

　そして、何よりも大きな問題は、「プロ意識」も「職業倫理」も持たない人に、看護される患者さんたちが存在しており、実際に犠牲になった、ということなのです。短期間の契約期間では、普通は、自分が責任を負わねばならないような重要な仕事は任せられないだろうゆえに、「プロ意識」や「職業倫理」を育む機会が与えられはしないでしょう。もちろん、派遣労働者の中には、人間的に優れた人が多く存在しているでしょう。けれども、そんな人でさえ、「役割」から来る「職業倫理」の意味するところをはっきりと身を持って知るまでに、その「職業」に打ち込むことすらできないのではないのか、ということなのです。

　今後、派遣労働者ばかりになれば、自分の担う「役割」から生きがいを得られない人が、多くなっていくのではないのか、という強い懸念があります。これから出会うだろう学生たちの将来のことを考えると、息苦しい思いがしてき

ます。

「物語」では捉えきれない「人生」の一側面

　けれども、逆に言えば、このように「人生」を「物語」に擬えることによって、当然のことながら、「物語的一貫性」を「人生」に覆い被せて人生を理解しようとするために、必然的に、一貫性に寄与しないエピソードや人物などが無視されたり、都合の悪い事件や些細なことと見なされる行為などが隠されてしまったりする点にも注意していただきたいのです。たとえ、ロミオとジュリエットのように恋を囁き合う恋人たちが、良いムードになっている時に、しつこく飛び回る蚊を叩いた、というようなことが実際にあったとしても、そのようなエピソードはどうでもよい些細なこととして片付けられ、二人の愛の物語には採用されないことでしょう。「朝、起きて顔を洗って歯をみがく」のようにあまりにもルーティーン化して、わざわざ語る価値を持たないと判断されたエピソードも物語からは抜け落ちることでしょう。しかも言語によって表象不可能なものは、物語の中からは初めから排除されてしまっているのです。私たちは「言葉にはならないような、まさに名状し難い経験」することがありますが、そうした体験の質は、「意味」では語り尽くせないのです。また、「泳ぎ方」を言葉では語り尽くせないように、体感したことを言葉で表現することはできません。「語り」は偽り騙すという意味の「騙り」に通じています。「語り」の原義は「型取る」です。「語り」が「型取る」ものである限りにおいて、そこには「型取られる」ものがあるはずですし、実際、ある出来事を「型取り」再現してみせることが、「物語る」ことなのでしょう。「物語る」ことを、出来事に「形」を与えるものと考えた場合、「事実上一度限りしか起きない純粋な出来事」とそうした出来事を再現するために意味を与えられたという形で「型取られた出来事」と「出来事」そのものの間に差異があるのは当然ですし、そうした意味で「語る」ことは、多かれ少なかれフィクションの意味合いがあるのです。このことは重要です。「出来事の一回性」を何とか語ろうとする努力が、詩的表現を生み出すわけです。また逆に、「ドイツ民族の優秀性」や「大東亜共栄圏」（最近の出来事では、ブッシュの「悪の枢軸」）などといった物語に乗せられて、偽り騙すという物語の側面に本当に騙されてしまった人たちによって歴史的悲劇が

繰り返されてきたことも忘れてはなりません。こうした悲劇を予防するためにも、「あたかも〜のように」という物語のフィクション的側面をよく理解した上で、あえてフィクション的世界を1つのモデルにして人生設計しているのだ、という構えが重要なのです。

　それでは、「物語」の中から排除されがちな要素をまとめておきましょう。
1) 「言葉にはならないような、まさに名状し難い経験」あるいは「泳ぎ方」などのように「身体が覚えたこと」のような体験の質は、「意味」では語り尽くせない。
2) あまりにもルーティーン化し過ぎて語る興味がわかないことや「本筋」に貢献しない、細かいエピソードは、「物語」から排除されてしまう。

『春の日は過ぎゆく』：物語ることのできないものを考える

　韓国映画『春の日は過ぎゆく』の主人公、サンウは録音技師の仕事をしています。彼は、「自然と人」と題したラジオシリーズのために、自然界の音を収録する仕事を依頼されるのです。私たちにとって、こうした自然界の音のようなものは、一旦、「小川はさらさら」「風はヒュウヒュウ」と括られてしまった途端に、完全に背景化してしまっています。一旦背景化してしまうと、「まったく同じもの」になってしまうのです。同様に、春夏秋冬も、「まったく同じもの」のように背景化されてしまいがちです。サンウは、自然界の音のように、本来は決して同じではあり得ないものに身を晒すことになりますが、このことが実は大きな意味を持ってくるのです。サンウは、この仕事の依頼のあったある春の日、仕事を依頼した、ラジオ局のDJ兼プロデューサー、ウンスと恋愛を経験します。けれども、サンウは、この恋愛を通して、ヘラクレイトスが言うように、万物はまさに流転しており、「同じ春は二度と再び巡っては来ない」ということに気づかされることになるのでした。心の歯車が少しずつ噛み合わなくなっていく男女の心理が、実に巧妙に描かれていきます。こうして一旦は彼のもとを去ったウンスが、戻ってきたのも春でした。彼女は、サンウに、おばあちゃんに、と言って鉢植えの花を手渡そうとしますが、これが、サンウの失恋と並行して描かれてきた祖母のことを思い出させたのでしょう、過ぎ去った春の日は同じようには巡ってこないことを悟ったサンウは、元恋人に握手をして

別れるのです。
　サンウの祖母は、痴呆症が進んできているせいもあるのでしょうが、それだけとは言えない理由で、死んだ夫を、駅で待ち続けているのです。サンウの祖母は、夫が浮気をして駆け落ちしてしまう、という過去を持っています。けれども彼女は、若かりし頃、自分を愛してくれていた、あの時の夫との「一回切りの想い出」、二度と同じようにならない「一回切りの想い出」を心に抱いて生きており、そんなあの頃のように、駅で夫を待ち続けているのです。そんな祖母だからこそ、サンウの心の痛みが分かるわけです。駅で夫を待ち続けようとする祖母に付き添うサンウは、自分の失恋の痛手から、「おじいちゃんは死んだんだよ、待っても来やしないよ」と叫んでしまいます。そんなサンウに、いつまでも小さなままの孫にでも接するかのように、菓子を取り出して与える祖母は、一番サンウの痛みを分かっているのでした。
　印象的な場面は、アルバムの中で夫の若い頃の姿を認めた彼女が、喜びを素直に表した時、家族の者が、年老いた夫の写真を見せて、誰だか分かるか、と迫った時、彼女は怒りの表情を浮かべ、その写真を払い落としてしまう場面です。「一回切りの想い出」を、連続した物語に加工してしまうことを拒絶するかのように。想い出の衣装を身に纏い、家を出る彼女を描くことで、彼女が帰らぬ人となってしまったことを伝える映像は実に美しいものがありました。彼女の心には、死出の旅に発つ日でも、「あの頃の夫」が生き続けていたのでした。ウンスから「おばあちゃんに」と言って手渡された鉢植えの花は、祖母とのこうした経験を蘇らせ、ウンスとの「一回切りの想い出」を胸に、サンウは彼女との別れを選んだのでした。サンウは、風に靡く草原に集音マイクを設置し、二度と再び巡ってこないものを慈しむように、自然界の音に耳を傾けるのでした。この映画のラストは実に印象的です。
　この映画のサンウとその祖母がそうであったように、人は、「一回切りの出来事」を物語ることなく、ただただ「心に抱いている」ということがあるのです。この映画は、「物語ることのできないもの」に私たちの心を開かせてくれるのです。

§3 「人生」を「演劇」に喩える

　さて、「人生」を「物語」に喩えるメタファーと同種のメタファーに、「人生」を「芝居」や「演劇」に喩えるメタファーがあります。「芝居」あるいは「演劇」にも、「物語」同様に「筋」があるという重要な点で、両者は似ているのです。シェークスピアの『お気に召すまま』に出てくる有名な台詞——ヴェルディ最晩年のオペラ『フォルスタッフ』では、この台詞がフーガの処理を受けてオペラのクライマックスを飾っています——「世界は舞台だ、そして男も女も役者に過ぎない。おのおの退場すれば入場もする」は、このメタファーに従った考え方を表現しています。また小津安二郎は、彼の『一人息子』の冒頭で、「人生の悲劇の第一幕は親子となったことに始まっている」という芥川龍之介の「侏儒の言葉」を引用しています。これも「人生」を「芝居」に喩えるメタファーの一例でしょう。

「人生」と「演劇」の対応表
　このメタファーの場合の対応関係は以下の通りです。

芝居の始まりは、生誕に、
主役は、人生を送る当の人物に、
共演者は、その人物に関わってくる人物に、
舞台は、その人物が行動する場に、
演技は、人生を彩る諸々の行為や活動に、
入場は、重要な役割を担うことに、
退場は、重要な役割が終わることに、
「幕」や「場」は、人生の節目に、
スポットライトを浴びることは、成功に、
役回りのふさわしさは、良き人生に、
脚本は、時には、その人物の計画に、また時には運命などに、
即興は、偶然などによる状況の変化に対応する機転に、

喝采は、生前の業績の評価に、
幕が降りることは、死に、

それぞれ喩えているのです。

　このメタファーの場合、共演者はいろいろなタイプの役割を演じることになります。「恋人」や「友人」であったり、「師」や「助言者」であったり、「ライバル」や「敵役」であったり、主役にいろいろな影響を与えることになるのです。そして主役の活躍する場は、「舞台」に喩えられるのです。
　このメタファーに基づいて考えていくと、人は、ふさわしい役回りを得られるのならば、幸福ですが、ふさわしくない役回りを振り当てられてしまったり、不釣合いな役回りを演じねばならなかったりした場合、まさに大根役者として演じることになってしまうのです。それは、失敗を暗示するゆえ、不幸な人生を送ることを意味するのです。つまり、ふさわしい役回りを得る、ということは、人生において「分をわきまえる」ということも意味するのです。
　また、脚本を自分が書く場合、つまり自分が劇作家も兼ねる場合は、「脚本」に喩えられるものは、その人物の「人生計画」であるわけです。その場合、「良い人生」とは、劇作家として「自分自身にふさわしい脚本」を仕上げることになります。おそらく実人生においては、偶然の影響などもあって、その都度、脚本を書き直すことを余儀なくされることでしょうが、けれども、その劇作家は、「その人自身」ではなく、自分の力を越えた「運命」であったり「神」であったりする場合も考えられます。特に、劇作家が「神」であるのならば、人生において、神による脚本を探すことが、有意味な人生の条件である、と考えられるようになります。
　でも本当にそれが有意味な人生の条件と言えるのでしょうか。舞台上で展開される自分の人生を、第三者的に舞台の外から操る劇作家、即ち、神がいる、という考え方は、実に根強い考え方なのです。「人生の意味」の探求が、このように、舞台の外にいる劇作家の提供してくれる脚本にある、と考える方向でされることが、確かにあるわけで、次の章で見るトルストイの探求は、まさにこの方向を採るのです。けれども、神の書いた脚本に従うことと、自分以外の人間の書いた脚本に従うこと——例えば、自分の父親が脚本を用意していてくれ

ているような場合——との間にある決定的な違いとは何なのでしょうか。また自分以外の他人の用意した脚本に従うことに、何か強制されているような感じを抱くとしたら、神による脚本では、そうはならない、と言い得るような決定的な違いとは何なのでしょうか。あるいは、神の脚本もまた神を超える何かの他の存在による脚本に従っているという可能性を絶ち切る条件とは何なのでしょうか。つまり、「脚本の脚本の脚本……」という風に無限に後退していく連鎖を絶ち切る条件は何なのでしょうか。言い換えれば、「神による脚本」が、有意味性の説明の最終根拠になる、と言うための条件とは何なのでしょうか。この方向に舵取りをして探求を進める人たちは、今私が挙げた疑問に答える用意をしないといけません。神の脚本に従うことが、有意味な人生の条件であると言うのならば、一体全体、いかなる点で、私たち自身による脚本では不十分で、神の脚本ならば有意味であると言えるのか理解できるような説明が必要でしょう。このような説明がない限り、自分たちの人生の問題を、神による脚本の有意味性の問題として、先送りしてしまっているように思われるからです。

「仮面」を被るということ

最後に、「人生」を「芝居」に喩えるメタファーについて、重要な観察を付け加えておきましょう。「人間」を意味する英語の「person」は、語源的にはラテン語の「ペルソナ（persona）」に由来していますが、ペルソナには「仮面」という意味があります。「仮面」は、「演じられるキャラクター、何らかの役を演じる人」を意味します。私たちは、私たちが置かれている社会的関係の中で自己のアイデンティティを築き上げていきますが、社会的関係の中で自己のアイデンティティを築くということは、「社会的な役割」という名の「仮面」を被ることなのではないでしょうか。そこで、まずここで、社会が演劇的に変容していく有様を見ておこうと思います。

イーフー・トゥアンによれば、ルネッサンス期に、今まで、比較的オープンだった生活空間が、隔絶されていくのです。用を足す場所、眠る場所、食べる場所、パーティを開くための場所、といった具合に、目的や用途に応じて機能的であるように、生活空間そのものが断片化していくのです。こうした生活空間そのものの機能化に伴う断片化とともに、人々のプライヴェートな行為は、

他人の視線を遮断し、覆い隠す「私的空間」の中に囲い込まれていくのです。人目に遮断されることが当然であるとされるようになっていく、プライヴェートな活動を行う私的自己と対照させられて、社会的自己、即ち、公的自己は、こうして、人目に晒されることはむしろ当たり前な「演劇的要素」を持ったものとして登場するようになるのです。

　実際に、マキャベリは、役者の技術を身につけることの重要さを君主に説いているのです。後のモンテーニュの言葉、「人間は引きこもることで、自分自身から自分自身を取り戻さなければならない」にあるように、個室に閉じこもった人間が、そこで自分の個性に芽生えていくわけです。そしてその個性は、個性であるがゆえに、公共の舞台において、自分の能力に応じて、多様な「仮面」を要求することになるのです。つまり、職業選択がかなり自由になってきたのがこの頃なのだ、ということなのです。世襲制に縛られずに「仮面」の選択ができるようになり、公的な舞台における日常は演劇化されていくのです。そして、この選択肢の充実の中で、今度は、公共の舞台で被ることの許される、このような多様な「仮面」の背後にある、己の素顔とは何か、つまり、本当の自分とは何か、という問題が芽生えてくるのです。そして、この大問題を、私的空間という舞台裏に引きこもることで思索する、というようなことが、ルネサンス期以降のヨーロッパの思想史に大きな影響を与えることになったのです。

　ヨーロッパ社会においては、ルネッサンス期に起きてしまった「私的空間」の隔絶という事件が、日本でも、明治期になると起こるのです。柳田國男の『明治大正史：世相篇』によれば、障子紙の採用は、重大なる変動を、日本の家屋の構造にもたらしただけではなく、イーフー・トゥアンの発見と同様の心理的変化の要因にもなった、と言うのです。構造的には、障子紙の採用によって、採光が可能になり、大きな建物の隅々までが明るくなり、家にいくつもの中仕切りを設けて、小部屋に分けていくことが可能になったということがあります。明治期には、さらに障子だけではなく、板ガラスが使用されるようになりました。柳田によれば、「板ガラスは久しく日本の国内に産せず、遠くから輸入したものを大切に切って使ったが、もうその頃よりこれを障子の一枠にはめ込んで、黙ってその間から外を見ているものが田舎にも多くなった」ということ

です。これは、夏目漱石の『硝子戸の中』の「硝子戸の中から外を見渡すと」という有名な書き出しを想起させてくれます。柳田は、障子やガラス戸によって可能になった、仕切られた小部屋という構造は、家屋の構造上の変化のみならず、自我の構造という点においても心理的な変化をもたらしたのだと考えているのです。柳田を引用しましょう、「家の若人らが用のない時刻に、退いて本を読んでいたのもまたその同じ片隅であった。彼らは追い追い家長も知らぬことを、知りまたは考えるようになってきて、心の小座敷もまた小さく別れたのである」。

このように日本でも、仕切られた小部屋が可能にした「心の小座敷」の中で、プライヴェートな自己の世界が誕生したのです。確かに、『硝子戸の中』の主人公も、「小さい私と世の中とを隔離している硝子戸」という言い方をしているのです。このように夏目漱石も、プライヴェートな自己を世の中と隔てるこの小部屋の構造を意識していたのです。柳田は、さらに、「電気燈の室ごとに消したり点したりし得るものになって、いよいよ家というものにはわれと進んで慕い寄る者のほかは、どんな大きな家でも相住みはできぬようになってしまった」と述べ、「心の小座敷」となった小部屋が、公共空間から隔絶されていく様を描いているのです。

夏目漱石の『坑夫』の一節を読んでみましょう。「行く先は暗くなった。カンテラは一つになった。……けれども中々出ない。ただ道は何処迄もある。右にも左にもある。自分は右にも這入った、又左にも這入った、又真直にも歩いてみた。然し出られない」。坑道内という場所が、このお話の主人公に自分の自意識と向かい合わせにさせるのです。これは、坑道という、自分の心象風景を自分自身で引き受けなければならないような場所に身を置くということがどういうことなのかを分からせてくれる一節なのです。漱石の見た夢を記した『夢十夜』にも、その「第七夜」に「何時陸へ上がれる事か分らない。そうして何処へ行くのだか知れない。……自分は大変心細かった。こんな船にいるよりは一層身を投げて死んでしまおうかと思った」。という記述があります。乗客は大抵異人の様で、この船は、どこに至るかは分らないけれども沈み行く太陽を追いかけているらしい、ということを意識しているのは、漱石のみなのです。どこという目的地もなく、ただただ西に向かう船のイメージによって、「追い

つけ追い越せ」という推進力によってのみ欧化政策を進める明治期の日本に対する不安を象徴的に描いているということは言うまでもありません。夢ですので彼の無意識を反映しているわけです。この夢の中で漱石は、ある晩、どこに至るのか分らないこの船から大海に飛び込み、「無限の後悔と恐怖とを抱いて黒い波の方へ静かに落ちて」いくのです。夜の大海原の中にただ一人という風に、完全に孤立した自意識の世界が象徴的に描かれています。ただ一人大海に漂うというこの喩えもやはり、自分の心象風景を引き受けざるを得ない場で自意識と向かい合うということを意味しています。硝子戸の向こうの「心の小座敷」となった書斎風の小部屋で、「坑道」や「大海に漂う一艘の船」などのような、それら自身「心の小座敷」のバリエーションであるようなメタファーを繰る漱石の姿を思い浮かべてみてください。

　イーフー・トゥアンにせよ、柳田國男や夏目漱石にせよ、いずれの思想家も、家屋の構造とプライヴェートな自己の誕生を結びつけて考えている、ということは興味深いことです。このような家屋の構造の出現とともに、人は、特に公的空間において、「社会的役割」という「仮面」を被って登場するようになっていくのです。私の場合を例にとって考えてみるならば、大学で「先生」という役割を果たしている時は、「先生」の仮面を被っている、また子どもに対する時は「父親」としての仮面を被っている、妻に対する時は、「夫」の仮面を被っている、という風に考えることができますし、そうすることを期待されているわけです。「心の小座敷」である自分の部屋に閉じこもった時に初めて、あらゆる種類の「仮面」から解放されてあることができるわけです。家屋の構造変化がまずあって、そうした変化の産物として初めて「プライヴェートな自己」という意識が誕生する、ということは興味深いことです。暗い小部屋に灯りが点されるようになって、かろうじて保たれているそうした「心の小座敷」、それが「プライヴェートな自己」なのです。それに伴って、「公的」ということが意識されて初めて「仮面」という捉え方が可能になっていくのです。

「仮面」としてのアイデンティティ

　ここで「仮面を被っている」ということの意味は、それが元々の人間の本性ではなく「仮面」として後から与えられたものなのだ、ということでしょう。

ですから、「仮面」としてのアイデンティティは、決して固定したものではないわけです。もし私が転職したら、また別の「仮面」を被ることになるのですからね。けれども、暗い小部屋に灯りを点して、「プライヴェートな自己」に向き合うという閉鎖性に閉じこもり切りでいるということは、それが時々ならばよいとしても、病的な要因がある場合を除いて考えたら、「社会的動物」たる私たちには耐えられるはずがありません。ですから、私たちは、平常はこうした「仮面」を被って、「家の外」という公的な、あるいは「自分の部屋の外」という準公的な「舞台」に登場するのです。公的舞台において「役割」を担うということは、その「役割」に対する期待に応える、ということなのです。社会は、いろいろな「役割」を担っている人たちが、「期待通りにその役割を果たすだろう」という「信頼」に基づいて成立しているのです。

　1986年、スペース・シャトル、チャレンジャー号が、打ち上げ直後、大爆発してしまうという事故が起きました。この時、固形燃料ロケットブースターの製造会社、モートン・チオコール社の技術部門は、発射台が氷点下の気温であるという理由で危険であると判断し、打ち上げに反対していました。にもかかわらず、打ち上げ賛成に回ってしまったのです。どうしてでしょうか。技術部門の副社長のロバート・ランドが、大統領調査委員会で行った証言によりますと、「技術者の帽子を脱ぎ、経営者を象徴する帽子を被る」ように言われた時、彼は打ち上げ賛成の意見に傾いたのだ、と言うのです。NASAとの間に結んだ、年間400万ドル相当の契約は、モートン・チオコール社の誰にとってもおいしいものでしたが、それでもランド副社長は、「技術者」として発言していた時は、打ち上げ反対だったのです。ところが、一旦「副社長」という立場から、思考を始めた途端、彼は、経営者として、ゴー・サインを出してしまったのでした。「技術者」の「役割」から来る職業倫理は、彼が、「経営者」としての「役割」に従うよう、命令された瞬間に、「経営者」の倫理観に入れ替わってしまったのです。自分の担う「役割」によって、自分の従う倫理観まで変わってしまう、という例が、この事件の背景にはあったのでした。また、今のランド副社長の例に見られるように、「役割」間の葛藤が、そのまま「良心」として機能し得るのです。それゆえ、複数の「役割」を担っていた方が、ある意味で「良心的な」判断が可能となるわけです。むしろこれからお話しするように、「役

割」が固定してしまう時にこそ、「良心的な」判断の可能性を失ってしまうのです。

　このように「仮面」としてのアイデンティティは、決して固定したものではないにもかかわらず、私たちは、時にそのことを忘れてしまいがちです。「仮面」であるはずのものに自己のアイデンティティが支配されてしまう、ということが実際に日常的にあるのです。「仮面」を被って、ある「役割」を演じている、ということを忘れてしまうのです。マーティン・スコセッシ監督による映画『タクシー・ドライバー』の中に、"A man takes a job, you know, and that job becomes what he is.（ある仕事に就けば、いいかい、その仕事が、その人自身の姿になるのだよ）"という台詞がありましたが、まさにこの台詞のように、自分の担った「役割」が、自分自身の姿になってしまうわけです。

　アメリカで、そのことを教えてくれる有名な実験が行われました。1971年、フィリップ・ジンバルドー教授（Philip Zimbardo）は、彼の助手たちと一緒に、スタンフォード大学の心理学科の地下室に、模擬刑務所を創設し、正常で普通の生活を送っている人たちを集めてきて、コインの裏表で、囚人役の学生と看守役を決めました。当初は2週間実験を続けるつもりでした。ところが、わずか6日目の終わりに模擬刑務所を閉じてしまわねばならなくなったのです。どうしてでしょうか。ジンバルドー教授自身の言葉を引用してみましょう。

　わずか6日目にして、われわれは模擬刑務所を閉ざしてしまう必要性に迫られた。なぜならば、われわれの目にしたものは恐るべきものだったからである。どこまでが本当の彼らで、どこからが彼らの役割なのか、もはやわれわれにも、また本人たちにも定かではなかった。彼らは、「囚人」あるいは「看守」になり切ってしまい、もはや役割演技と自己との区別が明確にはできなくなってしまっていたのだ。自己アイデンティティは脅威にさらされ、人間性の最も醜く卑しい病理的な側面があらわになった。看守役の被験者たちが、囚人役の被験者たちをまるで浅ましい動物であるかのように取り扱い、残忍さを楽しむのをこの目で見、また囚人役の被験者たちが、逃亡して自分だけが生き延びようとしたり、看守に対して憎悪を募らせることしか考えることのできない人間になってしまったりするような非人間的なロボットになるのをこの目で見たか

らである。

　「あっ、この話、聞いたことある」という皆さんもいるのではないでしょうか。そう、この有名な実験を基にして『es』（原題 *Das Experiment*）というタイトルの映画が作られました。見た方もいるのではないでしょうか。2001年製作のオリバー・ヒルシェヴィゲル監督によるドイツ映画です。映画版の方は、いく分脚色がありますが、あまりにも忌まわしい結果ゆえに、スタンフォード大学で行われた実験が中止されたということは事実です。いずれにせよ、普通にどこにでもいそうな人たちで、しかも悪い人には見えないような、ましてや異常者では無いような人たちが、与えられた「役割」しだいで人間性の最も醜い部分を剥き出しにしてくるわけです。初めの内は、「これは半分お遊びだ」位の気持ちが働いて、「看守役」にも「囚人役」にも和気藹々とした雰囲気すら感じられるほどでしたが、その内、与えられた「役割」に真面目になろうとする者たちが出てきます。この映画の中で象徴的な場面は、「看守役」の男たちが、家庭の話をし、子どもの写真を見せ合うシーンです。家庭では、良き「父親」という役割を持っているということを窺わせてくれるシーンなのですが、この会話に参加しない者が2人おり、その2人が、まず本当に「看守役」になり切ってしまうのです。家族を顧みる余裕があれば、「看守」はただの与えられた「仮面」なのだ、と思うことができたはずです。けれども「看守役」に徹するあまり、そうした余裕を失ってしまうわけです。そして「看守役」は、「囚人を管理し、従わせよう」という役割に徹するあまり、「管理し従わせること」そのものが一種の暴力である、ということに鈍感になっていきます。また、「囚人役」は、「管理されること」に対して、反抗的な態度を募らせていくわけで、そのことがまた暴力である、ということに鈍感になるのですね。

　またこの映画では、実験を観察している学者も、その「学者」という役割に徹するあまりに、暴力の兆しが見受けられた段階で、実験を止める決断ができなくなってしまうのです。「こんなことを観察できる機会は滅多にないから続行しよう」というわけで、「学者」という役割を離れることができなくなってしまうのです。ジンバルドー教授自身、彼のホームページ「Stanford Prison Experiment」に、彼自身が、実験中に、「刑務所の所長」になったような気分

がしてきて、自分が「心理学者」としてではなく、「刑務所の所長」のように考えるようになってしまった、ということを告白しています。映画版でも実際に行われた実験でもそうですが、与えられた「役割」を忠実にこなしていく内に、どちらも、与えられた役割の外に出て思考することがだんだん難しくなっていくのです。「看守」は徹底して「看守」に、「囚人」は徹底して「囚人」になっていき、まさにジンバルドー教授の言うように「役割演技と自己との区別がつかなくなってしまう」のです。異常なことをする人は必ずしも異常者である必要はないのですね。人間は、ただただ与えられた役割に忠実である、というだけで、信じられないような行動に出ることがあるのです。

　だから、よく世間を騒がすニュースに、教師の暴力行為がありますが、同僚や校長のコメントが付いていて、「教師としては、熱心な先生だった」というのがあります。むしろ、「教師」という役割にあまりにも熱心なのが恐いわけです。そんな先生に限って、「先生」の職に熱心なあまり、例えば自分の家庭を顧みない人なのです。学校では「先生」、家では「パパ」、妻に対しては「夫」といったような多重性を放棄してしまっているわけです。自分の「役割」を1つに固定してしまわない、柔軟さが必要だ、ということが教訓です。結局、「仮面」に過ぎないのだ、という反省が生じるためには、役割を多重的に持つことによって、「役割」特有の世界観を固定してしまわないことが大切なのです。あるいは、「社会的役割」からは規定され得ない「プライヴェートな空間における自己」があることを考えてみることが大切なのです。あの「カレー毒殺事件」の容疑者、林真須美も、「保険の勧誘者」という役割に徹したあまり、「夫」までもが商売の手段になってしまい、顧客に毒を盛るという異常な手段を思いつくようになったのでしょう。「保険の勧誘者」という「仮面」をあまりにも深くまで被り過ぎた、ということが、異常な行為に繋がっていったのではないでしょうか。

「女」と「男」：ジェンダーという名の「仮面」

　ジェームズ・モリス（James Morris）さんは、有名な登山家、エドモンド・ヒラリー卿が、イギリスの遠征隊を率いて、エヴェレスト山の登頂に成功した時、その一員として活躍した人でした。登山家、レーサーそして多くのスポー

ツで活躍したジェームズは、今風に言うと、いわゆる「マッチョ」な男だったのです。ところがジェームズは、自分の肉体は男であるけれども、自分自身は、自分の肉体が押し付けてくる「男らしい自己イメージ」とは違って、「女性」ではないのか、と日頃から感じていたのです。そこで彼は、ある日、意を決して、性転換手術を受けました。それ以降、ジェームズは、ジェーン・モリスと名前を改め、女性として生きていくことになりました。ジェーンは、作家となって、主に旅行記を残していますが、その彼女が、性転換の体験を記した著書を残しています。その体験記の中でジェーンはこのように書いています。

　男女の社会的隔たりは狭まり始めていると言われているが、20世紀後半のこの50年間に、男性と女性の双方の役割を自分の人生で経験してきた結果、生活のすべての側面が、毎日の一瞬一瞬が、人とのすべての出会いが、すべての取り決めが、すべての応答が、男性と女性とではまったく違うように私には思える。誰かが私に話しかける際の口調、列に並んでいる時、隣の人が取る態度、私が部屋に入ったり、レストランのテーブルについたりした時のその場の雰囲気は、私が男性から女性に変わったのだ、ということを教えてくれた。だから、他の人々の対応の仕方が変われば、それに従って、私自身の対応も変わっていった。女性として扱われれば扱われるほど、私はますます女性になっていく。私は嫌でも応でも順応していった。かりに他の人々が、私は車をバックさせたり、ビンの栓を抜いたりするのが苦手だ、と思い込めば、妙な話ではあるけれど、私はしだいにそうしたことが苦手になっていく自分に気がついた。

　「セックス」と「ジェンダー」を分ける必要性がある、ということを、ジェーンの記録は教えてくれます。「セックス」というのは、「男女間の生物学的、肉体的特徴に基づく違い」です。これに対して、「ジェンダー」は、男女間の「心理的、社会的、文化的違い」のことを言うのです。ジェームズが性転換手術を受けた時、医術によって、男性の「肉体的特徴」を取り除き、女性の「肉体的特徴」にしてもらったわけです。けれども、ジェーンの記録は、男女間の違いは、「肉体的な違い」だけからは語り尽くせないものがある、ということを教えてくれます。日常生活において、ジェーンを取り巻く人たちが、「お前は女であ

る」ということを強調してしまうような態度や接し方をしてくるわけですね。このように、文化、社会的に「女性はこのようなものだ」とか「女性とはこのように接するべきだ」といった考えや実践があって、私たちはこうした考え方や実践の仕方に無意識の内に従ってしまっているのです。「女性らしさ」のイメージを語る時に、私たちは、「肉体的な違い」だけを記述するわけではありません。今、皆さんに「女らしさ」のイメージをできるだけたくさん書いてもらうとしましょう。そうして記述していただいた「イメージ」の中で、「肉体的違い」すなわち「セックス」以外の記述は、すべて「ジェンダー」についてのイメージなのです。ジェーンは性転換後、文化が持っている「ジェンダー」がどのようなものなのか、そしてその「ジェンダー」に従って、自分に対する態度や言葉使い、接し方などがいかに以前とは違ってしまったのかを語ってくれています。「女は、運動神経が鈍いから、車でバックをするのが苦手である」とか「女は力が弱いから、ビンの栓を抜くのが苦手であるはずだ」といった「女性にまつわるジェンダー・イメージ」を、ジェーンは嫌と言うほど体験するのですね。そして、女性として扱われればそれだけ、不思議なことにも、「女性としての役割」を期待されるゆえ、自然とその期待に応えようとして、対応の仕方や態度、物腰、話し振りなどが「女性のジェンダー・イメージ」に相応しいものに変わっていってしまう、ということを述べているのです。

　性転換してジェームズからジェーンになったモリスさんの体験から、あるいは、フィリップ・ジンバルドー教授の「模擬監獄実験」から、分かることは、周囲の「役割期待」が変わると、人はその期待通りに振る舞おうとするのだということです。だとしたら、赤ちゃんの頃から、「男らしい」あるいは「女らしい」役割期待をされながら、人は大きくなっていくのですから、対応の仕方や振る舞い、言葉づかいも当然ながら、まさに「期待」通りのものに変わっていっても不思議はないわけです。

　映画『セントラル・ステーション』は、詐欺師まがいの手紙の代筆業をしながら、その日、その日を生きているドーラという女性が、ある日、父親宛ての手紙の代筆をねだる少年ジョズエに出会い、血は繋がっていなくともドーラ自身が「母親」という役割を果たしていくことによって、愛情に芽生えていくお話です。日々の生活に追い詰められて生きている内に、ドーラにとって、愛情

は、今や遠い記憶の層に埋もれてしまっていて、容易に引き出し難い感情になってしまっていたのです。代筆料だけ受け取って、決して投函されることのない手紙が、ドーラの部屋の引き出しにいっぱいになっています。彼女と同じその日暮らしの境遇にある人たちが代筆を頼んで、なけなしのお金を払っているのに、そんな人たちの気持ちを思いやったこともないのでしょう。日々の生活に追われている内に感情などという余計なものは、知らぬ間に砂漠化してしまったのでしょう。詐欺的な行為が慣習化して、無感覚になってしまっている上、好意的に見てあげて、境遇など悪条件を差し引いて感情移入しようにも、それができないような性悪女。あのジョズエ少年だって初めは売り飛ばしてやろう、と考えて自宅に連れて帰ったのですから。それが不思議な腐れ縁が少年との間にできてしまって、少年の父親探しの旅に付き合うはめになってしまうのです。少年の父親探しに付き合う内に、彼女自身が「母親」を演じてしまうのです、遠い記憶の層から自分の母親の記憶を探り当てながら。そして、まさに「母親」になってしまうのです。だからこそ、ジョズエ少年との別れがあまりにも悲しい、そんな映画でした。

自然の中でどのような「仮面」を被るのか

　今まで挙げたいろいろな例から読み取っていただきたいことは、自分の被る「仮面」次第で人はどうにでも変わる、ということなのです。

　そうだとしたら、小さい時から、自然と親しませて、自然の一部であるのだ、ということを実感させることによって、自然を身近なものに感じることのできるようなアイデンティティを築くということが可能であるはずですし、こうした可能性こそ、環境問題への対処が急務である現在、まさに求められているのではないでしょうか。「人間は本能の壊れた動物である」ということが、言われてきました。「本能が壊れてしまった動物」である人間は、個体差が他の動物よりも著しいのです。例えば、コアラは本能によってある種のユーカリしか食べませんし、パンダだって「竹の葉」しか食べないよう本能的に決定されてしまっています。ユーカリが嫌いなコアラや竹の葉を嫌がるパンダは存在しないのです。なぜなら、本能によって食べるものさえが決定されているからなのです。他にも例えば、人間以外の動物には、いわゆる「交尾期」が本能的に定まっ

ていますが、人間のセックスの形態は、時期は決まっていない上に実に多様です。人間の場合は、変態的なセックスまであるけれども、他の動物は、例えば、SM趣味のパンダやマザコンのコアラなどというものは存在しないわけですね。一言で言えば、人間は、本能的な規制が他の動物に比べて緩やかなのです。人間は、個体差が著しいゆえに、例えば、エイズに対する抵抗性を遺伝子レベルで生まれつき持っている人さえ存在しているのです。このように本能的な規制が緩いからこそ、自然の中でどのような「仮面」を被れば、自然と調和できるのか、という知恵を、教育を通して身につけねばならないのです。

　自然の中における人間の「役割」を教育を通してしか学べないのであるのならば、そうであるからこそ、自然と調和する可能性を教えてくれる教訓として、アメリカ先住民のラコタ族の指導者、スタンディング・ベアの言葉に耳を傾けましょう。

地を這い、空を飛び、水の中を泳ぐすべての生きものと人間が分かち難く兄弟姉妹のような関係で結ばれていることが、真実であり、変わることの無い現実である世界に、かつて人々は暮らしていた。……。かつてのラコタの人々は賢明であった。人間のこころが自然から離れてしまうと、大変辛い思いをしなければならず、生命に対する敬意を失えばすぐに人間に対する敬意も失われてしまうことを、よく知っていた。だからこそ、当時の子どもたちは自然に親しく触れ、穏やかに育てられたのであった。

　このスタンディング・ベアの言葉は、本当に傾聴に値します。なぜならば、ラコタ族の人たちの伝統が示しているように、自然の中で自己を捉え、自然における自分の居場所を得た上で、それを自己のアイデンティティの中核に据える生き方も可能だからなのです。人間は今まで、自分たちが作り上げた社会の中で自分の役割を見いだし、個人としての自分のアイデンティティを築き上げてきました。そんなわけで、「社会の中の役割」を自覚する教育はさかんに行われてきました。皆さんも「大きくなったら何になる」と言われて育ってきたわけです。けれども、今や「社会の中の役割」に、「自己」の居場所を設けるだけではなく、「自然の中の役割」にも「自己」の居場所を与えるような生き方を考

えて生きていかねばならないのではないのでしょうか。

　人間の持つ「文化／社会の中の役割」と「自然の中の役割」どちらにも敬意を抱き、両方とも愛して生きようとした男の記録として、ヘンリー・デイヴィッド・ソロー（Henry David Thoreau）の『ウォールデン：森の生活（Walden, or Life in the Wood）』は、思索の糧を与えてくれています。ソローは、1845年、アメリカのウォールデン・ポンドと呼ばれている池のほとりに面した森林に小屋を建て、2年2か月の間その小屋に住みそこでの生活を記録し続けました。その記録に現われる自然描写、あるいは動植物の生態の描写ゆえに、そして何よりも自然との交流の結果芽生えた彼の豊かな精神的な境地ゆえに、彼のこの本は、今日も環境保護思想に霊感を与え続けているのです。

　私は釣った魚を糸に通し、もうすっかり暗くなっていたので、釣り竿を地面に引きずりながら森の中を通り抜け、わが家に向かったところ、一匹のウッドチャックがこっそり通り道を横切っていくのが目にとまった。すると私は野蛮な歓びの奇妙な戦慄を覚え、そいつを捕まえて生のままむさぼり食いたいという強い衝動に駆られた。別に空腹だったわけではなく、彼に代表される野性的なものに飢えていたのである。私は…飢え死にしかかった猟犬のように、なにか獣の肉にありつけぬものかと、森の中をさまよったことがあった。…この上なく野性的な光景も、私には言いようもなく親しみ深いものになっていたのだ。…たいていの人と同じように、自分の内部により高い、いわゆる精神的な生活への本能と、原始的で下等で野蛮な生活への本能を併せ持っているが、私はそのどちらにも敬意を抱いている。

　今引用した箇所の最後の部分、「たいていの人と同じように、自分の内部により高い、いわゆる精神的な生活への本能と、原始的で下等で野蛮な生活への本能を併せ持っているが、私はそのどちらにも敬意を抱いている」という箇所を読むと、「原始的で下等」とされている生き物への連続性をソローは、強く感じ、精神的な生活の高みへ至る道も、そうした連続性の反省を経ることなしには有り得ないのだ、と考えていたことが、よく分かります。ソローは、別の個所では、インドの立法者に敬意を表していますが、その理由は、インドの立法

者たちは、自分の中の動物性にも適当な居場所を与えることに成功しているからですし、また、インドの立法者たちは「飲食、同棲、糞尿の排泄の仕方に至るまで、卑俗なものを高めながら教えており、こうしたものをつまらないなどと言って、偽善的に避けて通ったりはしていない」からなのです。このように、人間に本来備わっている機能であるのならば、それがどんなに動物的なものであろうと言われようとも、取るに足らないものなどは一つとして存在しないのだ、とソローは言うのです。

　オリジナル漫画版の『風の谷のナウシカ』で「狂暴でなくて、穏やかで賢い人間なぞ、人間とは言えない」という台詞を書いた宮崎駿の認識とソローの、「精神的な生活への本能と、原始的で下等で野蛮な生活への本能を併せ持っているが、私はそのどちらにも敬意を抱いている」という認識には、共通点が感じられますね。もう少しだけソローを引用してみましょう。これから引用する箇所は、人間が、少年時代に狩猟を経験することによって何を学ぶのかを簡潔に述べた箇所です。

心ある人間は、自分と同じ生存権を持って生きている動物たちを気まぐれに殺すようなまねはしなくなるだろう。ウサギだって追いつめられれば、人間の子供そっくりの泣き声をあげる。世の母親たちに警告しておこう。私の同情は普通の博愛主義者のように、人間だけに向けられているわけではないのだ。このようにして、しばしば少年は、森と最も根源的な自己とに初めて出会うのである。最初は猟師や釣り師として森へ行くが、もし彼がその内部により良き人生の種子を宿しているのならば、やがて、例えば詩人とか博物学者としての自己本来の目的を発見し、猟銃や釣竿を捨てるに至るだろう。

　逆説的ですが、狩猟を通して、少年は、最終的には、動物にまで拡張された博愛精神に目覚め、猟銃や釣竿を捨てるに至る、とソローは言っているのです。最後の文章で、ソローは、「森と最も根源的な自己とに初めて出会う」とはっきりと述べています。自分の内部にある「根源的な自己」即ち、「より高い、いわゆる精神的な生活への本能と、原始的で下等で野蛮な生活への本能」は、食べなければ生きていけない、という人間の業（＝「原始的で下等で野蛮な生活へ

の本能」)を分かった上で、狩猟をし、「泣き声をあげるウサギ」にも同情心を開いていく(=「より高い、いわゆる精神的な生活への本能」)、というその瞬間に、狩りをする少年の心に宿るのだと言うのです。こうして少年は、「森」即ち「生態系」への愛に目覚めるのだ、とソローは言っているのです。これに関連して、別の箇所では、このように言っています。

人間はたいていの場合、他の動物を食べることによって生きることができ、また、現にそうやって生きている。しかし、これがみじめな生き方であることは、ウサギを罠にかけたり、子ヒツジを屠殺したりする者が、だれでも思い知ることだろう。人類は進化するにつれ、動物の肉を食べるのを止める運命にあると、私は信じて疑わない。

　このように「食べる」という、この生活の必然性を通して、狩猟をする人間は、逆に生態系への愛に目覚め、「人類は進化するにつれ、動物の肉を食べるのを止める運命にある」のではないか、といった風に生態系への態度を変えていく、というのです。博愛という形で示される人間性の進化に伴い、自然の中での人間の居場所も変わっていくというわけです。このように、ソローの思索の中には、近視眼的に「社会の中の役割」のみを視界に収め、そこから自分のアイデンティティを引き出してくるという生き方とは、かなり異なる生き方が示唆されています。ソローのような生き方を参考に、少なくとも自分の暮らしている生活圏の生態系に慣れ親しみ、「生活圏の生態系が破壊されることは、自分自身の一部を失うことだ」というような結びつきを作り出すことができるのではないでしょうか。自然に対して、人間はどのような「仮面」を被って生きていくべきなのかを思索していかなければならないでしょう。
　さて、私たちが見てきたように、「人間」を意味する「person」は、「仮面」を意味し、演劇に由来しているのです。そこで私たちは、「仮面」のあり方を考えることができそうです。女性は、かつては「公的舞台」では、「仮面」を被って登場する場を持ちませんでした。女性は私生活の場でのみ、「仮面」を被って登場できたのです。つまり私生活という「舞台」に限り「人間」として認められていたのですが、「公的な舞台」は、彼女たちにとってまったく別の「舞台」

で、そこでは、「人間」として認められていなかったのです。今では「女性」も「公的な舞台」に「仮面」を被って登場することのできる「人間」として認められています。このように、歴史的な考察を通して見ても、「仮面」としてのアイデンティティは、決して固定したものではないということが分かります。ひょっとすると、「女性」が遅れて「公的舞台」に登場してきたように、今後、新しい登場人物が「公的舞台」に登場するかもしれません。異星人やA. I. が、あるいは「動物の権利」運動に擁護されて、「動物たち」が、「人間」としての「仮面」を被って舞台に登場する日が来るかもしれません。以上のような考察は、演劇のカテゴリーがどれほど深く私たちの思考法に関わっているのかを教えてくれることでしょう。

コスモポリタン（世界市民）の立場

前のセクションでお話しした、ジンバルドー教授による「模擬刑務所」実験は、私たちの被った「役割」という名の仮面が、自己アイデンティティを支配し、役割と自己との区別が明確にはできなくなってしまう様子を如実に見せてくれていました。ただ単に与えられた「役割」に盲従してしまう私たちの持つ傾向にどのように対抗したらよいのでしょうか。それを考えるヒントが、カントの言う「コスモポリタン（世界市民）」というあり方なのです。カント的な意味で「コスモポリタン（世界市民）」であるためには、理性を公的に使用できるのでなければなりません。これはどういうことなのでしょうか。順を追って説明していくために、まず、カントの『啓蒙とは何か』の冒頭の部分を引用してみましょう。

　啓蒙とは、人間が自分の未成年状態から抜け出ることである……。未成年とは、他人の指導がなければ、自分の悟性を使用し得ない状態である。ところでかかる未成年状態に留まっているのは彼自身に責めがある。というのは、この状態にある原因は、悟性が欠けているためではなくて、むしろ他人の指導がなくても自分自身の悟性をあえて使用しようとする決意と勇気を欠くところにあるからである。それだから……「自分自身の悟性を使用する勇気を持て！」——これが即ち啓蒙の標語である。

啓蒙は、他人に指導されることなしに自分自身が自らに行動の原則を与え得る自律性を開花させるよう要求するのです。"What is Enlightenment?" と題された英語の論文の中で、フランスの哲学者のミッシェル・フーコーは、このカントの『啓蒙とは何か』を読み、人間が未成年状態から抜け出す条件として、カントのテクストから読み取った2つの重要な区別を導入しています。最初のものは the realm of obedience（服従の領域）と the realm of the use of reason（理性使用の領域）の区別、2番目のものは、理性の public use（公的使用）と private use（私的使用）の区別です。これら2つの区別は密接に関連しているので、どちらから始めてもよいのですが、まず理性の public use（公的使用）と private use（私的使用）の区別から説明しようと思います。この区別の方を先に説明する理由は、カントによるこの区別の説明に、「公的／私的」という用法にまつわる私たちの通常の常識を覆えすような驚きを感じるからです。カントは、理性の私的使用は、時として制限されても構わないけれども、理性を公的に使用することは、いつでも自由でなければならない、として、その区別についてこのように語っています。

理性の公的使用というのは、ある人が学者として、一般の読者全体の前で彼自身の理性を使用することを指している。……公民としてある地位もしくは公職に任ぜられている人は、その立場においてのみ彼自身の理性を使用することが許される、このような使用の仕方が、即ち理性の私的使用なのである[4]。

公民の立場にある者が公的職業をまっとうしていても、理性を私的に使用していることになってしまう、ということは、私たちの常識に反するように思われますね。そこでカントの真意を理解するために、より詳しい説明を加えてみましょう。フーコーが解説を加えているように、人間が "a cog in a machine" つまり「機械の中の1つの歯車」でしかないような場合、それが公民としての公的職業であろうが何であろうが、理性を私的に使用していることになるのです。私たちの社会は単なる個人の集合体ではありません。社会とは、むしろ個々の人々に課せられた役割の要求する行為の集合体なのです。これがいわゆる社会的関係性のネットワークを形作ります。私たちは社会的役割から課せら

れている振る舞い方を身につけて行動しているのですが、そのためにその社会的役割が持っている特定の目的を成就しようと、その社会的役割から課せられている特定のルールに従って生きています。そうした場合、理性は特定のルールを適用し、特定の目的を実現するためにのみ使用されていることになります。理性は、社会的役割に従属しており、特定の目的の実現のために、特定のルールを適用しているだけなのです。つまりカントの言葉で説明するのならば、「あくまで受動的態度を強要するようなある種の機制」が必要とされるようなシステムの中にあって、人は議論をすることよりも、役割への服従が求められるのです。ですから、簡単に言うと、人間が社会的関係性のネットワークの一部分として、役割の求めに従って発言し行動する時、彼／彼女は理性を私的に使用している、ということになるわけです。ここでは、考えずに、ただただ求めに応じて自分の「役割」を演じる、ということが可能なのです。

　もちろん、カントは理性の私的使用が悪いと言っているわけではありません。それだけでは、未成年状態に留まるのだ、と警告を発しているのです。例えば、カントも例に挙げているように、上官から命令された将校が勤務中にもかかわらず、その命令の是非を議論し始めたとしたら、それはむしろ困ったことでしょう。そんなわけで、フーコーの言っているように、the realm of obedience（服従の領域）と the realm of the use of reason（理性使用の領域）の区別が必要になってくるのです。理性の私的用法は「服従の領域」に属し、時として厳しく制限されなければならないのです。社会的役割の課す目的やルールに服従しなければならない場合があるのです。「理性使用の領域」とフーコーが述べている領域はむしろ「理性の公的使用」に関連しています。

　それでは、公的に理性を使用するとは、どういうことでしょうか。ここでまず考えねばならないことは、理性の公的使用の定義の中に含まれる「学者として」という言い方です。これは、何も「学者」という職業について言及しているわけではないし、ましてや「学者」という一職業を特権化しているわけではありません。ここでカントの使っている「学者として」という言い方は、「社会的役割に縛られずに」ということを意味しているのです。単なる機構の中の一歯車としてではなく、理性を備えた人間の一員として、ただ理性の自由な使用のために、理性を使用する時、理性は公的に使用されている、ということにな

るのです。これはとても重要なことです。先ほどの将校は、勤務中には理性を私的に使用し、「服従の領域」に留まらねばならなかったのですが、一旦勤務を離れたならば、軍務における欠陥について所見を述べ、自由に批判することを妨げることは、不当なことででしょう。この場合、この将校は「社会的役割に縛られずに」つまり「学者として」理性を自由に使用することができるわけで、それができるのならば、「公的に」理性を使っているということになるのです。この時、この将校は、社会的役割の課す特定なルールにただ単に盲目的に服従するのではなく、理性を持つ者の一員という「役割」から超越した立場から思索しているという点で、理性を公的に使用しているのです。「様々な制度や形式は、人間の自然的素質を……むしろ誤用せしめる機械的な道具なのである、そしてこれらの道具こそ実は未成年状態をいつまでも存続させる足枷なのである」とはっきりと述べられている通りです。

　カントにおいては、社会における様々な制度や形式は、「私に代わって考えてくれる」という点において、人間を未成年状態に留めている当のものであり、そうした思考の代理をしてくれる諸々の機構から解放された時に、人は理性的存在の一員として、「自律」の名の下に理性を公的に使用できるようになるというのです。私たちが、理性を公的に使用すれば、自分が所属している制度や機構から離れて、発言し行動し得るということが、カントの言う「啓蒙」で、そのように公的に理性を使用できる時、私たちは初めて、カントの言う「コスモポリタン（世界市民）」として行動できることになるのです。

§4 「道図式」による理解

　私たちは、「人生」を理解する上で、重要な役割を担っている二大メタファー、即ち、「旅」に喩えるメタファーと「物語」に喩えるメタファーを中心に考察を進めてきました。さらに、「人生」を「物語」に喩えるメタファーと同種のメタファーとして、「人生」を「演劇」に喩えるメタファーを調べました。このセクションでは、特にことわらない限り、「演劇」のメタファーは、「物語」のメタファーの一部として扱うことにします。

「旅」と「物語」に共通するもの

　私たちが見てきたように、「物語」という形で「型取られたもの」は、何らかの形式を持っているわけですが、「物語」の場合、そうした形式は物語の「筋」なのです。実際、「物語」のメタファーも「旅」のメタファー同様に、線的な性格を持ち、始点と終点を持つ線分として表現され得るのです。「語る」ことは、単に「言う」こととは、異なり、通常１つの文章以上の長さに及び、ただ単に「話す」こととも異なり、一貫性をもたらす「筋」があるのです。時間の中でのみ私たちは語ることができるのですから、時間の線的な継続に沿ってしか、物語を発展させ得ないのは当然なのです。「人生」を表現する重要な２つのメタファー、即ち、「旅」のメタファーと、「物語」のメタファーは、双方とも「時間」を「線」あるいは「道」という「空間」に擬えている点において、その構造は重なって来ます。実際、双方ともマーク・ジョンソンが「道図式」と呼んでいるものに基づいているのです。

「道図式」とは何か

　「道図式」とは、「イメージ図式」の１つなので、まず、イメージ図式とは何なのかを簡単に説明しておきましょう。「イメージ図式」は、私たちの身体と外界との「非言語的交流」という動的な相互関係によって生じる、反復されるイメージのアナログ的なパターンのことなのです。私たちの想像力はこうしたアナログ的なパターンを意味の構造化に利用するのです。外界との「非言語的交流」によって繰り返される経験の有意味なパターン、例えば、内に入ったり外に出たりすることによって生じる「内一外」の動的なイメージ・パターンがイメージ図式を構成していくのです。「内外」「前後」「上下」「中心／周辺」「力」「バランス」、そして「道」などのような身体を有する私たち特有の外界との「非言語的交流」が示す基本的な活動によって生じるアナログなパターンがイメージ図式と呼ばれているのです。これは、言い換えれば、身体による外界との非言語的相互作用によって、繰り返し現れるダイナミックなパターンで、前言語的なイメージのパターンなのです。イメージ図式は、理解しやすいように経験を組織化し、これから新しい経験をするため身構えることができるように、活動のための構造であるような経験の骨組みをイメージとして与えてくれ

るのです。

　私たちが、線的な連続性をもって「人生」を象徴することには、それなりの理由があるのです。最も単純な運動行為にしろ複雑なものであるにしろ、私たちの行為は時間の継続に沿ってなされ、私たちはそれらの諸行為を線的に連続させていかねばならないからです。こうした線分をもって「人生」をイメージ化する時、私たちはマーク・ジョンソンの言う「道図式」に基づいて思考しているのです。私たちは、外界との「非言語的交流」によって繰り返される有意味な経験のパターンとして「道」を経験します。私たちは、繰り返し「道」の経験を持つことによって、「道」のイメージ・パターンを持つに至るのです。それでは「道」の経験を繰り返し持つことによって得られるイメージ・パターンとは何なのでしょうか。どこかに至るための、通り道として、「道」を経験するゆえ、私たちが経験する「道」のあらゆる事例において、イメージ・パターンとして以下の構造が備わっています；

<u>起点</u>、ないし出発点があり、
<u>到達点</u>、あるいは目的地があり、
起点と目的地を結ぶ運動経路としての<u>道のり</u>がある。

　このように、「道図式」には、そのイメージ・パターンとして「起点、道のり、到達点」があるのです。「道のり」を「線」によって表現しましょう。道を表す図式は、従って、起点と到達点を持つ線分によって表現されるのが典型的なのです。人間が道を通るという通常の経験から分かるように、道を通るには目的があります。それゆえ、道には方向性をもたすことができるのです。それは起点から到達点に向かう矢印として表現されるでしょう。「矢印」は、時間の不可逆性を表現しています。道は時間をも線分として写像することができるのです。この「道図式」においては、具体的な身体経験に根差した「道」というものの経験から、隠喩的に、より抽象的領域である「人生」が理解されるのです。「目標は物理的目的地である」、というメタファーによって抽象的な「目的」という概念が理解しやすいものとなるのです。「道図式」おいては、道に沿って物理的場所に向かう運動が、基本的身体経験となっています。実際、物

理的な場所に行き着くことが、即、私たちの目的である場合が典型となって、例えば、「博士号を取得する」とか「オリンピックでメダルを取る」とか「国家制度の変革を目指す」とか、より抽象的な意味での目的も「道の終点」として理解されているのです。そうした人生のより抽象的な目的が、具体的な「道」における到達点としての「物理的場所」に擬えられて理解されているのです。従って、具体的な「道」の構造が、以下のように「人生」の構造に写像されるのです。

1）出発点としての場所（A）が、現時点での私の状態に、
2）道を行くということが、諸行為の系列に、
3）到着場所（B）が、望まれた状態、即ち、目的に、

それぞれ対応させられ得るのです。

　道図式
　（A）——————→（B）

「人生」を「旅」に喩えるメタファーの場合、「道図式」は、まさに「道」そのものとして表現されています。そして「人生」を「物語」に喩えるメタファーの場合、「道図式」は、物語の「筋」という形をとって表現されているのです。このように、これらの二大メタファーは、いずれの場合も、出発点と到達点を持つ「道」である「線分」のイメージを使って、考えていくことができるのです。

§5　その他のメタファー

「人生」を「旅」に喩えるメタファーと「物語」に喩えるメタファーは、以上見てきたように、一貫した構造があり、まさに「人生」をイメージする上での、二大メタファーと呼んでもよいような役割を担っています。けれども、「人生」を理解するために、私たちが活用しているメタファーは、何もこの2つに限ら

れているわけではありません。「人生」に関するイメージトレーニングは、未だほんの序の口に差し掛かったところです。さらに豊かなイメージを得るためにも、このセクションでは、二大メタファーに比べれば、マイナーですが、その他にも、「人生」のイメージを提供してくれるメタファーがあることを見ていこうと思います。いろいろありますが、ここでは、4つ取り上げておきましょう。「人生」を「一日」に喩えるメタファーと「人生」を「一年」に喩えるメタファー、そして、「人生」を「Tapestry（タペストリー）織物」に喩える、人間関係を考える上で非常に重要なメタファー、最後に、「人生」を「ゲーム」に喩えるメタファーです。

1) 「『人生』は『1日』である」というメタファー

　皆さんもご存知の有名な、スフィンクスの謎の話から始めましょう。オイディプス王の悲劇は、ご存知でしょうか。オイディプスは、そうとは知らずに自分の父親を殺してしまい、またそうとは知らずに自分の母親と結婚してしまい、母を后として王となるのです。けれども、忌まわしい真実が明るみに出ると、自分の犯した大罪を悔い、自ら目をつぶすことで己を罰し、娘に手を引かれながら諸国をさまよったのでした。まさに悲劇の主人公であるオイディプス王ですが、血塗られた悲劇に見舞われた彼の人生にあって、スフィンクス退治の話は、一条の光を投げかけてくれるお話です。オイディプス王を前にしたスフィンクスの謎はこうでした；「朝は4本、昼は2本、夕には3本足で歩くもの、足が多い時の方が遅く、また弱きものは何か？」と。答えは、今では小学生でも知っています。そうです、「人間」です。さて、この謎の中に、「朝は〜、昼は〜、夕は〜」と言い方がされていますが、ここで問題にしたいことは、なぜこのような言い方が可能なのか、ということです。それは、「人生」を「一日」に喩えて考えているからなのです。

　このメタファーにおいて、「生誕は夜明け」として考えられます。ここでは、「光は、意識の芽生え」を意味するわけです。そして、「太陽が昇る」につれて、目覚め起床した人は「活力を増していく」のです。「人間的な成熟期」は、太陽が天頂にて光り輝き、一日の内で最も活気を帯びてくる「正午」に喩えられ、「老年は夕暮れ」に喩えられるのです。夕暮れ時には、その日一日の労働で疲

れ、一日の経験を反省する、そんな瞬間がやってくるのです。そして「死は日没」に喩えられるのです。日没によって、世は光を奪われ、人は誕生以前の暗闇に再び帰っていく、そんな瞬間が「死」なのです。また「夜の冷たさ」は、そのまま、血の通わなくなった「死体の冷たさ」、即ち、「死の冷たさ」のイメージに対応します。さらに、このメタファーでは、夜になって、一日を終えた人は、眠りにつくわけですので、「死」は「眠り」に喩えられることになるのです。それは、もちろん、夢を見ることがあるのかどうかも分からない、決して目覚めることのない、そんな眠りなのです。それゆえ、私たちは、「永眠する」という言い方で、「死」について語るのです。

　『このようにツァラトゥストラは語った』の中で、ニーチェは、主人公のツァラトゥストラに、「おお、わが生の午後よ！おお、夕暮れ前の幸福よ！」(p. 35)と語らせていますが、このツァラトゥストラの表現の中には、「人生」を「一日」に喩えるメタファーが使われているのです。ニーチェは、ツァラトゥストラに、「太陽が、この溢れるほど豊かなものが沈みいく時に。その時太陽は、無尽蔵の富の中から黄金を海にぶちまける」(p. 113)と語らせています。何と美しい比喩でしょうか。ニーチェは、「人生」の「夕暮れ時」に、死ぬ前に人が同胞に遺産として残していくかもしれない、「叡智」という名の豊かな贈り物を、その長い日脚を大海原に震わせ、一面に乱反射させながら、大海原を黄金色に染めて沈んでいく「夕日」に喩えているのです。人生の「正午」という最盛期を過ぎ、多くの経験を積んだ後、人は「人生」の「夕暮れ時」に、「大気を深紅に染め、大海原に黄金の日脚を投げかけつつ、沈み行く夕日」に喩えられる、「叡智の言葉」や「長年の経験からくる教訓」などの遺産を、次の世代のために残していくのです。

　次に見る、「人生」を「1年」に喩えるメタファーでも言えることですが、「人生」を「1日」に喩えるメタファーでも、時間の不可逆性ということが重要な意味を持っています。1日のある時間帯にできることを決して延期できないということを教えてくれているからです。

2)　「『人生』は『1年』である」というメタファー
　「人生」を「1年」に喩えると言っても、このメタファーの場合、重要な点

は、「四季を持つような1年」でなければならない、ということです。「春」は、穏やかな陽光が万物を包み、すべての生命が誕生する、命の芽生えの季節であり、初々しい若葉の季節ですので、「生誕から青年期」を表します。燃えさかる陽光を貪欲に吸収し、生命が爛熟し、最も生き生きと活動する「夏」は、「壮年期」を表現しているのです。「夏」から「秋」にかけて、花々は、「種」を作り、「種」を落とします。このことは年が巡って次世代が同じ様に繁栄するだろうことを暗示します。木々は果実を付け、稲穂は頭を垂れ、刈り入れ時であることを告げる、収穫の「秋」は、まさに「稔りの秋」であるゆえ、人生の決算期に当たる「老年期」に当たります。かつての夏の日差しならば、簡単に貫き通すだろう、うろこ雲から、地上に射し込む陽光も、今では秋の透明な冷気に包まれ、あの力強さを失っています。そして、弱々しい日差しがかろうじて地上を照らす中、吹き荒ぶ木枯らしに木々は葉を落とし、万物が活気を失い、命が沈黙する「冬」は、「死」を表すのです。落ち葉は腐植土になり、新しい世代の芽生えを助ける栄養分を供給するわけで、私たちも、死んだ後も子孫の繁栄のために、何かを残そうとするわけです。

「人間は植物である」というメタファー

　「人生」を四季をもった「1年」という周期に喩えるメタファーは、「人間を植物に喩えるメタファー」と組み合わさって使われることが多いのです。植物と言っても、特に1年を周期にしているような植物に喩えられるのです。生誕は春に芽を出すことに、壮年期は、夏に最盛期を迎え、葉が繁り、花を咲かせることに、人生の決算期である老年は、秋に実を結ぶことに、最晩年は、枯れた葉や萎れた花に、そして死は、冬には葉を落とす、あるいは、枯れてしまう、といったことに対応するので、1年を周期にしている植物は、「人生」を「1年」に喩えるメタファーと結びつきやすい構造を持っています。林芙美子の有名な「花のいのちはみじかくて苦しきことのみ多かりき」という言葉は、「人間」を「植物」に喩えたメタファーの例なのです。林芙美子は、この名台詞によって、「人生の最盛期」を「花を咲かせる時期」に喩えていますが、それは実に「みじかい」、後は苦しいことのみ多いのだ、ということを教えてくれているのです。それゆえ、人は「花も実もある人生」を求めて生きようとするのでしょう。

人間は動物ですので、人間を動物に喩えて、人生を表現すれば、どうしても生々しい表現が出てきてしまうことでしょう。けれども、「人間」を「植物」に喩えるメタファーでは、「死」を表現する際でも、生々しさは緩和されることになります。動物の骸をイメージして思索を進めるような生々しさではなく、「枯れていく植物」を通して「死」を考えることで、ある種の婉曲的な思索が可能になるのです。

　このメタファーに従えば、子どもは親のまく種である、と考えられますし、植物が枯れたり散ったりすることは、死を意味するわけです。私たちは、「人生」を「1年」に喩えるメタファーと「人間」を「植物」に喩えるメタファーを組み合わせることで、「周期（サイクル）のメタファー」とでも呼べるような考え方に辿り着くわけで、この周期のメタファーによって「死」に対する1つの態度を教えられます。つまり、私たちは、「種」を残すことができるし、また「枯れてしまった」後も「腐植土」として、次の世代のための役に立てる、という考え方です。例えば、韓国のTVドラマ『Hotelier（ホテリアー）』の中に、「木のように生きたいわ。秋には枯葉が落ちて、冬に枯れても、春には新しい芽が出る。そんな風に生きられれば……」という台詞が出てきます。人間の場合は、木とは異なり、枯れてしまった後は、次の世代が芽吹くわけです。また、このメタファーに従って、「死」について思索を進める時に、「花は散るからこそ、咲いている時に、かけがえの無さを感じることができるのだ」ということに、慰めを見いだすことができるのです。私たちは、「死」について考える時に、葉を落とす前の紅葉の輝きに心を動かされたり、吹き溜まりに集まった落ち葉に温もりを感じたりした、そうした瞬間を思い出すのです。

　1年を周期とする植物に喩えることで、人間の一生を表現するわけですが、1年ごとに葉をすべて落とす落葉樹のイメージは、多くの人間が生きそして死に、また新たな世代が生まれてくる様子を連想させます。そんなわけで、「家系樹」という「大きな1本の木」に喩えて、「家系」を形成した人々を表すことがあります。こうした「大きな1本の木」で1つの家系を表現するという、実に包括的なイメージの中で、一枚の葉である自分自身が、次の世代のために、精一杯光合成をして、養分を作る様をイメージしてみてください。次のセクションで「つながり」というメタファーを話題にしますが、「大きな1本の木」

をイメージすることで、時間を越えた世代間の何か大きな「つながり」の中にある自分をイメージできて、不思議な安心感を覚えます。

「周期」のメタファーの持つ意味

　もし私たちの生が無限であるとしたら、それなりの生き方が可能性として開けてくることでしょうが、私たちの生が実際に有限であるからこそ、今やらねばならぬことを先送りできない、と感じるわけです。ジョルジョ・アガンベンによれば、古代ギリシア人は、生物として、生あるもの一切に共通する「生きているという事実」を「ゾーエー」と名づけ、「生き方としての生」である「ビオス」と区別していました。「植物のメタファー」は、植物の「発芽から、開花を経て、萎れ、枯れていく様」を通して、「ゾーエー」としての「生」である以上従わねばならない「老いの時間」の不可避性、不可逆性を、私たちに教えてくれるのです。私たちが「悪」と見なすほとんどのものは、外部からやってきて私たちに害悪を加えます。例えば、自然災害も病気も私たちの外部から私たちを侵すわけです。「旅のメタファー」で見てきた「障害物」は皆どれも外部からやってくる障害でした。けれども「老いる」という名の「悪」は、「ゾーエー」である生の内部からやってくる必然の法則なのです。これは、人間も「ゾーエー」である以上、逃れることのできない法則で、私たちの活力を徐々に蝕んでいく「老いの時間」に従わねばならないのです。私の学生が、『ぼのぼの』という漫画の「余計なもの」というエピソードに出てくる、スナドリネコという名の山猫の台詞を教えてくれましたが、「ゾーエー」であるということは、まさにスナドリネコが言うように、「生きていくということはどんどんこわれることだ」ということなのです。私たちは「植物のメタファー」を通して「老い」という、「生に内在する悪」の存在を知るのです。

　「植物のメタファー」と「1年のメタファー」の結合によって生まれた「周期のメタファー」は、人生の「春」と「夏」という、開花、収穫の準備のための絶好の機会を逃してしまったら、私たちは徐々に余力を失うばかりとなってしまうがゆえに、まさに「春」と「夏」にしなければならないことを先送りできない、ということを教えてくれます。自己実現の可能性を稔りの「秋」に成就するためには、「春」や「夏」にかけて、己の持つ可能性に賭けねばならないの

です。春夏秋冬という時間の流れは、不可逆ですし、「芽生え」から「青葉に咽ぶ成熟期」を経て、「蕾」をつけ、「花」が咲き、「実」がなるという順序も不可逆ですので、「人間」を「植物」に喩えている以上、人間の活力も不可逆なのです。人間も生物である以上、活力にも盛衰があり、決してそれは若い頃に逆戻りすることはないのです。このことを、能の大成者である観阿弥、世阿弥父子の言葉を例に挙げて考えてみましょう。父、観阿弥の教えを記したという『花伝書』で、世阿弥は、「植物のメタファー」と「四季のメタファー」に基づいた「周期のメタファー」によって思考しています。例えば、彼は、芸の実力がやがては「花を咲かせる」というように考え、「真の花を究める」という言い方をしています。そして「もし究めずば、四十より能は下るべし。これ後の証拠なるべし。さるほどに、上るは三十四五までのころ、下るは四十以来なり。(もしこの時期までに真の花を究めていなかったら、四十を越してから能は下り坂になるであろう。四十を越してから能が退歩するということは、三十の半ばまでに真の花を究めていなかったということが、後になってはっきり出てきた証拠であろう。そういうわけで、上達するのは三十四五までの頃、下り坂になるのは四十を越してからということだ)」と述べているのです。この一節から窺い知ることのできることは、やはり、「人生」において、「真の花を究める」時期がある、ということなのです。観阿弥、世阿弥父子は、人生において、一芸が開花する時期を逸せずに、心して努めねばならない、ということを「植物にも花を咲かせる時期というものがある」ということに喩えて考えているのです。父、観阿弥が亡くなる十日前に、駿河の浅間神社の神前で舞った能を、世阿弥が評して、「真実芸道を会得した結果の花であったがゆえに、その能は、衰えて枝葉も減った老木になっても、花だけは散らないで残っていたのです。この亡父の唯一の例が、眼前確かに老骨に残っていた花の証拠と言えるでありましょう」と述べています。人生の花を咲かせる時期をわきまえておれば、たとえ老木になって朽ちようとも、その花自体は萎れることなくいつまでも残る、というのです。この「周期のメタファー」に従って、「花を咲かせる」という言い方があるように、「人生」において「花を咲かせる」時期があり、その時期を逸してはならない、というのですね。人間の活力の盛衰を「四季」に喩えているとしたら、人間の生が有限である以上、やはりその時期にこそできるようなことを先

送りできない、ということになるでしょう。

　老化という段階に入れば、萎れかけている植物が花を咲かせることができないように、私たちも、絶頂期にはあれほどあった活力が減退し、何かを成し遂げる能力も減少していくわけです。人は、活力の周期の衰退期にある「晩秋」において、何事かを成就させる力を失っていくゆえ、死を迎えることができるようになるのではないでしょうか。活力の衰退が原因で、もはや自己実現の可能性が残っていないというのであるのならば、人は、死を迎え入れることができるのではないでしょうか。「周期」のメタファーは、私たちに、「死」に対する態度を教えてくれているのです。以上見てきたように、人生」を「1日」に喩えるメタファーや、「人生」を「1年」に喩えるメタファーは、「人生」における「周期」を教えてくれるのです。朝昼夕や春夏秋冬に喩えられるような活力の衰退があるゆえ、「人生」には「リズム」があるわけです。

　この「リズム」の考え方は、宮本武蔵の思想からも窺い知ることができます。『五輪書』地之巻で、彼は、能の舞や楽人の演奏に見られるような「拍子」が、万物の基礎になっていることを見て、「物ごとのさかゆる拍子、おとろふる拍子、能々分別すべし」と述べています。つまり、物事の栄えるリズムと衰えるリズムをよく理解しなさい、と彼は諭しているのです。

　死とともに私たちは言葉を奪われるわけですから、誰も死を体験談として語ってくれはしません。それゆえ、このような、「人生」を「周期」と考えることのできるようなメタファーを通して、人は「死」を考え、「死」に対する態度を学んでいくのだと思います。想像力によって、私たちは、人生のような一連の出来事の外側に立ち、その総体を捉えようとすることがありますが、周期のメタファーは、こうした想像力の手助けをするモデルを提供してくれています。周期のメタファーは、有限の私たちの人生を、「周期」という大きなコンテキストから捉え直して、「死」でさえも思索する機会を与えてくれるのです。「周期」を表現するメタファーは、こうした意味で、私たちの思索に役立っているのです。けれども、第4章で見ることになりますが、こうした「周期」を、先祖も私の世代も、また子々孫々と続く後続の世代も同じように繰り返して行く「単調な繰り返し」である、と捉え得るような「神の視点」を、想像できるわけです。こうした見方についての批判は、第4章で行うことにします。

3)「人生」は「Tapestry（タペストリー）織物」である

「人間模様」という言葉があります。これは、「人生における種々様々な相を織物の模様」に見立てて表現した言葉なのです。このように、私たちは「人生」を「Tapestry（タペストリー）織物」に喩えて考えることがあります。このメタファーでは、私たちは「人生」という「織物」を、「経験」や「記憶」あるいは「人間関係」を結ぶことなどによって紡いでいくのだ、と考えるのです。私という人間は、いろいろな経験が織り成す1つの「織物」であり、1つひとつの縦糸と横糸の緊密なハーモニーによって成り立っているのです。

基本的には、「経験」や「記憶」の主体である「私」が、様々な経験や記憶を材料に、「人生」という名の「織物」を織り成していくのですが、「運命」が最も主要な「糸」を紡いでいく、という考え方が可能なのです。例えば、『三国志演義』の中でも語られている中国の伝説では、死を司る北斗と生を司る南斗という神々がいて、生を司る神の南斗が糸車で糸を紡ぎ始めることによって、人が生誕し、死を司る神の北斗が糸を断ち切ることによって、人が死ぬという考え方が記されています。これと関連して、日本にもある俗信では、愛し合う運命にある2人は、「運命の赤い糸」で結ばれている、と考えられていますし、「結婚」することを「結ばれる」という言い方で表現します。あるいは、「友情」は「絆」のメタファーで語られます。私たちは、友情が真実なものであればあるほど、「絆は強くなる」と考えているのです。このように、「織物」に喩えられる2人（あるいは複数）の人間の「人生」が結び合っている、というように考えているのです。ですからこのメタファーでは、人間相互の「絆」ができれば、そうした「絆」によって、「織物」が結びつき合っていく、と考えるのです。従って、「人生」を「織物」に喩えるメタファーでは、「人間関係」という要素も、「織物」の中に織り込まれていく、と考えられるのです。

人間相互の「結びつき」

この「Tapestry（タペストリー）織物」のメタファーは、人間相互の繋がりを語るのにも役に立つのです。「織物」のメタファーを拡張して考えていけば、「結びつき」や「つながり」「絆」ということについて語ることができるわけですから、人間相互の「ネットワーク」のメタファーとも関連してきます。「社

会的役割」の形作る「ネットワーク」によって、「私の人生」はいろいろな人の人生と結びついていて——例えば、私の場合、大学では「先生」という社会的役割を担うことになりますので、「先生」として、数え切れない位多くの「学生」と接していますし、これからもそうでしょう——それがたとえどんな些細な行為や言葉でも何らかの影響を与えているのかもしれません——私の場合も、卒業式の際に、顔すら覚えていない学生から、「ありがとう」と言われて握手を求められることがあります。

　フランク・キャプラ監督による古典、『It's a Wonderful Life（素晴らしき哉、人生）』という映画の中で、主人公ジョージは、彼の守護天使によって、「もし彼が生まれてこなかったとしたら、彼の住むこの町がどうなっているのか」ということを体験する機会が与えられますが、彼は、自分が気づかない内に、町の人々に与えていた影響を悟り、守護天使の言葉、"Each man's life touches so many other lives and when he isn't around, he leaves an awful hole, doesn't he?"（1人の人間の人生は、そんなに多くの他の人たちの人生と触れ合っているんですよ。そしてその人がいないとしたら、とんでもなく大きな穴を残すことになるんですよ、そうでしょう？）を胸に刻むのです。多くの人間が結びついてできるネットワークの中で、もしあなたがいないとしたら、それはそのネットワークに「大きな穴」を残すことになってしまうでしょう。「人生」を「Tapestry（タペストリー）織物」に喩えるメタファーには、人間相互の関係も、「結びつき」そして「つながる」ことで「Tapestry（タペストリー）織物」の一部を成すものとして考えられているのです。

「つながり（Links）図式」

　私たちは、誰でも共同体の中で生きているわけで、共同体の各メンバーが、いろいろな仕事を分業することによって、他のメンバーから、恩恵を互恵的に得ているという形で相互依存の関係を結んでいます。ここには、私の師、マーク・ジョンソンが、「つながり（Links）図式」と呼んでいる図式を読み取ることができます。私たちは胎児の時に既にへその緒で母親と文字通り「つながっている」わけですし、いろいろな人たちとの有形無形の「つながり」がなければ、私たちは、存在し得ないでしょう。そんなわけで、「つながり」ということ

は、人間存在を考える上で、欠かすことのできないイメージなのです。

　私は、アメリカで生まれた私の息子を、アメリカの保育園に行かせましたが、ある日、たまたま、そこで、アメリカ人の保育園の先生が、子どもたちに「前置詞」を教えている場面に出くわしました。英語の前置詞は、私たち、日本人にとっては、実に厄介な代物なのですが、その保育園の先生の教える様子を見学していて、アメリカの子どもたちは、「前置詞の意味」を身体でもって覚えるのだ、ということがよく分かりました。例えば、先生が「On」と言うと、子どもたちは、机の上などに、立ち上がって、一斉に「On」と叫びます。先生の「Under」の声とともに、子どもたちは、机の下などに潜り込み、「Under」と叫ぶのです。「With」という声とともに、子どもたちは向かい合って手を繋ぎ、「With」と叫んだのです。なぜこのようなお話をしたのか、と言いますと、この「With」ということを基に、「つながり」を考えたかったからなのです。お互いに手を繋ぎ合う、というこの行為によって、子どもたちは、「With」のイメージを身体で覚えるわけですが、これは、まさに身体で覚えるイメージ図式の「つながり」のイメージでもあるのです。「つながり図式」は、向かい合って手を繋ぎ合い、「With」のイメージを身体で覚えている２人の子どもたちのように、「ＡとＢが空間的に結びついている」、というイメージで考えることができます。「つながり図式」の基礎とも言える、こうした空間的な「つながり」のイメージを、私たちは、幼少の時から繰り返し経験した両親や友だちなどと手を繋ぐという行為を通して、身体でもって習得しているのです。

『天才柳沢教授の生活』の一エピソードに「つながり」を見る

　その絶大な人気ゆえに、テレビでも放送された、漫画『天才柳沢教授の生活』には、時々、主人公、柳沢良則教授の少年時代を回想風なエピソードに仕立てたものがあります。その中の１つ（第14巻、121話「おとうと」）に、「つながり」を考えるのに恰好のエピソードがありますので、そのお話を使って「つながり」について考えていくことにしましょう。ある日、柳沢家に、良則の父が、亡き恩師の息子を連れ帰り、養子にする旨を家族に告げます。その日以来、柳沢家に迎え入れられたその少年は、良則の弟になるということで、一郎改め次郎と呼ばれるようになりますが、未だ幼い次郎は、実父の大きな手の感

触が忘れられないのです。そして、ある日、ただ単に大きな手の持ち主であるというだけで、見知らぬ、いかがわしい男に手を引かれて連れて行かれそうになるのです。そこを良則が止めに入りますが、「おっきい手、おっきい手」と言って、その男の後を追おうとする次郎を見て、聡明な良則はすべてを悟るのです。そして良則は、次郎を引き止め、こう言うのです。「おっきい手はある。うちに帰ればある」と。そして自宅に次郎を連れて帰った良則は、父の大きな手袋をはめて、次郎の両頬を包むように抱きながら、「次郎、これが大きい手だ、お前の父さんはもういない、でも母さんがいて、則子がいて、私がいる……次郎……乗り越えるんだ」と言うのです。自分の両頬を包む大きな手袋の感触を確かめながら、次郎の顔に笑みが戻ります。それを優しく見守る良則。そんな時、「みんなご飯よ〜っ」と母の声が聞こえてきます。「は〜い」一斉に応答する柳沢家の子どもたち。亡き実父に関しては、大きな手の感触しか思い出せない幼い次郎が、良則の機転によって、再び「つながり」を見いだし、今度こそ本当に柳沢家の一員になれたその日が、美しく描かれています。このように私たちには、親の手の感触や温もりのような、物理的な「つながり」の想い出があります。「つながり」は私たちの身体が覚えている基本的な経験なのです。

　こうした身体経験を基礎に置く、基本的な「つながり」のイメージは、物理的、空間的なものなのですが、このイメージが、「非物理的なつながり」に拡張されていくのです。例えば、両親、兄弟、友人、恋人、あるいは社会全体との愛情などによる「非物理的なつながり」がそれです。両親、兄弟、親類あるいは、地域社会全体が、幼い頃の私を見守ってくれていて、ここには見守られてあるがゆえの安心感という、非物理的な「つながり」がありました。また、空間的な「つながり」を拡張すれば、因果関係のような時間的「つながり」を語ることができるようになりますが、そうなれば、人間相互の「影響関係」という時間的「つながり」について語ることも可能になります。私たちは、確かに、言語的あるいは非言語的コミュニケーションの「つながり」によって、日々を送っているのです。こうした「つながり」によって、共同体の他のメンバーからの影響を受けながら、私たちは自分自身のアイデンティティを築いていくのです。

自分の「居場所」があるということ

　「つながり」の中でも、他者から発せられる承認の言葉は、アイデンティティ形成期においては、重要です。私がアメリカの大学で学習して、驚いたことは、「良いものを良い」「面白いものを面白い」と素直に承認の言葉を表現してくれるということです。子どもが、その言葉にどれほど励まされ、それがどれほど自信に繋がっていくのかを考えてみると、その効果は絶大なのです。なぜなら、この承認の言葉を機に、自己表現をしようとする動機が高まっていくからです。

　精神分析医の斎藤環さんが、エチオピアの民話を紹介し、人がその場にいてあげて見守ることの大切さを説いていました。

　ある若者が、一晩中山のいただきに立っていられたら畑をあげようと言われました。この若者はその約束を信じて、山頂を目指す決心をしました。地上とは違い、高い山のいただきは凍えるほど寒いので、その若者が一晩中立っていることは無理だろうと誰もが思いました。そんな時、1人の老人が援助を申し出ました。老人は、向かいの山のいただきで一晩中火を焚いているから、その火を見て、心の中で、火の暖かさを想像しなさい、そうすれば、耐え抜くことができるだろう、と若者に教えます。若者は教えられた通り、向かいの山に見える炎の暖かさを思い、一晩の試練を耐え抜いたのでした。

　まあ、ざっとこんな話ですが、向かいの山のいただきに点されたその炎は、温かく若者を見守る眼差しでもあったわけなのです。お前ならやりぬくことができるよ、という信頼の眼差しだったのですね。人は、こうした信頼の中で、それに応えていく形で、自信を得、失敗しても帰っていく場所があることを知るのです。親の眼差しに見守られているという安心感の中で子どもは試行錯誤し、自信をつけていくのですね。温かく見守ってもらえるという信頼を受け、失敗しても帰っていくことのできる場所を持っていること、これが「承認」の意味なのです。「お前は何をやっても大丈夫だよ、私が見守っているから、お前には居場所があるんだよ」、という「承認」の言葉、このエチオピアの民話は、「承認」ということが、いかに大切なことなのかを教えてくれます。

親兄弟あるいは共同体のメンバーの誰かが、失敗しても帰ってくることのできる「居場所」を与えてくれること、そうした経験がなければ、人は『千と千尋の神隠し』の登場人物である「顔なし」というキャラのようになってしまうかもしれません。監督の宮崎駿さんによれば、「さみしい、さみしい」という「顔なし」のテーマソングを考えたそうです。なぜさみしいのか。人と交わる自信がないからですね。どのように人と接触し、コミュニケーションをとっていくのか、「顔なし」は分からないのです。「山のいただきに点された炎」のように「温かい眼差し」に見守られているという、そうした「つながり」が、小さい時にあってこそ、人は自信を培い、新たな「つながり」を形成しながら、自分の「居場所」を見いだしていくことができるのです。

　こうして、共同体のメンバー相互の、何らかの形の相互依存が、「つながり」を通じて形成されていくのです。人は「つながり」という社会的ネットワークの中で、その恩恵によって生かされており、自分の「人生」を形成する「Tapestry（タペストリー）織物」も、そうして相互依存の関係が織り込まれていくことによって、豊かで、また、他のメンバーの「Tapestry（タペストリー）織物」とも切り離せないものに「仕立てられていく」のです。

映画『ベン・ハー』の中に表現された「つながり」

　ハリウッドの生んだ、超大作映画の代名詞でもある、あの『ベン・ハー』は、一期一会的な運命の「つながり」による物語なのです。主人公のベン・ハーはユダヤの王子。時代は、イエス・キリストの生誕するちょうどその頃。幼馴染で親友として再会したはずのローマ人メッサーラの手によって、母と妹ともども無実の罪に陥れられたベン・ハーは、ガレー船の漕ぎ手にされるために、他の罪人とともに鎖に繋がれてタイロスの港町へ行進中に、立ち寄ったベツレヘムの村で、炎天の砂漠を進むという過酷な行軍がたたって倒れてしまいます。「この男には水をやるな」という囚人の護送を任ぜられた隊長の命令にもかかわらず、イエスはベン・ハーに一杯の水を与えます。その後、ベン・ハーは数奇な運命を経て、メッサーラへの復讐を果たしますが、メッサーラは、「お前の母親と妹は生きている。まだ終わっていないぞ」という言葉を残して死にます。ベン・ハーの母と妹は長年の牢獄生活がたたってハンセン病を患い、ハンセン

病患者が隔離されている谷で死を待ち受けていたのでした。メッサーラを腐敗させ、母と妹をこのような目に合わせたローマ帝国への復讐を誓うベン・ハーは、ともかく母と妹を助けるために、救世主の噂のあるイエスが起こす奇跡にすがろうとします。ところが時既に遅しで、イエスは裁判にかけられ、磔刑を申し渡されてしまった後だったのです。ゴルゴタの丘へ十字架を背負って行く男の顔を見て、ベン・ハーは叫びます。「私はこの男を知っている」と。あの時、自分に一杯の水の入った柄杓を差し出してくれたあの男がイエスであったことをベン・ハーはこの時初めて知るのです。ベン・ハーは、ローマ兵に遮られつつも、倒れたイエスに一杯の水をお返しします。「彼は私に水と生きる勇気を与えてくれたのだ」と考えて。『ベン・ハー』の物語はまさにこの一杯の水を巡る壮大な物語なのです。この後、ベン・ハーは、磔刑場で、「父よ、彼らを許したまえ、彼らは自分たちが何をしているのか知らないのです」というイエスの声を聞きます。十字架にかけられつつも、自分をこのような目に合わせた相手にでさえ許しを与えるイエスの姿に心を洗われたベン・ハーは、ローマ帝国への復讐心を解消してしまうことによって、1杯の水の返礼をするのです。1杯の水を恵まれるという、表面的にはそれだけの「つながり」であったわけですが、主人公の内面では、イエスとの間に精神的な「つながり」が紡がれたのでした。「袖触り合うも多生の縁」という諺にもあるように、一見表面的な「つながり」に見えるようなことでも、まさに「前世からの因縁」を感じさせられるような深い「つながり」になるような場合がある、ということを『ベン・ハー』という物語は教えてくれます。

「生態系」という「つながり」

『ベン・ハー』の物語でも見たように、物理的な「つながり」が精神的な「つながり」に拡張されていきますが、こうした「Tapestry（タペストリー）織物」を織り成すネットワークをさらに拡張していくことが可能です。環境問題を論じる時、今日では、必ず「Ecocentric approach 生態系中心主義」という考え方が出てきます。「Ecocentric approach 生態系中心主義」の考え方では、自然物は皆「相互連結」「相互依存」という形で共生のネットワークを形作るわけで、そうした意味合いにおいて不可分な関係にあるのです。「Ecocentric approach 生態系中心主義」の考え方を最初に明確に打ち立てた思想家であるアルド・レオポルドは「相互依存の形にあって不可分であるものを全体として生き物である」と考えています。地球をあたかも生き物であるかのように捉えることが可能であると考えているのです。

こうした考え方が、後に、ジェームス・ラブロックによって、「ガイア仮説」として提示されるようになるわけです。今では映画版の『ファイナル・ファンタジー』のお陰で、子どもでも知っている「ガイア仮説」ですが、「ガイア(Gaia)」(ギリシア神話の「大地の女神」)即ち、「地球」は、1つの生き物だ、というのがこの仮説の中核にある考え方なのです。生態系は、多様な生物がそれぞれに異なる進化の時間を生きており、いくつもの異質な時間性が、あたかもバロック音楽の意匠の仕事であるかのように、長い年月をかけて調和してしまった極点なのです。まさに異なる時間の織り成す「Tapestry(タペストリー)織物」が生態系なのです。このように共生のネットワークとして捉えられた自然は、人間によって利用し尽くされる「所有物」としての自然ではありません。人間はもはや征服者として自然を思いのままに所有できるわけではないのです。なぜならば、共生のネットワークの中では、人間もその中の一部なのであり、人間に特別な位置が与えられているわけではないのですから。

自然という共生のネットワークの中に置かれている人間の位置をわきまえることによって、人間の自由に制限を課すことができるでしょう。レオポルドによれば、「倫理」とは行為の自由に対して自らに課される制限の総体のことなのです。このような自己制限は、「人間は自然という名の、相互に依存している生命共同体の一部なのだ」という反省によって芽生えるのだ、とレオポルドは考えているのです。確かに、進化史という流れの中で捉えてみても、あらゆる存在は、「存在の大連鎖」を成しているかのように捉えることができます。即ち、太古の地球の海は、まさに原子のスープ状態で、原子同士が出合い、より安定した状態に落ち着いていく過程で、アミノ基が生み出され、一旦、自己複製する遺伝子が生命の基礎を築くと、そこから多様な生命が進化していくことになったのでした。何と壮大な「つながり」の物語なのでしょうか。この「つながり」の中で考えれば、人間の特権的立場という考えそのものを疑うことができるのです。こうした立場に立てば、生命共同体の一部として、己を捉え

ることが可能となるでしょう。環境問題、女性解放問題などの解決に向けてエネルギッシュに活動をしている、インドの科学者、バンダナ・シヴァさんも、「精神と身体、人間と自然の間の分離はない」と認識を高め、自然との「つながりを再構築する」必要性を説いています。このことは、自分の所属している「生命共同体」へ尊敬の念を持つことに他ならないのです。このような形で、自然に対する愛や尊敬によって、万物に「つながり」を感じ、それを「人生」という「織物」に織り込んでいくということもできるわけです。

『スター・トレック』の一エピソードに表現されている「つながり」

多くの経験をし、多くの人や自然と触れ合うことで、「人生」という「織物」に「広がり」や「厚み」ができます。そして「広がり」や「厚み」を持った人生は豊かな人生である、と考えられるようになるのです。いろいろな物事に出会い感動したり、痛い目にあったり、あるいは、出会った人たちから、アドヴァイスを受けたり、批判されたり、傷つけられたり、誼を結び関係を持ったり、さらに、災害に遭うなどの偶然的な要素でさえ、すべてが、何らかの形で、「人生」という「織物」に縫い込まれているのだ、と考えるのです。ですから、お互いに、まったく無関係に見えるような経験も、このメタファーに従って考えれば、「織物」を成す構成要素として、ひょっとしたら「つながり」があるのかもしれないのです。このことを、アメリカの人気SF番組の『スター・トレック』シリーズの一エピソードから考えてみたいと思います。

24世紀の宇宙を舞台にした壮大なSF『Star Trek: The Next Generation』のエピソードに「Tapestry（タペストリー）」というエピソードがあります。このエピソードで、宇宙船エンタープライズ号のピカード船長は、ある星の探索中に受けた傷がもとで死を迎えてしまいます。そして何と死後の世界には、Q（素直に「キュー」と読みます。Qは神のように全知全能なのだけれども、悪戯好きな上、傲慢で、道徳的にちょっと問題のある宇宙人です；最初のエピソードでは、人類が宇宙を探索する資格を持たない野蛮で下等な生き物であるとして、人類の代表としてピカード船長を裁判にかける；ピカード船長は人類が進化したのだ、ということを示すための猶予期間を得て、最初のエピソードは終わる）がいたのです。

ピカード船長の死因は、彼が若い頃に移植してもらった人工心臓にあったのです。もし人工心臓でなかったら、助かっていたかもしれない、という話を引き金にして、ピカード船長は、若い頃の自分を思い出します。若い頃の自分は、冷静沈着かつ規律正しい現在の自分とは違って、規律ということを知らない上に傲慢で向こう見ずであった、そして今の自分から見たら、とても受け入れ難い、そうした嫌な性質のせいで、短気で喧嘩早いナウシカ星人と取っ組み合いを始めようとしている友人を助けて、喧嘩の助っ人をし、挙げ句の果てに、心臓を刺されてしまい、そのせいで人工心臓を移植されることになったのだ、ということを思い出します。若い頃の自分は性格的に好きではない、若い頃の過ちを取り消したい、と考えるピカード船長に対して、全知全能の神のごときQは、やり直すチャンスを与えるのです。現在の自分が持ち合わせている理性と分別によって、ナウシカ星人との喧嘩を避け、人工心臓ではなく、本物の心臓のまま生き延びるチャンスがこうして与えられるのです。ところが、友人の喧嘩を止めることに成功した、若きピカードは、そのせいで友情を失ってしまっただけではなく、彼のその後の人生そのものもまったく変わってしまったことに驚くのです。船長になるどころか、日々の雑用を命じられるに過ぎない一介の乗組員として生きる人生が待ち受けていたのです。いったいどうしてこんなことになってしまったのでしょうか。人生をやり直すチャンスを望んだことを後悔し始めたピカードは、Qの名を呼びます。それに応えて、ピカードの告白を聞いてやろうといわんばかりに、中世の修道僧のローブに身を固めたQが姿を現します。

Q: I gave you something most mortals never experience, a second chance of life. And now all you can do is complain? （私は君に、ほとんどの死すべき運命にある者達が決して経験し得ないことを与えた、人生の二度目のチャンスをね。それなのに今、君は苦情を言うことしかできないのかね？）。
Picard: I can't live out my days as that person. That man is bereft of passion and imagination, that is not who I am! （私はあのような人物として生をまっとうすることはできない。あの男は、情熱も想像力も持ち合わせていない、そんなのは私ではないのだ）。

第 1 章　人生をイメージするためのメタファー　89

Q: Au contraire. He's the person you wanted to be, one who was less arrogant and undisciplined in his youth, one who is less like me. The Jean-Luc Picard you wanted to be, the one who did not fight the Nausican, had quite a different career from the one you remember. That Picard never had a brush with death, never came face to face with his own mortality, never realized how fragile life is or how important each moment must be. So his life never came into focus. He drifted through much of his career, no plan or agenda, going from one assignment to the next, never seizing the opportunities that presented themselves. He never led the away team on Milika III to save the ambassador, or took charge of the Stargazer's bridge when his captain was killed. And no one ever offered him a command. He learned to play it safe. And he never ever got noticed by anyone. (その反対に、彼こそ君がなりたかった人物なのだよ、若い時分にあまり傲慢でなく規律を守らないというようなことのなかった人物、この私にはあまり似てない人物なのだ。君がなりたかったジャン＝リュク・ピカード、つまり、ナウシカ人と喧嘩をしなかったピカード、は君が思い出すことのできるキャリアとはかなり違うキャリアを持つことになったのだ。そのピカードは、死と戦ったこともなければ、自分も死すべき運命にあるのだということに直面したこともない、命というものがいかにもろいものなのか、あるいは、この瞬間、この瞬間がいかに大切なのか、ということに決して気づかなかったのだ。だから、彼の人生はピントがずれてしまった。彼は彼のキャリアの大半をぶらぶら過ごしてしまったのだよ、計画も日程表もなくね。1つの任務から次の任務に移っていくだけで、決して、目の前にあるチャンスをつかもうとしなかったのだ。彼は、ミリカスリー星にて、大使を救出するために、上陸班を率いることはしなかったし、スターゲイザー号の船長が殺された時に、スターゲイザー号の司令室の責任を引き受けることをしなかったのだ。そして、誰一人として、彼に指揮権を任せることはなかったのだよ。彼は、安全に人生を過ごしていくことを学んでしまった。それで、彼は決して一度として、誰かから、認められることがなかったのだ)。

こうして、ピカード船長は、若い頃の自分の性格を嫌い、人生をやり直した

ことが間違いだったことを認め、むしろ、元通りの自分のまま死んだほうがよい、と思うようになります。Q はその願いを聞き届けるのです。さて場面は、再びナウシカ星人との喧嘩の場面。ピカードは人間よりもはるかに大きく力の強いナウシカ星人と堂々と渡り合って、背後から心臓を刺されます。そして刺されながらも大胆不敵な笑いを残して倒れるのです。場面は再びエンタープライズ号の医務室。笑いを浮かべて意識を取り戻すピカード船長を、他の乗組員が心配そうに覗き込みます。ピカード船長は一命を取り止めたのです。自分の身に起きた不思議な出来事を副官のライカーに話して聞かせたピカード船長は、次のように結論するのです：

Picard: There are many parts of my youth that I am not proud of. There were loose threads, untidy parts of me, that I would like to remove. But when I pulled on one of those threads, it unraveled the tapestry of my life. (若い頃の私には、今の私が誇りに思うことができないような多くの面があるのだよ。喩えるなら、緩くなった縫い糸みたいなものだな。私が取り除いてしまいたいと思っている自分の性格の雑然とした部分のことだ。けれども、そんな縫い糸の 1 つでも引っ張り取ろうとすると、私の人生という織物そのものを解きほぐしてしまうことになるのだよ)。

　ピカード船長が、第二の人生を許されることによって、悟ったことは、自分の経験は、「人生」という「織物」として、たとえどんなものでも緊密に結びついており、自分の人間性の中に織り込まれているのだ、ということでした。このことは、§5 で見ていく「断片化した人生」を批判的に捉えていく上でも、重要でしょう。

映画『スキャンダル』:「ライフ・スタイル」という名の呪縛

　「人生のタペストリー」は、人それぞれが自分特有の紋様を編み上げていくことで、「これが私の生き様だ」と言えるような、そんな「ライフ・スタイル」を残していくようになります。確かに、人は、生き、体験することによって編み上げてきた、自分特有の「パターン」を自分の「ライフ・スタイル」として、常にそこから教訓を引き出し、それを、「先例」や「モデル」として使うことに

よって、人生の難事に対処していこうとします。けれども、人は、時に、自分自身の「ライフ・スタイル」から容易には抜け出せなくなってしまうことがあります。「私は今まで、このように生きてきたから、こんなことをしたら、自分の流儀から外れてしまう」というように、新たに体験した何かの前で目を閉ざし、自分が変わることを頑なに拒んでしまったり、自分に関する新しい発見を促してくれるかもしれないような好機を逸してしまったりしてしまう、ということもあるかもしれません。自分の「ライフ・スタイル」が自分自身を呪縛してしまい、自分の「ライフ・スタイル」の外にある、新しいものを発見し難いものにしてしまうのです。今まで編み上げてきた「パターン」を外れ、新しい紋様を縫い込む勇気を持てない場合がある、というわけです。

映画『スキャンダル』では、自分の生き方を通して自分が編み上げた「ライフ・スタイル」に、自分自身が呪縛されてしまう、男女の姿が描かれていました。時は、18世紀末の朝鮮王朝の時代、ペ・ヨンジュン扮するチョ・ウォンは貴族でありながらも、出世も栄達も求めず、ただただプレイボーイとして生きてきたという、自分自身の、かなり退廃的な「ライフ・スタイル」に呪縛されてしまい、遊びではなしに、初めて本気で一人の女性を愛し始めた時に、その本当の愛になかなか気づくことができませんでした。日頃、チョ・ウォンは、従兄弟のチョ夫人と、人の心を弄ぶような、「恋愛ゲーム」を楽しんでいるのです。二人の「恋愛ゲーム」の標的は、夫になるはずの男性に先立たれ、9年間貞操を守り通してきたチョン・ヒヨンでした。チョン・ヒヨンは、キリスト教を信奉しているのですが、やはり儒教道徳が絶対の社会にあって、結婚を約束しただけとは言え、亡き夫のために、一生涯、操を守りぬこうとしているのです。チョ・ウォンは、手練手管の限りを尽くし、そんな、操堅きチョン・ヒヨンを誘惑するのですが、知らぬ内に、チョン・ヒヨンを恋するようになってしまうのです。チョン・ヒヨン自身も、亡き夫に対して貞節を守り通すという、9年の長きにわたって彼女を縛ってきた「ライフ・スタイル」が邪魔をして、愛に素直に向き合うことができません。結局、愛に素直に向き合うことができるようになった時には、運命の歯車が動いてしまっており、「時既に遅し」という状況になってしまっているのでした。

一番、悲劇的なのが、チョ夫人で、実は、従兄弟のチョ・ウォンに恋愛感情

を抱きつつも、才気溢れ、かつ、気位の高い生き様を押し通そうとして、単なる「ゲーム」という体裁を整え、自分の愛情を素直に表すお膳立てをしなければ、「愛している」ことを表現することすらできないような、屈折した面を持っているのです。今回の「恋愛ゲーム」で、チョ・ウォンが、チョン・ヒヨンの心を射止めた暁には、「近親相姦」のタブーを犯してでも、チョ・ウォンのものになる、と、自らをゲームの報酬にすることでしか、自分の愛を表現できないのでした。この映画のラストで、刺客から逃れ、都を落ち延びた、彼女が、どこへ行くとも知れぬ船の中で、かつてチョ・ウォンから、戯れにもらった花の花びらを、布に包んで大事に持っていたことが分かる場面は、映画史上に残る名場面になるのではないでしょうか。従兄弟のチョ・ウォンを愛しているということを、まったく表に見せなかった、気位の高い女が、身一つになって、都を逃れるという立場に追いやられても、あの時の花びらを大事に持っているのです。しかも、その花びらが風に吹かれて、舞い上がるのを、失うまいと、思わず手を差し伸べて追う、という、あのラストシーン。何の台詞もありませんが、これだけで、彼女の内面に秘めていたチョ・ウォンへの愛をすべて吐露してしまう、そんな名場面なのです。

確かに、自分の編み上げた「ライフ・スタイル」には、自分らしさを垣間見ることのできるような、何らかの「パターン」が編み上げられていくことになるのでしょう。けれども、たとえ、そうだからと言って、新しい「パターン」を編み上げるチャンスを逃していい、というわけではありません。なぜなら、人生という名の「タペストリー」の素材は、常に、私たちの体験なのですから、今までの「ライフ・スタイル」を固持するあまり、新しい何かを体験する機会を失ってはいけないでしょう。人は、自分の編み上げてきた「ライフ・スタイル」を、執拗に固持していくのではなく、人生において、時には、「ライフ・スタイル」を変え得る柔軟性が問われる時があるのです。

「友情」そして「愛情」という「つながり」

最後に、友情や愛情による「つながり」は、社会的役割による関係性からは捉えきれないものへの「つながり」なのだ、という重要な考察を展開したいと思います。

私たちが自己や相手を知ろうとする時、たいていは What と Who に対応する答えをもって自己や相手を把握しようとします。だから、例えば私たちが「こういう者です」と言って差し出す名刺にも、必ず Who と What の回答、即ち、自分の名前と職業などの社会的地位が明記されているのです。
　私たちの社会は単なる個人の集合体ではありません。社会とは、むしろ個々の人々に課せられた役割の要求する行為の集合体なのです。これがいわゆる社会的関係性のネットワークを形作るのです。言い換えると、個々のメンバーがいるだけではコミュニティーは成立しません。むしろコミュニティーから課せられている振る舞い方を身につけて行動した時、そこにコミュニティーがある、というような相互依存的な関係があるというのです。ですから、What に対する答えは、社会における関係性のネットワークにおいて自分がどのような位置を占めているのかを表現するのです。主に職業に代表される社会的役割が表現されるわけですが、例えば、「安田女子大学、現代ビジネス学科の学生」であるというような社会的役割を表す代表的なものに加えて、「キリスト教の信者」であるとか、「青木先生のクラスの学生」であるとか、「バイト先のケーキ屋で半年働いている」とか、「日本人」であるとか、「長女」であるといった社会的、文化的関係も含まれてくるでしょう。ここで社会における関係性のネットワークに置かれるものの集合を考えることが可能でありましょう。例えば「先生」という役割に従事する者の集合とか「生徒」や「パン屋」の集合といったように、役割ごとの集合体を名付けることができます。このように What で答え得るものは、ある役割に従事しているものの集合といったように、集合論的な把握が可能なのです。関係性のネットワークに置かれていることは、その役割に基づいた行動を要求されているし、実際その役割に基づいて社会的機能を果たしている、ということに他ならないのですから、そうした社会的な役割ごとに区分けされている集合体を考えることは可能でしょう。こうした自己の捉え方を「What の視座」と呼びましょう。What の視座から、自己を規定するということは、「私は何であるのか」ということ、つまり「私であることの意味」を外部から自己を記述する他者の視座から考えることなのです。言い換えれば、公的に晒されている「私」を記述する、つまり、「他者の視線に晒されている私」を記述することなのです。例えば、社会的な役割を担っている「私」

は、そうした役割を担っている以上、その役割を果たすことを、他者から期待されるわけです。Whatの視座からの自己認識は、私の担っている社会的役割を果たすことを期待して私に眼差しを向ける他者の期待を引き受けることでもあるのです。

　他方Whoに対する答えは、固有名詞が来ます。哲学者のソール・クリプキは、「アリストテレスが哲学者でないような、そんな可能世界を考えた場合も、アリストテレスという固有名詞は同一人物を指し続けるであろう」と言っています。つまりアリストテレスがパン屋であろうと、会計士であろうと、料理人であろうと、「アリストテレス」という固有名詞が指示する人物がある、と言うのです。即ち社会的役割がどう変わろうが、固有名詞によって指示され続ける人物がいる、というのです。「青木順子」といったように固有名詞で名指されるものは、代替不可能な個です。集合論的な把握ができません。ですから、例えば、可愛がっている子どもの「由紀ちゃん」を目の前で、交通事故で失って悲嘆にくれている婦人に、ある通行人が、「私には子どもが十人もいます。その中の一人をあげますから、由紀ちゃんの代わりに育ててください」と言ったとしたらどうでしょうか。その婦人は「何か代替不能なかけがえのない者を失ったのだから、代用を考えろだなんて、悪ふざけもいい加減にしてください」と怒りを露にすることでしょう。つまり固有名詞を使って名指さざるを得ないものは、「集合論的に交換できない、代替不可能なかけがえのなさを持つ何か」なのです。こちらの方の見方を「Whatの視座」と対照させて「Whoの視座」と呼ぶことにしましょう。

　ここで問題なのは、「私たちは社会的な役割ということだけから自分とは何か、という問題を考えるのだろうか」ということなのです。ここで私がいつも不思議に感じるのは、「一体なぜ私たちは親友と呼びたいような友人を求めるのか」ということなのです。親友というもの同士の持つ友情というものは、「車掌」とか「社員」とか「父親」といった社会的役割の1つなのだろうか、ということなのです。

　私たちは友人をその人の役割によって名指すのではなく、親しければ親しくなるほど、固有名詞で呼ぶようになるということに、皆さんの注意を向けたいと思います。例えば、私の学生は、私のことを呼ぶのに「先生」と呼んでいま

すが、仮に私と愛情関係に入ったとしたら、愛情が深まるにつれて、「先生」とは呼ばなくなり、固有名詞で呼ぶことでしょう。同様に、たいていの文化において、友人になった瞬間から、役割を表す呼び名から固有名詞による呼び名に移行する現象が見受けられますが、固有名詞で相手を呼ぶ瞬間とは、まさしく相手の代替不可能性を感じ止めた時ではないでしょうか。「私の同僚」「私のクラスメート」「同じ大学院の学生」「中国人の留学生」のように役割を表現する呼び名を使って相手を表すのではなく、「ウエイヘ」と固有名詞を使わざるを得ないこうした瞬間に一体何が起こったのでしょうか。

『A River Runs through It』：完全な理解なしに完全に愛することができる

　ロバート・レッドフォードが監督した『A River Runs through It』（邦題：『リバー・ランズ・スルー・イット』）という映画があります。モンタナに住む牧師の息子たちの話で、聖ペテロがフィッシャーマン（漁師）であったことから、父親の牧師の趣味がフライ・フィッシィイングという方法による釣りで、その趣味を幼い頃より自然に共有していった二人兄弟が、釣りを通して父親に教えられたことを基調に人生を送っていく、といった話なのです。真面目な兄のノーマンが語り手として全編を語っています。ブラッド・ピット扮する弟のポールは、天真爛漫で無垢なのだけれど奔放な生き方にのめり込み、ポーカーでイカサマがばれて殺害されてしまいます。「ポールは素晴らしいフライ・フィッシャーだった」と回想するノーマンに、父親の牧師は、「それだけではない、あの子は美しかった」とコメントします。ポールは、死ぬ前に、兄と父を誘って釣りをしていますが、大自然と一体になって釣り糸を自在に繰るポールの姿は、まるで神々しい芸術品のような完成度を持っていて、それが２人の脳裏に焼き付いていたのです。ノーマンのナレーションに耳を傾けましょう。
At that moment, I knew surely and clearly that I was witnessing perfection. My brother stood before us not on a bank of the Big Blackfoot River but suspended above the earth, free from all its laws like a work of art. And I knew just as surely and just as clearly that life is not a work of art and the moment could not last.（その瞬間、完成されたものの美を私は確かにはっきりとこの目で見たのだ。弟は、ブラックフット川の川辺ではな

く、時空を超えた空間に、芸術作品のようにすべての法則から解き放たれて立っていた。そして私は確かにはっきりと分かっていたのだ、人生は芸術作品ではないのだ、ということを、そして、こうした瞬間が長くは続かないということを）。

　ポールの釣り師としての究極の完成美に、死の陰りが暗示される、とても美しいシーンです。釣り糸をたっぷりととって川面の煌きに戯れるかのように、水面すれすれに釣り糸を泳がせて魚を誘うポールの妙技。ポールは「幻の大物」を釣り上げます。彼は釣りに関しては、父の教えを越えて、自分のリズムを生み出したのです。それはまさに大自然のリズムでもあったわけで、ノーマンは、大自然の恩寵に調和している弟の最後の輝きを眼に焼き付けたのでした。ポールが死んだ後、父親は、ポールに関することをノーマンからいろいろ聞きたがりました。ポールを理解しようと努めたのです。そしてこの映画の終盤、年老いた父親が死んだ息子、ポールのことを想いながら語る最後の説教にこんな一節がありました。"We can completely love without complete understanding.（完全な理解なしに完全に愛することができる）"。「完全な理解なくとも完全に愛することができる」というこの言葉には心打つものがありました。彼はポールを完全に理解できなかったのですね。それでも愛することができる、という結論に至ったのです。理解しようとした上で、辿り着いた結論であるがゆえに重要なのです。「完全な理解なくとも完全に愛することができる」、これこそ愛情の真髄ではないでしょうか。

　友人や愛する人が唯一で代替不可能だと言うことは、その人があらゆる意味に還元され得ぬものを備えていることを私が認めたということで、その認知は、私がその相手を固有名詞で呼ばずにはいられないという事実に基づくのでした。その人を固有名詞で呼ばずにはいられないということは、その人を私が自分勝手に意味に還元し得ないし、したとしても常に剰余が生じることを感じざるを得ない、ということです。意味に還元するということは、集合論的に捉えるということです。集合論的に捉えることのできるものは、「代替可能」なのです。簡単に言えば、例えば、「犬の集合」に属するメンバーは、どれも「犬」であるわけですよね。私たちが見てきたように、Whatの視座で捉えられるものは、どれも集合論的な捉え方ができるゆえに、「代替可能」なのでした。

Who の視座に立った時に、相手に意味づけを拒むものを見いだすということは、相手を集合論的には決して捉え切れないということなのです。意味づけを拒むものを「他性」と呼ぶとしたら、固有名詞は相手の他性に呼応しているわけです。私が「順子」と妻を固有名詞で呼ばずにいられないということは、彼女が「妻」とか「母」とかいう代替可能な単なる社会的役割を越えた誠にかけがえのない何かだと、感じているということなのです。けれども、まさしくこの「他性」は「妻」とか「母」とかいった意味に還元され得ないゆえ、文字通り「他性」とは「不完全にしか理解し得ないもの」なのです。固有名詞で呼ばねばならないものを愛するということは、逆説的ですが、まさしく愛するところのものとは、完全に理解できないものなのだ、ということなのです。愛情の逆説はまさに、「他性」ゆえにあなたはかけがえのない代替不可能な唯一の人なのだ、それゆえ、私はあなたを愛する、と言うしかないところにあるのではないでしょうか。こうして考察を進めると、あの牧師さんの言葉はそれほど奇妙ではなくなる上に、その真実性をもって私たちの心に迫ってきます。"We can completely love without complete understanding（完全な理解なしに完全に愛することができる）"：「アンダースタンド」つまり「理解する」ことのできるものは意味に還元できるもののみなのだから、もし他性が意味づけをそもそも拒むのであれば、この含蓄深い言葉は、他性ゆえに愛すということになり、そのまま丸ごと相手を受け入れるということに帰着すると考えます。何か記述可能な要素によって相手を愛しているわけではないのです。彼女は私にとって、「順子」と呼ぶしかないそういうかけがえのない唯一無二の個体なのです。そのかけがえのなさを意味に還元し理解することは、不可能なのです。それゆえ、「愛する」としか、私には言えないのですね。

　ここで『冬のソナタ』の第 7 話のエピソード「冬の嵐」に、大変印象深い場面がありますので、それを題材に使いましょう。忘れられない初恋の人、ジュンサンにそっくりな男性イ・ミニョンが現れたせいで、ユジンは、婚約者サンヒョクがいるにもかかわらず、次第にミニョンに心惹かれていきます。偶然一緒に働くことになったミニョンから、婚約者のサンヒョクが好きな理由を問われて、ユジンが、「誰よりも私のことをよく分かってくれて、生まれつき心の温かい人なんです。それに子どもの頃からずっと家族同然でしたし、心も広く責

任感も強くて、それから……」という風に、いろいろと理由を挙げる場面があります。それに対して、ミニョンが「本当に好きな時は、そんな風に理由を言えないものなのですよ」と語るのです。考えてみてください。「心が広く責任感がある」と記述できる人は、ひょっとしたら、サンヒョク以外にも大勢いるかもしれません。このように、「理由が言える場合」は、相手が交換可能である、ということを意味してしまうのです。それゆえ、ミニョンの言うように、「本当に好きな時は、理由は言えない」のではないでしょうか。まさに、愛する人に関しては、理由という形にせよ何にせよ、集合論的に相手を捉えることができなくなっているのです。

　友情や愛情を感じた相手には、初期の段階では、私たちはできるだけ寛容であろうとします。確かに、相手に対して寛容であるためには、私たちは相手を理解する努力が必要なのです。けれども、「私しか知らないあなた」を知るという風に相手への理解が深まれば、「私しか知らないあなた」という記述によっても捉え切れない「他性」に至り、私たちは、相手を固有名詞で呼ばざるを得なくなるのです。固有名詞は意味へ還元できぬかけがえのない唯一無二性を指すのですが、意味へ還元できぬゆえに理解不可能なものに留まるのです。その時、私たちは、相手に向かって、あなたのその名指すことしかできないかけがえのない唯一無二性ゆえにあなたを愛する、としか言えなくなるのでした。「私は理解できぬゆえあなたを愛する」と言わざるを得ない次元に向けて、私たちは理解を深めねばならない、という逆説を皆さんが感じ取ってくだされば幸いです。

　私たちは役割を介して他の人々とつながっているだけではなく、それを尊重するのに固有名詞を使わねばいられないような、相手の代替不可能性、唯一性という意味での他性にも「つながり」を感じるのです。人間は愛する人々に固有名詞で呼びかけることによって、代替不可能で意味に換言できない事象にも開かれ、呼応しようとしているのです。

黒沢清の『アカルイミライ』

　黒沢清監督による映画、『アカルイミライ』の中には、「自分の存在を無条件で丸ごと受け入れてもらえる」ことの大切さが描かれた場面があります。おし

ぼり工場で働く仁村雄二は、24歳、同じ職場の守には心を開くことのできる、そんな若者です。雄二は、未来を夢に見ることができると言っているけれども現実の自分に対してはまったく行き場を失っているかのようなのです。猛毒のクラゲをペットにしている守は、そんな雄二を気にかけています。現実の出来事にうまく対処できない雄二に対して、守は、雄二に代わって当面は自分が判断を下し、「行け」あるいは「待て」のサインを出すことを提案します。そんな二人に、高度成長期の「頑張れ日本」の価値観を体現している社長が、正社員として二人を迎え入れ、「居場所」を与えてやろうとお節介を焼いてきたのでした。

　雄二は、何か一定の枠組みを押し付けられることに違和感を覚えます。守は、この社長を雄二が殺害するだろうことを察し、工場を辞め、雄二が殺人に手を染める前に、雄二に代わって社長夫妻を殺害してしまうのでした。守は、クラゲの世話を雄二に託して、刑務所内で自殺をしてしまいます。守は、自分が果たせなかった、クラゲを真水に慣らしていくという一風変わった使命を雄二に残して死んでいくのです。水槽内で真水に慣らされていくクラゲに、社会の中に置かれた自分の姿を重ねたのか、雄二は、クラゲの水槽を蹴り倒し、床板の隙間から、クラゲを逃がしてしまいますが、床下でクラゲが生息し続けている姿に美しさを見いだすのでした。クラゲはやがて床下から、地下水を経て、東京の川へ姿を消します。

　そんな矢先、雄二は、守の父親の真一郎に出会います。今回の事件がきっかけで5年ぶりに息子の守に会い、息子を理解しようと努めた真一郎は、雄二の口から、刑務所で自殺した息子の守がクラゲを飼っていたと聞かされます。また雄二は、真一郎から、自殺した守が、人差し指を立てて死んでいたことを聞かされるのでした。それこそ「行け」のサインだったのです。猛毒を持ったクラゲが、真水に慣れていくように、雄二もこの社会の中で、たとえ猛毒を持ったままでも居場所を見いだすことができると守は確信していたのでしょう。このことを聞いた雄二は、真一郎についていき、この出会いをきっかけに雄二は、廃品同然の家電を回収して修理をし、再び使えるようにした上で売るという、真一郎の仕事を手伝うことになります。真一郎は、東京の川に、クラゲの餌用のえびをまく雄二を、自分の息子のように見守るのです。

けれども、雄二は、ある日、クラゲの餌用に飼育しているえびが機械の故障から死んでいるのを見て暴走し始め、それを咎めた真一郎から、「どうしてこの現実をさ、見ようとしないんだよ？薄汚くて不潔だからか？それは失礼だよ。この現実はな、私の現実でもあるんだよ。どこへ逃げるんだ、それで、仁村君、どこへ逃げる？君の逃げ込める先は2つしかないんだ。1つは夢の中。2つ目は、刑務所の中だ」と言われ、そのまま工場を飛び出してしまいます。雄二との養子縁組まで考え始めていた真一郎も言い過ぎを後悔し、雄二の後を追いますが見失ってしまうのです。一方、雄二は、自分の妹の紹介で働き始めた会社に不良たちを導き入れ、会社の金を盗む手引きをしてしまいます。雄二だけは、警察の手から逃れ、真一郎の工場しか行き場がないことを悟ります：

雄二：「ここに居ていいよね？」。
真一郎：「行くとこないの？本当にここでいいの？そう？それじゃあ、いつまでもここに居ろ、よし」。

　「赦して」という雄二に向けて、真一郎は何が起きたのかは一切問うことなしに「私は赦す。私は君を赦す」と言って彼を抱擁し、彼のすべてをそのまま丸ごと受け入れるのです。この真一郎の台詞は、「私は君達全部を赦す」という風に続きます。「君達」と複数になっていることに注意してください。この父親の台詞に応答したのでしょうか、雄二だけではなく、死んだ息子の守も父親の工房に戻ってきていたのでした。息子の魂の現存を感じた父親は、「ずっとここに居ていいよ」と呟くのでした。この一連の場面において、前のセクションでお話しした、あのエチオピアの民話にあった「向かいの山に点される炎」に象徴される「見守る眼差し」が、見事なまでに描かれています。
　クラゲは、この社会に決して回収され得ないものを象徴します。初めの内は、そこに何か理解し難い気味悪さを感じていた真一郎にとっては、世代間の価値観のギャップを象徴するものでもあったのでしょう。けれども、自分の工房の床下にもクラゲが現れた時、真一郎は、雄二から指摘されるまま、素直に美しいと認められる寛容さを持っている男でもあるのです。実際に、その日から、クラゲは、死んだ守の魂のような存在とも言えるものになるのです。こう

してクラゲが、真一郎からも、自分の居場所を認められて、東京の川で大量に繁殖し、海に帰っていく場面がこの後に続くのです。真一郎から、自分の全存在を丸ごと受け入れてもらえた雄二も、クラゲと同様、自分の「居場所」を認められたわけで、海を目指すクラゲのように、雄二もようやく自由な存在になり得たのだ、ということを暗示した美しいシーンです。

　守の夢が叶ったことに喜びを感じ、真一郎は、自分が生きている内には、クラゲが再び川には戻ってこないことを気にかけ、川下に向けてクラゲの群れを追って走るのですが、クラゲの毒針に刺されて、気を失ってしまうのです。猛毒を持つ、この得体の知れないクラゲを得体の知れないまま丸ごと受け入れようとする、ある意味で、命を賭した真一郎の態度によって、雄二は居場所を持つことができたわけで、倒れた真一郎を川辺で慈しむように抱きかかえる雄二の姿は感動的です。この場面で私たちが考えざるを得ないことは、守も命を賭して、雄二を導いたのだ、ということです。守も雄二もそのままでは社会に「居場所」を持てない「クラゲ」なのですが、「クラゲ」であるがゆえに、自分の中の「クラゲ」を「真水」即ち「社会」に馴らす道を、同じ「クラゲ」の雄二に示すことができたのでしょう。真一郎は、『リバー・ランズ・スルー・イット』にあった、「完全な理解なしに完全に愛することができる」という言葉を、「クラゲ」である、雄二、そして守に対して示したのだと言えましょう。『リバー・ランズ・スルー・イット』を知っている私にとって、この映画の「クラゲ」は、まさに「不完全にしか理解できないけれども、完全に愛することのできるもの」の象徴のように思えました。

一期一会：フーコーが東京の「ラブ・ホテル」で求めたこと

　哲学者のミッシェル・フーコーは、死に至る病AIDSに侵されて、きっと自殺も考えていたのでしょう。晩年の彼が残した文章の中にこのような一節があります。「日本人が、……『ラブ・ホテル』と呼んでいるような幻想的な迷宮がなぜ存在しないのだろうか？……。そこでは、あり得べき最も不条理なインテリアに囲まれ、名前のない相手とともに一切の身分（アイデンティティ）から自由になって死ぬ機会を求めて入るような、地理も日付もない場所の可能性が予感されるのだ」。ここで彼は、「地理も日付もない場所」ということで、東

京の「ラブ・ホテル」のような迷宮に入り込んでそこで死ぬことを夢見ているのです。

「ミッシェル・フーコー」という固有名詞はあまりにも有名であるゆえ、固有名詞として機能しなくなってしまっています。「ああ、あの有名なフーコーさんですね、『言葉と物』や『性の歴史』の著者の」などといった風に、記述されてしまうからです。それゆえ、彼は「名前もなく、一切の身分からも自由」になることを望み、そんな裸の状態で愛し愛されたいと考えているのです。つまり、愛の相手とは、まさに「出逢い」という偶然性しかないような関係を望んでいるのです。どのような愛情も友情もこの「出逢い」という根源的な偶然性（一期一会）から発展しているわけで、相手に集合論的な記述を不可能にする何かを感じる、ということの中にはまさにこの「出逢い」という根源的な偶然性があるのではないのでしょうか。「二個の者が same space ヲ occupy スル訳には行かぬ」と夏目漱石が、『断片』の中で書いていましたが、たとえ、すべての点でまったく似ている2つのものがあったとしても、漱石が言うように、それぞれの身体の「occupy スル（占める）」「今、ここにある」という時空は異なるのです。それゆえ、私のこの肉体がこの時空を占めている「今、ここにある」という偶然性は、根源的ですし、この身体でこの時空を占めるということは、「具体的」という言葉通りに具体的なことなのです。たまたま「今、ここ」を占めているというこの根源的な偶然性は、あらゆる「意味づけ」以前の出来事ですし、たまたま「今、ここ」にいるだけで、「何の意味があって、『今、ここ』を占めているのか」という問いかけによって意味づけされ得ないゆえ、そもそも「意味づけ」を拒むわけです。偶然性ゆえ、それは意味には還元できません。「意味に還元できないもの」を「他性」と呼んだのでした。たまたま「今、ここ」を占める「私」が、別の「今、ここ」を占める「あなた」に出逢う、ということも偶然なのです。「出逢い」というこの非常に具体的なことが、決して意味に還元され得ないということは大変興味深いことです。「出逢い」の偶然性を強いて意味に還元しようとすれば、「運命」であるとか、「神様のお導き」などといった人知を超えたところに、しかも後知恵的に意味を求めることしかできなくなるのです。「あなたに逢えたのは神様のお導きだった」「運命の赤い糸で結ばれていた」と愛し合う二人は、自分たちの「出逢い」を振り返って、常

に「過去形」で（つまり、「後知恵的に」）考えるわけです。東京の迷宮的な場所で、愛の相手と偶然出くわすこと、あなたと出会ったという偶然性にかけがえの無さを感じ取ること、晩年のフーコーは、愛の真髄をそこに求めていたのでしょう。固有名詞は、偶然この身体によって「今、ここ」という時空を占める二人の人間の出逢いという、これまた偶然性による「つながり」に根源を発しているのでしょう。

　以上見てきましたように、「人生」を「織物」に喩えたメタファーは、人間が社会的動物である以上、共同体の中で生活せざるを得ない私たちの「人生」を考える上で、欠かすことのできないメタファーなのです。

4）「人生」は「ゲーム」である。
　「人生」を「ゲーム」に喩えるメタファーを考えていくことにしましょう。まず、「ゲーム」に擬えるといっても、多種多様なゲームがある、ということに気づいていただきたいのです。そのことから帰結する重要な点は、「ゲーム」がいろいろあるように、「人生」もいろいろあってよい、ということです。どのようなゲームをプレーするにせよ、ゲームの「プレイヤー」に喩えられる者は、あなたの「人生」の主役である、「あなた」自身なのです。このメタファーによれば、「ゲーム開始」が「生誕」や「人生のやり直し」を意味しますし、「ゲームの失敗」は、「死」や「人生における敗北」を表現するのです。「ゲームにおける小さなミス」は、「人生」における「ちょっとした失敗」に当たります。例えば、「人生」を「野球」に喩えて、「人生にもイレギュラー・バウンドがある」などと言うのです。「ゲームのルール」は、「人生を送る上でのいろいろな規則」つまり、「エチケット、マナー、規律、処世訓、道徳、倫理、法律」などに対応するのです。

映画『一人息子』に見られる「双六」のメタファー
　小津安二郎の『一人息子』という映画には、以下に引用するような会話があります。主人公の良助は、信州の製糸工場で働く、母、おつねの反対を押し切って、「きっと偉くなる」と決意して、東京の大学に進学します。おつねは息子の成功を生きがいにして、息子を大学にやるために、桑畑や田舎の家まで売

り払ってしまうのです。けれども、夢見た理想とは違い、現実の良助は、大学を出ても、東京では、夜学の先生になるのがやっとで、しかも子どもまでおり、日々の生活に追われていたのです。

良助：「おッ母さんに苦労かけてまで無理に東京の学校なんかくるほどのことはなかったんですよ」。
おつね：「なぜさ、どうしてだ。おめえ、そんな風に思ってるだか。おめえはこれからだと、わちゃあ、思ってるだに」。
良助：「そりゃ僕だってそう思ってますよ。でもひょっとすると、僕はもう小さい双六の上がりに来ているんですよ」。

「小さい双六の上がりに来ている」というこの良助の台詞は、「人生」を「双六というゲーム」に喩えて考えている例として、挙げることができましょう。もう自分の人生は、これ以上の進展が無い、このまま自分は終わってしまう、という良助の気持ちを、この表現に感じ取ることができるでしょう。「きっと偉くなる」という彼の決意にもかかわらず、現実の彼は、たとえ「勝利者」になったとしても世間からは認められるはずがないような「小さなゲーム板」でプレーしていたに過ぎず、既に「上がり」という「先」が見えてしまっているような、そんな閉塞感のある日々を過ごしているのです。良助の人生は、どんなにあがいても決められたゲーム板から逃れられず、まさに慣用表現にもあるように「先が知れている」ような「達成感」の無い「人生」なのです。最後までプレーしてみなくても、「上がり」の地点で何が待ち受けているのかが、既に分かってしまっているような、そんな面白みのないゲームに、良助は自分の人生を喩えているのです。おつねが良助に期待したように、良助も、まだ乳飲み子である息子の手を握りながら、「こいつだけは大きい双六の振り出しからやらせたいからなあ」と呟くのです。東京に出れば、息子は立身出世できる、そんなおつねの生きがいに終止符を打つかのように、有名なラストシーンでは、閂の掛かった田舎の工場の扉が、ト書きによれば、「頑なにおつねの望みを遮っているかの様」に写し出されるのです。

ロジェ・カイヨワによる「遊び」の四区分

　ロジェ・カイヨワは、遊びを4つに分類しています。「アゴン」「アレア」「ミミクリ」そして「イリンクス」です。「ゲーム」も「遊び」ですので、基本的には、この4つの分類に従って、区別していくことができそうです。

　最初の「アゴン」は、ギリシア時代に、祭典の一環として行われた「競技会」のことです。ギリシア時代には、「アゴン」として、運動競技だけではなく、戦車競技や文芸コンテスト、音楽コンクールなどが催されましたが、オリンピックの基となったオリンピアはその最たるものです。この言葉の語源からも窺い知ることができるように、「アゴン」に分類される「ゲーム」は、プレイヤー同士が敵対関係に入るような「競争型」のゲーム遊びなのです。

　二番目の「アレア」は、ラテン語で「サイコロ遊び」を意味し、そこでは、「運」という要因が入ってきて、プレイヤーは「運」に身をまかせることになるのです。「人生」を「ゲーム」に喩える際に、「運命」ということを強調したい場合は、この「アレア」型のゲームに喩えることになるでしょう。

　三番目の「ミミクリ」は、「物真似」という意味で、「物真似遊び」に属する遊びがこれに当たるのです。例えば、子どもが遊ぶ「ごっこ遊び」がこれなのです。「ままごと」などに見られるように、子どもは、お母さんの真似をしたり、お父さんの真似をしたりして、一種のロールプレーを楽しむのです。ロールプレー型の「ゲーム」は、「物語」のメタファー同様に、そのまま「人生」の縮図を提供しています。そんなわけで、この「ミミクリ」型の「ゲーム」は、子どもたちに、実人生におけるロール・モデルを与える効果があるでしょう。

　プラトンは、『法律』において、「1つのことにすぐれた人物たらんとする者は、ほんの子どもの頃から、その1つのことに属している様々な道具（玩具）を用いて遊戯や真面目なことをしながら、その練習を積まねばならないのです」と述べ、「遊び」の重要性を説いています。ある仕事に愛着を抱き、その仕事に卓越するように、魂がまだ幼く柔らかい子どもの時期を逃さず、遊びを通して、子どもを導いていくのだ、というのです。子どもの内は、動物のように、絶えず無秩序に声を立てたり、飛び跳ねたりしているのだけれども、人間の場合は、幸いなことに、他の動物とは違って、リズムという運動の秩序、ハーモニーという音声の秩序を学習できるのだ、というのです。リズムとハーモニー

という人間特有の2つの秩序を、プラトンは「歌舞」と呼びます。プラトンの発想の奇抜さは、今挙げた、人間特有の秩序への芽生えを利用するために、最善の歌舞を模倣させよう、という点にあります。教育ということに、「遊び」の持つ「模倣的要素」を取り入れていこうというわけです。プラトンは、国家の礎を磐石なものとするために、歌舞の制作者が、国家が認める正当性に反して制作してはならない、ということを法制化しよう、とまで言い出すのですが、こうした全体主義に容易に傾斜してしまいがちな彼の発想はともかく、「遊び」の持つ「模倣」という「ミミクリ」的要素が、子どもにとって、社会への導入的な役割を担っているということは確かでしょう。

　アメリカの社会学者G. H. ミードは、子どもたちは、「ごっこ遊び」を通して、その遊びの「役割」から得られる、「協力関係」という視点から社会理解を深めていくと述べています。子どもたちは、「ごっこ遊び」を通して想像力を養い、自分に与えられた「役割」を他者の演じる「役割」との関係から考えることができるようになるにつれて、自己本位的な考え方から脱却するのです。子どもたちにとって、「ミミクリ」型の「ゲーム」は、社会への導入を果たすという点で、「物語」のメタファー同様の効果がありますので、「物語」のメタファーを参照していただくことにして、ここでは深く論じません。

　そして最後の「イリンクス」とは、「渦巻き」を意味するギリシア語で、「眩暈」を意味するギリシア語「イリンゴス」はこの言葉から派生して出てきたのです。「イリンクス」に分類される「ゲーム」は、派生語の「眩暈」からも窺い知ることができるように、一種のエクスタシーを追求した「ゲーム」なのです。言い換えれば、これはシャーマニズム的な一種のトランス状態を伴う行為に至る「ゲーム」なのです。例えば、子どもがその場でくるくる回転したり、何度も何度も繰り返しその場飛びをしたり、一人で夢中になって踊ったり、檻の中の熊のように部屋を行ったり来たりしたり、ただただ大声を出し続けたりする、「自己熱中的」とでも形容したくなるような、そうした遊びなのです。こうした状態を遊具などの力を借りて再現しようとすると、例えば、ジェットコースターやメリーゴーラウンドのような乗り物に乗る遊びが含まれてきます。以上のように、「ゲーム」を「遊びの四類型」に分類した上で、考察を進めていきましょう。

「人生」を「ゲーム」に喩えたメタファーに従って考えれば、特に「アゴン」型の「ゲーム」の場合、人は「人生の勝利者」であったり「人生の敗北者」であったりするわけです。「アゴン」型の「ゲーム」では、闘争の末「ゲーム」の勝者になることが目的となるのです。規則に従うような「ゲーム」では、「手順」通りに、そして「段取り」よくやっていけば、勝てるわけで、「人生」にも「うまくやっていくための手順や段取り」がある、と私たちは考えています。それで実際に、「人生」においても「ゲーム」の時と同様に、抜け目なく立ち振る舞う人たちが存在しているわけです。ゲームの途中で、あまり「勝ち目」がないと思うと、先ほどまでやっていた「ゲーム」を「降りて」、別の「ゲーム」で遊び始める子どものように、「人生」でも1つの生き方を諦め、別の生き方という違う「ゲーム」に挑むことがあります。

　このメタファーでは、「人生」を特に「賭け事」のような「アレア」型の「ゲーム」である、と捉える見方も出てきます。こうした「ゲーム」では、「幸運」を味方につけて、上手に「上がる」ことが目的となります。人生における一大事とでも言えるような、何か重要な出来事が起きようとする際に、ルビコン川を渡った時のシーザーの言葉を借りて、「賽は投げられた」と表現しますし、「一か八かやってみよう」と言ったりするのです。また、人は「人生」においても、「ゲーム」の時のように「勝負に出る」のですが、そんな時、人は自分の「持ち札」から「切り札を出す」のです。「人生」という「ゲーム」の「競争相手」に対して「勝ち目がある」、と言ったり、「五分五分だ」と言ったりするのです。時には「勝算がない」と判断した時でも、「持つ物、すべてを賭ける」ことや「大博打を打つ」ことのような大胆な振る舞いで、「運」に支配された「人生」に臨むのです。

　また「アレア」型の「ゲーム」では、賽の目やルーレットのような道具の気まぐれに運命を左右されることがありますが、「人生」にも、そうした偶然の要因が私たちを待ち受けているわけです。ですから、「人生」の場合も、「悪い籤」や「貧乏籤」を引いてしまったり、「男運」が悪かったりするようなことがある、と私たちは考えるのです。そして「籤運が悪い」と言って、自分の不運を嘆くことになるのです。中国では、秦王朝の滅亡後、楚の項羽と漢の劉邦が覇権を争いました。『史記』によれば、四面楚歌の故事で有名な垓下の戦いの後、

項羽は、もはや逃げ切れぬと悟り、最後の一暴れをした際に、「自分は七十余回の戦闘に参加し、一度も不覚をとったことはない。それなのにこのわしが最後にこんなていたらくだ。だが、これは天がわしを見放したのであって、戦術がまずかったからではない」(1972、第3巻、p. 234) と語ったとされています。この項羽の台詞にある「天から見放される（原文は、此天之亡我）」という表現も、今では、人生において運が悪くなる、という意味合いで使われています。

さらに人は、「人生」において、「賽の目」や「ルーレット」を支配している「運命」を、「人生」という名の「ゲーム」における「強敵」であると考えて、「アゴン」型の「ゲーム」と解釈することができます。こうした発想は、例えば、「人生」において「逆境と戦う」という言い方や「運命に打ちのめされる」という言い方に反映しています。このタイプの「ゲーム」において、人は「運命」に「挑戦したり、打ち負かそうとしたり」するのです。「運命」や「死」が擬人化されて、「敵対者」として描かれる場合があるのです。ベートーヴェンは、聴力を失った時に、「運命の咽元をつかまえてやる」と言ったとされていますし、ベルイマン監督の有名な映画『The Seventh Seal』では、「死神」の姿をとって擬人化された「死」と「チェス」をする騎士の姿が描かれていました。もちろん、死神との「チェス」に負けることは「死」を意味するのです。「死」が「人生」という名の「ゲーム」における「敵対者」である場合、「生存」は、死との「闘争」になるのです。そこでは、まさに「生存競争」という名の命を張った闘争が展開していくのです。それは、「生き残る」ことを目的にした「ゲーム」であり、同じゲームの「プレイヤー」同士で「同盟し協力関係」を結んだり、「敵対関係」に陥ったりして、「生存」を賭けて争う、そんなバトルロワイヤル的な「アゴン」型の「ゲーム」なのです。確かに、「人生」をこのような「争い」や「戦い」という側面から捉えることもできるでしょう。

『一人息子』の中にあった、「人生」を「双六」のような「ゲーム」に喩えるメタファーは、目的地である「上がり」を目指すという点で「旅」のメタファーに似ていますが、「双六」に喩えることによって、アレア的な「運」の側面が強調されるわけです。面白いことに『一人息子』では、プレーしているゲームの「板面」そのものが、抜け出すことのできない「運命」として断固存在しているのです。従って、良助の人生は、既に「運命」とのアゴン的対決において敗北

しているわけです。それゆえ、「上がり」に辿り着いても何の賞与も期待できない、まさに「先の知れた人生」を良助は生きているのです。

さらに、重要なことは、子どもの遊びに見られるように、「ゲームを支配する規則」が無く「ゲームの目的である勝敗」とも無縁であるような、ただただ夢中になって「遊ぶことそのものを楽しむ」というだけの「ゲーム」があるということです。子どもは、飛んだり跳ねたり転げたり大声を上げてはしゃいだりといった行為にただただ熱中することがあります。つまり、これは「イリンクス」型の「ゲーム」から窺い知ることのできる「遊び」の一側面なのです。「人生」を「イリンクス」型の「ゲーム」に喩えるメタファーの持つ、この「遊戯のための遊戯」という側面は、大変重要で、私は、この側面を、第5章§6「遊ぶために遊ぶ」のセクションで再び取り上げ詳しく論じていくことにします。

「権力」という名の「ゲーム」

バスケットボールの試合の時、例えば、マイケル・ジョーダンのように優秀な選手がいて、パスはうまいし、優れた得点力も持っている、としましょう。けれども、ジョーダンが優秀なプレイヤーで、彼に得点されたくないから、という理由で、彼に足枷をはめたり、マフィアに頼んで脅迫したり、よってたかってぶん殴ったりすることはできません。むしろ、ジョーダンを徹底してマークして、彼にパスが渡らないように、ディフェンスを強化し、彼の可能的な動きを予測して、封じようとするでしょう。暴力と権力の違いをこんなところから説明できます。ジョーダンを殴ったり、脅迫したり、縛ったりするような「暴力」の場合は、彼を殺害したり、傷つけたりすることによって、彼からすべての可能性を奪い去ってしまうのです。けれども、「権力」は、ゲームのルールの許す範囲で、相手の持つ可能性を、脅威にならないように制限していくのです。「権力」はそんなわけで、「ゲーム」のルールを支配することに喩えることができるのです。

「権力」という名前の「ゲーム」を知ろうとする時、ニーチェの哲学が役に立ちます。「外からの評価によらないで、自分で自分を善し、と言い得る自己肯定感」をニーチェは「貴族的価値」と呼びました。ところが、「ルサンチマン」と

彼が呼ぶ感情が原因になって、価値の逆転が起きるのだ、というのです。「ルサンチマン」とは、「妬み、嫉み、恨み」の感情なのです。どうしてこんな「ルサンチマン」などと呼ばれる感情が出てきたのかと言いますと、それは、自分で自分のしていることを「善し」と、自己肯定できる力を持った、現実で成功している人たち、うまくやっている人たちを、現実で成功できない人々が、嫉妬し始めたということに起因しているのです。こうした「自己肯定感」を持てない人たちを、ニーチェは「弱者」と呼んでいます。「弱者は、強者と比較して、自分がどうなのか」を決めているわけです。「ルサンチマン」とは、そんなわけで、「他人と比べてみないと自分とは何なのか言うことのできない」ということに原因を持った感情なのです。「私は、私が善いと思っているからこれをしている、これをしていることの、それ以外の正当化は必要としない」といったような「自己肯定感」が持てずに、ついつい人と比較して、私はこの人と比べたらこうだ、と考えてしまう、としたら、そういう傾向のある人は「ルサンチマン」の感情に見舞われているわけです。こうして「ルサンチマン」を感じた「弱者」は、現実世界で「貴族的な人たち」と競争をしていく自信が無いため、密かに価値基準をひっくり返すことによって、恨みを晴らそうと考えたのです。つまり、ゲームの最中に自分の都合のよいようにゲームのルールを変えてしまった、というわけです。

　それでは、どのように「弱者」たちは、自分の都合のよいように「価値の逆転」を起こし、「ゲーム」のルールを変えてしまったのでしょうか。「貴族的価値」の倫理観ですと、「優れている、優良な」といった意味の「善い」に対立していたのは、「劣った、劣悪な、粗悪な」といった意味での「悪い（Schlecht）」でしたが、これが「邪悪な」という意味の「悪い（böse）」と対立する「善良な」という意味合いの「善い」に変わってしまったというのです。こうした「善い」という言葉の意味を密かに変えてしまって自分に都合のよいゲームのルールを築き上げていったのです。このルールの変換は、歴史的には、ユダヤ・キリスト教の出現によってもたらされたのです。ニーチェは、「貴族的価値観」に対して「僧侶的価値観」という言い方で表現しています。ニーチェは、『道徳の系譜』の中で、他者による評価などのように、自分の外側に置かれた評価基準に頼らなくとも、自分の生に充足感を感じ、十分に自己肯定的できることを

「貴族的価値評価」と呼び、「貴族的価値評価」によって生きていくことのできる「生まれのよい人々」について、このように述べています。「彼らは充ち足りた、有り余る力を持った、従って必然的に能動的な人間として、幸福から行動を分離するすべを知らなかった——彼らにあっては、活動しているということは必然的に幸福の一部なのだ」と。これに対比して、常に他者との比較によってしか自分を価値付けることができない評価方法を「僧侶的価値評価」と呼び、そうした評価方法でしか自分の存在を肯定できない「低級な者たち」にとって、「幸福は本質的に麻痺・昏迷・安静・平和・安息日・気伸ばし・大の字になることとして、手短に言えば、受動的なものとして現れる」と言っています。「貴族的価値観」では、「善い＝高貴な＝力のある＝美しい＝幸福な＝神に愛されている」でしたが、「僧侶的価値観」ですと「善い＝卑小な＝無力な＝醜い＝不幸な＝神に愛される」となり、その証拠に「病める者、貧しき者、惨めな者、弱い者」こそが、「幸いなる者」とされるのです。まさに、福音書にあるように、「貧しき者は幸いなり」という逆転が起きるのです。こうして、「僧侶的価値観」では、「貴族的価値観」の「弱さ」に当たるものが「善い」とされ、「強さ」に当たるものが「悪い」とされてしまうような価値観の転倒が起きてしまうのです。

　このように、「ゲーム」の最中に、ゲームのルールを変えてしまうことによって、自分に有利なゲームにしてしまう、ということが「権力ゲーム」なのです。アメリカ政府が主導している金融財政機関によって設計され、世銀やIMF、そしてWTOのような国際機関によって具体化されているので「ワシントン合意」などと呼ばれている、「新自由主義」のルールが、これまたアメリカ主導のグローバリゼーションによって、グローバルな「権力ゲーム」を展開しつつあります。日本が高度成長を遂げることができたのも保護貿易政策と国家主導の産業育成があったからなのです。けれども、ワシントン合意によれば、保護貿易政策も国家主導の産業育成も認められていません。ですから、このゲーム板の上では、有利な位置からゲームを開始したもののみがコマを進めていくことができ、不利な位置から始めたものは、一部の権力者を除いて、自己改善の機会をも奪われてしまい、ずっと同じ位置に留まらざるを得ないのです。さらに有利な立場からゲームを始めた国家内にも、福祉政策の縮減や企業のリストラ

にともない貧富の差が拡大し、貧困層は、ゲーム板上から排除されつつあるのです。

現代を支配しているゲームは、チョムスキーがいみじくも言っているように、「レースの結果、一着になった人は欲するものすべてを手にいれる。二着になったものは飢えて死ぬ」ようなゲームなのです。いつの間にか、「勝ち組み、負け組み」、「適者生存」などといった社会ダーウィニズムのような用語で、世の中について語るようになってしまった私たちは、この「新自由主義」と呼ばれるゲーム板の上で、実際に、貧富の差はどんどん広がっていくのを目撃しているのです。このゲーム板の上では、苦しんでいる人たちや弱い立場の人たちに手を差し伸べるのではなく、「そのようになったのは、お前の自己責任」などと平気でうそぶく始末なのです。「自己責任」と言い放ってしまった途端に「他人事」となってしまい、自分も実は孤立を余儀なくさせられてしまっているので、そこにはもはや連帯していく可能性すらなくなってしまうのです。ほんの一握りの一着になった人たち、つまり、一部の政治権力者や多国籍大企業のような裕福層が、自分たちが一着であり続けるのに都合のよいようなルールを意のままに決定できる、そんなゲーム板の上で私たちはゲームをすることを強いられており、そのゲーム板の上では、富の生産者の役割と消費者の役割しか与えられていません。生産者にも消費者にもなれない貧困層は、そもそもゲーム板に上がることさえできず、ゲーム板の外へ排除されたまま、そこで「飢えて死んでいく」のです。私たちの「人生」を支配している「ルール」は一体何なのか、それはどのような「権力」として、私たちの生き方を制限しているのか、そして変革は可能なのか、ということを絶えず反省し、必要なら行動を起こさなければならないでしょう。

§6 断片化した「人生」

これまで見てきたように、私たちは、「人生」を「旅」や「物語」に喩えることによって、あるいは「1年」や「1日」といったような「周期」に喩えることによって、または、「Tapestry（タペストリー）織物」や「ゲーム」に喩えることによって、「人生」を一貫した構造を持つものと理解しています。私たち

が見てきたように、メタファーによる対応関係は、「人生」に一貫した構造を読み取るための手助けになるのです。「人生」を「旅」や「物語」、あるいは、「1年」や「1日」あるいは、「Tapestry（タペストリー）織物」や「ゲーム」に喩えることで、私たちは、自分達の人生にも一貫性を求め、その一貫性ゆえにまとまりのあるような「人生」を生きようと願うのです。こうして考えてみますと、メタファーによって与えられる構造的一貫性は、「人生」にまとまりをもたらすという意味合いにおいて、重要な役割を担っていると考えることができます。そこで、もし私たちが、「人生」について、こうした一貫性を感じ取ることができなくなったとしたらどうだろうか、ということを考えてみましょう。「人生」が一貫した構造を欠き、まとまりを失ってしまったがゆえに、断片の集積に過ぎなくなってしまったとしたらどうでしょうか。

「一貫性」が「人生」から失われた時

　ここで、ケンブリッジ大学1年の時を境に、脳内にできた動脈瘤が破裂したことで、記憶を司る海馬に情報が伝わらなくなり、それ以降の記憶の形成力を失ってしまったというイギリス人、ジェレミー・カスさんの話が役に立つでしょう。不思議なことに、大学1年以前のことに関しては、記憶が残っているのですが、それ以降起きたことに関しては、彼はほんの数秒前のことすら思い出すことができなくなってしまったのです。つまり、新しい記憶の形成力を失ってしまったのですね。今まで一緒に目の前で話をしていた人が、一旦席を外して部屋を出てしまったら、その人が、再びドアを開けて入って来る時は、その人は、カスさんにとって、初対面の人になってしまうのです。調理をしながら、自分が何を調理しようと考えていたのかを忘れてしまうので、一々メモを残しておかねばならないほどなのです。彼の体験は、そんなわけで、まとまりを欠き、まさに断片となってしまったのです。そうした断片化した経験にまとまりを与えようと、彼は常にテープレコーダーを携帯し、自分の記憶の代理物として、音声の記録をレコーダーに残しているのです。彼の日課は、毎晩、レコーダーを聞き、それを基に、日記をつけることによって終わるのです。長期記憶の代わりに、日記を書き留めることが、彼の人生に一貫性を与える唯一の手段になってしまったのです。このようにして、彼は、何とか自分の断片化

した経験にまとまりを与えようとしているのです。このカスさんの例に見られるように、人は「人生」に何らかのまとまりを見いだしたいと思っているのです。

カミュの『異邦人』

このように、極端な場合を例として引き合いに出さなくとも、「断片化」ということがどのような効果を持つのかを、私たちは、例えば、小説の登場人物の「人生」に対する態度を検討することによって、知ろうとすることができます。

カミュの『異邦人』を例にとりましょう。カミュの『異邦人』を読むと、主人公のムルソー自身による、彼の生活の記述が大層断片化していることに驚かされます。例えば、その有名な冒頭部分を読んでみましょう：「きょうママンが死んだ。もしかすると、昨日かもしれないが、私には分からない。養老院から電報をもらった」。こうした断片化された記述は、『異邦人』のあらゆるところに見られます：「このとき看護婦が入って来た。夕暮れが、にわかに降りて来た。じかに夜が焼絵ガラスの窓に厚くかぶさった」(p. 12)。彼は万事この調子で自己の生活の場面場面に記述を与えていくのです。ビートルズの歌だったと思うのですが、「ベットを抜け出した、顔を洗った、歯を磨いた、髪をとかした、」といった調子の歌詞の歌がありますが、仮に、こうした断片的な記述を「ビートルズ調の記述」と呼ぶことにしましょう。『異邦人』の主人公、ムルソーも自分の生活をこのビートルズ調で記述していくのです。こうして、生活の一場面一場面を断片的に取り出してみる場合、私たちは「人生に意味があるのだろうか」という不安な気持ちに襲われます。こうして、断片化されて見られた一場面が、あまりにもどうでもいい退屈なことのように思えてくるからです。「今日も、ベットを抜けた、顔を洗った、明日も、また明後日もか！何という退屈で単調な繰り返しか！」というわけです。一度こうした断片化された記述に慣らされれば、私たちは人生行路において退屈かつ単調な繰り返しを余儀なくされているという感を抱くことでしょう。私たちはこうした思考法に慣らされる前に、待ったをかけておくことにしましょう。「ちょっと待てよ。それほど、断片的に私たちは人生を捉えているのだろうか？」と問いかけてみることにしましょう。ムルソーやビートルズ調の記述態度に一体何が欠けているの

でしょうか。この問いに答えるには、私たちが何ゆえ平常は「ベットを抜けた、顔を洗った、歯を磨いた、髪をといた」というようなことを異常に感じないのか、ということを考えてみたらいいでしょう。通常は「ベットを抜け、顔を洗い、歯を磨き、髪をとかす」といった諸々の行為が無意味で単調のように見えないのは、例えば「学校へ行く」というより大きな文脈から、それらの諸行為を包括して考え得る視点を私たちが持つからです。「学校へ行くために、あるいは、恋人に会うために、ベットを抜け、顔を洗い、歯を磨き、髪をとかす」のです。

かくして私たちは、平常は「〜のために」という目的の視点から物事を統括するゆえ、日常生活に自然な流れが生じ、決して断片化したものとして、「ベットを抜けたり、顔を洗ったり、などの諸々の行為」を捉えることをしないのだと言えるでしょう。ここでまたしても、「それならば、そうした諸々の目標を統括する"究極目標"の視点は可能なのか」という問題が出てくるのです。なぜならば、「何のために、学校へ行くのか」「何のために恋人に会うのか」とさらに問い続けることが可能だからです。一体こうした問いかけは無限に続く類のものなのでしょうか。この手の質問に出くわした時、私たちは「人生の線分」をその外部にまで飛び出して鳥瞰したいという衝動に駆られます。

アリストテレスの目的観

アリストテレスはこうした究極の目的を目指して突き進む問いかけは、無限な問いかけにはならないとしています。なぜならば「〜のために」という目的の連鎖は、人間の場合「なぜなら幸福になりたいから」という理由を挙げることによって打ち切ることができる、というのです。「何のために顔を洗うのか」「学校へ行くためだ」「何のために学校へ行くのか」「良き仕事を得るためだ」「何のために良き仕事を得たいのか」などという問いかけの連鎖は「幸福でありたいためだ」という理由を究極の理由として打ち切ることができるというわけです。

アリストテレスは、幸福は「それ自身のために良い」とすることによって、「何のために幸福でなきゃならないのか」という幸福そのものの根拠を問うことを無意味とするのです。アリストテレスは、人間界に起きる諸々の現象を記述

しながら、民衆の間でも識者の間でも「幸福が究極目的であることには変わりない」ということを事実として挙げ、にもかかわらず「幸福という概念が大変曖昧である」と嘆くのです。予め幸福を唯一究極的な目標であると見なすことによって、人生の意味の探求は比較的容易になると思われるかもしれません。けれども実際のところ、幸福を求めるということで、私たちは実際何を求めているのか知らないのです。幸福の概念自身がひどく曖昧で、それは私たちが好ましいと思うだろうもの、という以上に言えないのです。それは単なる「快楽」なのでしょうか。つまり何らかの「欲望の充足」なのでしょうか。それとも、何一つ不自由のない状態なのでしょうか。あるいは、どんな事象でもプラス思考で捉えるような気質のことをいうのでしょうか。エピクロスは、彼の意味している「幸福」に関して誤解のないように、快の量の限界を定め、快の量の限界を、ただ単に「苦しみがまったく除き去られていること」としました。彼は、肉体において苦しみが無い、何事にも煩わされない精神的な平静を「ataraxia（アタラクシア）」と呼び、それこそが「幸福」の境地であると考えたのです。また、「満足している豚よりも、不満足な人間である方がましだ」と書いたのは、ジョン・スチュアート・ミルですが、彼は、「幸福」ということを質的に区別し、人間に相応しい、もっと高尚な精神的なものを求めることをアドヴァイスしているわけです。こうして考えてみると、「幸福」という概念の曖昧さを分かっていただけると思います。

　私は、自分の学生たちに「幸福」のイメージを絵に描いてみなさい、という課題を出すことがありますが、その結果、まさに十人十色の「幸福観」を見ることができます。ある学生は「好きなものを食べて満腹している姿」を、またある学生は、「野原で昼寝をしている姿」を絵にしています。「彼氏に寄り添う自分の姿」あるいは「当たりの宝くじを振りかざして喜ぶ姿」などもあります。「キャリア・ウーマンとして世界狭しと、活躍する姿」や「水と空気があればいい」と解説をつけた宗教的な雰囲気の絵まで、本当にいろいろな幸福観が見られるのです。このように「幸福」という概念は「私たちが目指しているもの」であれば、ほとんどすべてに拡張可能な位に曖昧なのです。例えば、もし「幸福を求めろ」ということで、「あなたが欲しているものを達成せよ」ということを意味するだけだとしたら、欲求の対象がいくつもある場合、「幸福を求め

ろ」ということはどれを選択すべきかということは教えてくれないでしょう。それに、もし「幸福」というものが「すべての人が欲するもの」としか規定し得ないとしたら、「人々は幸福を欲する」ということで、「人々はすべての人々が欲するところのものを欲する」というような同語反復的なことしか言えなくなってしまうでしょう。こういうわけで、幸福を規定していくことは難しいのです。

　もう1つ、ここで重要な考え方は「究極目的」という考え方です。ここで究極目的ということの2つの重要な意味は、以下の通りです。

1) 究極目的は「人生の線分」の外部から、線分全体を正当化するように外部に立つことにより初めて与えられるような性質のものである。
2) 究極目的は、他の諸目的に依存せずそれ自身価値を持つものとされる。このように定義された場合、究極目的は線分の外部にあろうと内部にあろうと構わないことになる。なぜならば、究極目的は再帰的に自己を正当化するからだ。言い換えれば、手段が即、目的になる場合があるとしたら、それこそが究極目的だというのである。

　2) で述べた「手段が即、目的になる場合」こそが、「人生」を「遊び」に喩えるメタファーのエッセンスなのです。先ほど、「人生」を「ゲーム」に喩えるメタファーを紹介した際に、「子どもは、遊びのために遊ぶ」場合がある、ということを述べましたが、子どもが「遊ぶ」時、「何のために遊ぶのか」と考え、「遊ぶ」ための「目的」を「遊ぶ」という行為の外に特別に設定するようなことは決してしません。子ども達は「遊ぶために遊ぶ」のであって、このことは、まさに「手段が即、目的になる場合」です。つまり、「遊ぶ」ことがそのまま「遊ぶ」ことの目的なのですから、「遊ぶ」場合こそ、「手段即、目的」になっているわけです。これに関しては、前にも予告した通り、第5章において「遊び」ということを考察する時に述べることにしましょう。この時に、「遊び」との関連で、アリストテレスにとって「幸福」とはどういうことなのかを詳しくお話しするつもりです。ですから、2) の可能性については、ここではしばらく置いておくことにして、いよいよ次章において、「人生という線分」の外部に立

ち、人生をより大きな文脈から鳥瞰したい、という仕方で究極目的を考察するという、最初に提示した可能性を検討してみたい、と思います。

§7　以下の章への橋渡し

　以上、見てきましたように、私たちが「人生」をイメージしようとする時、「旅」のメタファーに頼ろうが、「物語」のメタファーに頼ろうが、いずれの場合も、「人生」を「起点と到達点を持った線分」という風に「道図式」に基づいて理解してしまっているのです。その時に、私たちは、生誕から死までの線分という風に受け取り、「死」を最終的な到着点であるかのように考えてしまうのです。こうして、「到着場所」が「目的」であり、「目的」は私たちの人生を有意味にしてくれるのであるのならば、「死」という「最終的な到着点」も私たちの人生に意味を付与してくれるようになっていなければおかしい、と誤って推論してしまうのです。「死」を「最終的な到達点」と考える見方を採ろうが、そうでなかろうが、私たちは人生を「線分」のイメージで考えています。そこで、私たちは、次章より、「人生の線分」という言い方をしますが、この表現が出てきた時は、読者の皆さんは、「道図式」のイメージに従って、「人生」について語っているのだ、ということを思い出していただきたいのです。

　けれども、これから詳しく検討していくように、このように「線分」に喩えられることによって、私たちは、この人生に喩えられた「線分」の外部に視点を持ちうる傍観者のごとく振る舞ってしまうのです。言い換えれば、この線分を引くことによって、「線分を引くという操作を行う第3者」の視点を仮想してしまいがちになってしまうのです。「死」を「最終的な到達点」と考える見方に加えて、こうした「線分を引くという操作を行う第3者」の視点を仮想してしまうがゆえに、出発点である「生誕」と目的地である「死」を含めた全線分に意味を与えることが、「人生の意味とは何か」という難問に解答を与えることだと思い込んでしまうことになるのだ、ということを念頭に置いていただいて、いよいよ次章より、本格的に、「人生」に関して論じられてきた諸説を検討していくことにしましょう。「旅」のメタファーも、「物語」のメタファーも、根底に時間が支配している以上、「道図式」に依存しているということが分

かったのですが、それでは、「道図式」によって考える時に生じる盲点、あるいは、錯覚がいかに「人生の意味」の探求を拘束しているのかを考察し、そうした考え方から抜け出す仕方を学ぶことにしましょう。次の章では、「人生の意味」を考える際に、古典とされている思想を調べてみることにしましょう。

第2章　古典より、人生についての考え方を探る

　前の章で、「人生」に関するイメージトレーニングをしましたが、その際に、「人生」を出発点と到達点を持つ「線分」に喩える見方を紹介しました。この「人生の線分」というイメージは、第2章を読み進めていく上で重要なイメージですので、常に念頭に置いていただきたいと思います。
　この章では、人生について考える人たちが、手引書として参考にしてきたトルストイとカミュの見解を扱います。それに加えて、「宗教的権威」の失墜の意味を考えてみるために、ワルター・ステイスの論考を扱うことにしましょう。なぜならば、「人生の意味」についての探求が始まると、それはしばしば、人生に意味が与えられるのであるのならば、何か神学的な計画のようなものがなければならないか、あるいは、宇宙のプロセスに、何か究極的な目的がなければならないか、いずれかである、という観点から、思索を始める人たちがいるからです。この第2章で、取り上げる3人の考え方は、今述べたような宗教的、あるいは形而上学的な観点から思索された「人生の意味」が、何らかの形で、射程に入っているのです。「人生の線分」の外にある、人知の及ばない何かに対して、トルストイは「信仰」を持ち出し、カミュは、「反抗」ということを勧めるのです。ステイスは、「人生の線分」を包摂するような大きなコンテキスト（文脈）へ目的を求める考え方が、科学の台頭とともに失われてしまったことを嘆くのです。従って、この3人の共通点は、「人生の線分」を包摂する大きなコンテキストに対して、何らかの態度決定がなければ、人生に意味を見いだすことは不可能だろう、という探求の方針なのです。

§1　レフ・トルストイの（Lev Tolstoy）見解

　『ざんげ』というトルストイの作品は、本の題名からはちょっと想像できませんが、人生の意味を探求するために書かれた人生論になっています。40代であまりにも有名な『戦争と平和』を書き上げたトルストイは、文豪としての自分の名声を十分自覚していました。この時期の彼は結婚したばかりの時期で、体力、精神力がともに充実しており、苦労しないでも増えていく財産があり、また揺るぎない名声がある、そんな幸福の絶頂期にいたわけです。

　にもかかわらず、1882年、54歳のトルストイは、『ざんげ』を著し、その中で、「私の行為は、それがいかなる行為であろうと、早晩、すべて忘れられてしまい、私というものが、完全に無くなってしまうのだ」と述べ、死後は、腐敗の悪臭と蛆虫のほかは何も残らない、ということを気に病み、「何のために？その先はどうなる？」という疑問が、彼の内面で、しょっちゅう同じ場所に落ちるインクのしずくのように滴り続け、真っ黒なしみになってしまっていることを告白しているのです。『ざんげ』における彼の告白を信じるのなら、彼の探求はまさに己の身を削るような深刻さを帯びた探求だったのです。トルストイは、『ざんげ』の中で、人生の無常を卓抜な比喩を駆使して説いた、仏陀の有名な説話を引用しています。

　猛獣に襲われた男が、井戸に飛び込むが、井戸の底には、1匹の竜が大きな口を開けて身構えているのが見える。猛獣の餌食は嫌だし、かといって井戸の底の竜にこのまま飲み込まれてしまうのも嫌なので、井戸のすきまからのぞいていた野生の潅木の枝にしがみつきぶら下がる。手がしだいに弱ってくるのを感じながらも枝にしがみついていると、黒と白の2匹のねずみが、彼のぶらさがっている枝を、回転しながら、少しずつかじっているのが見える。やがて潅木の枝は折れ、滅亡はまぬがれ得ないことを彼は悟る。にもかかわらず、潅木の葉に数滴の蜜がついているのを見つけた彼は、舌を伸ばしてその蜜を舐め始める。

トルストイは、この説話中の「男」を自分自身に重ねて考えているのです。けれどもトルストイの視点は、この説話の登場人物たる「男」の視点に重ねられているだけではなく、この説話の男の愚かさを理解している、一読者の視点にも重ねられているのです。なぜならば、この説話の男は「数滴の甘い蜜」の甘美さに暫しの間自分の過酷な運命を忘れることができるのですが、トルストイはそれが、運命の過酷さを忘れさせるには、あまりにも不十分な慰めに過ぎないことを理解しているからです。トルストイに与えられた名声も富みも家族を持つ幸せも、「潅木の葉についている数滴の蜜」に過ぎないもののように、彼は感じているわけですが、それは、トルストイの場合、説話の男とは違って、もはや甘美さすら感じさせないような、リアリティーを失った、色褪せたものになってしまっているのです。白いねずみと黒いねずみ、即ち、昼と夜、が木の枝をかじる音、即ち、残された人生の時を刻む音、に怯えながら、「何のために生きているのか」という疑問ゆえに、彼の生活は停止し、自殺の誘惑から我が身を振り解くために、首を吊るのに利用できるような縄や自分の生命を簡単に絶つことのできる道具である猟銃を身辺から遠ざけるなど、「自分自身に対して自殺させないための計略を用いなくてはならないような境地へ追い込まれてしまった」(p. 191) というのです。トルストイによれば、彼を絶望に追い込んだこの疑問に対して、人々が取り得る態度は、4通りあるのです。(1) この疑問に「まったく無知」である場合。これは、この問題の存在をまったく理解していない人々のことを言っています。(2)「数滴の甘い蜜」を求める快楽主義をとる場合。つまり、この問題を理解しながらも人生に酔うことを選んだ人々のことです。(3) 無意味である人生に終止符を打つために、自殺という道をとる場合。即ち、この問題を理解したがゆえに、命を絶つことを選んだ人々のことです。(4)「人生は無意味である」としながら、依然として生き続ける場合。これは、この問題を理解しつつも、絶望的に生きるにまかせてしまっている人々のことです。

　トルストイは、3番目の選択肢に心惹かれながらも、第4の選択肢に従っているかのように生き続けてしまっている自分を冷静に見つめています。第4の道に彼が依然として踏み留まる理由は、彼自身の言葉を引用すれば、「理性は生が実らせた果実である。しかもその理性が生そのものを拒否する。わたしは

そこになにかぴったりしないものを感じた」(p. 204) からなのです。言い換えれば、探求が理性的であればあるほど、理性は、人生に意義を見いだすことのできる何の証拠も与えてくれず、本当は連続的であるはずの生から、己を振り解き、死への道を選択させてしまうような自滅的方向へ己を導いていくというのです。そんな探求から、トルストイは何を得たのでしょうか。

　トルストイは、有限な「人生」を無限なものから説明しない限り、「人生」というものに意味を与えることは不可能であるという見解を表明しています。時間的に無限であると彼が想定している「世界＝宇宙」は、残念ながら、理性的推論の枠外であるため、その本質について私たちは確定的なことを言えないだけでなく、物理学などの自然科学が理性的に知り得る範囲では、人生について否定的な見解が帰結するのは当然であるというのです。このように理性の立場は有限であり、有限であるものに留まる限りにおいて、人生に対して否定的な見解しか帰結しないというのです。無限を持ち出すということは、非理性的ではあるのですが、有限であるものを意味づけるための、唯一の文脈になると彼は考えるのです。トルストイの観察によれば、実際民間の人々は信仰という形で、無限の立場から人生を捉えようとしている、というのです。こうして、信仰に生きる民衆においてこそ、前の段落で分類した4つの場合が当てはまらないような生き方を見いだすことができるのだ、とトルストイは結論しているのです。つまり、(1)「人生に意味があるのか」という疑問に「まったく無知」である場合、(2) 快楽主義をとる場合、(3) 自殺という道をとる場合、(4)「人生は無意味である」としながら、依然として生き続ける場合、という4つの立場は、合理的に理解しようとする人間の陥る罠であり、信仰という非合理的な知識にこそ救いがある、というのが、彼の下した結論なのです。どうしてそのような結論を導出できるのか、を見るために、以下、簡単にトルストイの議論をまとめてみましょう。

1) 人間は有意味に生きている限り、何ものかを信じている。
2) 信じることのできる対象は、有限なものか無限なものかいずれかである。
3) 有限なものは幻影に過ぎない。
4) 幻影に過ぎぬものは、信じることができない。なぜならば、有限なものは

滅びるからである。
5) 何かを信じられなければ、有意味に生きていくことはできないゆえ、有限なものにすがることは、有意味に生きていくことを止めることを意味する。

6) 従って、有意味に生きている人は、無限なものを信じていることになる。

　上記の議論によって、トルストイは、無限なものへの信仰という道を選ぶことを結論するのです。有限なものによって、有限なものを説明するのは、あたかも数学の恒等式を解くかのごとくである、と彼は考え、無限なもの、というコンテキストの中でこそ有限性が説明され得るのだ、と考えるのです。信仰は、確かに非合理的ではあるけれども、少なくとも、無限なものと有限なものの関係を語り出そうとしているという点で、優れている、とトルストイは考えています。無限なものの一部であるということに有限なものの持つ意味があるのだけれども、残念ながら、理性的な推論は、確かに有限なものを知るという目的に関しては有効なのですが、理性的な推論をもって、無限なるものを解明することは不可能なのです。こうした考えに基づいて、トルストイは、信仰という非合理的な知識に解決策を見いだそうとします。
　『ざんげ』には、トルストイの属する階級である貴族階級と民衆を対比させた議論が出てきますが、「信仰」という点でも、これら2つの階級において、異なる態度が観察できた、とトルストイは書いています。トルストイと同じ階級に属する神学者や修道院の長老たちは、彼らが熱心に弁じる教義が、彼らの生活に何ら反映していない、そんな生き方をしているので、彼らが熱心に語ればそれだけ、トルストイを失望させたのでした。彼自身の言葉を聞いてみましょう：「どんな議論をきかされても、わたしは彼らの信仰が真実なものだと思うことができなかった。わたしを得心させることができるのは、彼らが人生の意味をつかんでいて、わたしのあれほどおそれていたもの——貧困と病気と死——を少しもおそれていない、という事実を如実に示すような行為だけであった」(p. 211)。ところが、民衆における信仰は、それなくしては、彼らの生活を想像することができないほど、まさに必要条件であるかのように、彼らの生活に溶け込んでいたのです。民衆は静かな信念を持って、病苦や死を受け入れて

おり、信仰のみが、民衆の人生に意味と可能性を与えていることに驚いたトルストイは、学問や芸術でさえも体のよい独りよがりに過ぎなかったのではないのか、と自問するようになり、民衆とともに生きることを望み、自分の属する階級を捨てる決心をするのです。生きる力としての信仰が、民衆の中にあることを知ったトルストイは、1つの結論に辿り着きます。以下に、彼の議論をまとめてみましょう：

1) 有限なるものである人生を意味づけるには、無限であるものの文脈から、考えてはじめて意味づけが可能である。
2) 理性的推論は有限の立場においてのみ有効である（有限の立場において、理性的推論は、人生に対して否定的である）。
3) 非理性的立場である信仰のみが、無限であるものを暗示している。
4) 従って、理性的立場を捨て、信仰に委ねることが、人生の意味を求める唯一の道である。
5) けれども、意味づけが理性の為す術である限りにおいて、信仰の立場は意味づけそのものの放棄でもあるという逆説をはらむ。

6) 従って、無限の立場を信仰によって採るということは、「人生の意味」を意味づけることを放棄し、信仰によって生きるということである。

　私たちが病気や貧困のような苦しみを避け得ず、おまけに、もし死によってすべてが終わるならば、一体何のために、生きているのか、という問いがトルストイを悩ませた問いでした。トルストイは人生のはかなさというものを単純素朴な民衆が知っているというのに、彼らの間にはトルストイが抱いたような人生に対する懸念が見られないことに驚きを覚えるのです。民衆は、トルストイがそこに何も見いださなかった所の合理的な知識の代わりに非合理ではあるけれども、人生の意味を教えてくれる秘儀的な知識を、信仰を通じて持っているに違いない、そうトルストイは考えたのです。彼は、「信仰の知識は、人類全体やその理性と同じように、ある神秘的な根源から出ている。その根源こそ神である」（p. 218）と述べ、「信仰の知識」ということで、ある「神秘的、秘儀

的な事実」の存在を示唆しています。民衆は、信仰を通して、死も破壊することができないような、「神秘的、秘儀的な事実」によって生きているのだ、と彼は確信するのです。

　トルストイのような探求は、人生が何か大きな文脈の一部として理解され得るとしたら、人生は意味を持つことになるだろう、という前提に従っています。これだけですと、その大きな文脈を含むさらに大きな文脈はいかに、ということになってしまい、まさに、インドの昔話にあるように、大地は亀の背中に乗っかっている、そしてその亀はさらに大きな亀の背中に、そしてその亀はまたまたよりいっそう大きな亀の背中に乗っかっている、といったように、どこまでも無限に後退していくといったお話になってしまいます。トルストイは、有限な人生より大きな文脈を「無限」という言葉によって一言で表現しているのです。こうしてすべての有限を包み込み、それに対しては目的を与えるけれども、それ自身は目的を持たない何かとして「無限」が想像されることになります。トルストイのように、「昼夜の別なく、肉を削る思いで私は執拗に探し求めた」と『ざんげ』において告白しているほど、人生の意味を探求していた人物が、最終的な説明根拠を与える存在（即ち、神）を信仰の対象だとするだけで、果たして安心し得るのでしょうか。おそらく、トルストイは、これに対して、そこに安心を見いだしている民衆のような模範が存在していることを挙げることでしょう。けれども、トルストイ自身が観察しているように、民衆の信仰には迷信が混在しているのです。トルストイは、迷信が混在していることを悪いことである、とは言っていません。むしろ、貴族にとって気晴らしに過ぎぬような迷信も、民衆にとっては、迷信でさえも、生活と渾然一体となって、生活の必要条件のようになっていることに感銘を受けているのです。けれども、だとしたら、神、即ち無限への信仰ということを取り立てて言わなくとも、「人生」という線分の内側にあって、ただ単に迷信であろうが、「それ以上の正当化を必要としない」とする生き方によって、民衆は安心を得ている、と言えるのではないでしょうか。そうなると、わざわざ無限を持ち出すことに意味があるとは思えなくなってきます。

　こうしてトルストイの見解を紹介し終わってみて、気づかざるを得ないことは、私たちが「人生の意味」を問われると、私たちはどうも神秘的かつ秘儀的

な意味を追及してしまう傾向があるということです。そうした秘儀的な意味を知ることが、人生の意味を保証してくれるというわけです。けれども、「人生の意味とは何か」という問いは、それの解答となるある事実を求めているわけではないということに注目していただきたいのです。「意味のある人生を送る」ということは、何かある事実を知るということに存するのではなく、「いかに生きるか」ということにあります。言い換えれば、That（事実）を知ることではなく How（いかに）を知ることこそ重要なのです。そうであるならば、「神秘的、秘儀的な事実」を求めることは、「いかに生きるか」つまり How（いかに）を求めるという観点からして、不適切な探求ということになるのです。さらにトルストイは来世による幸福に対しては「一体何のために？」という問いかけをしていません。だが、来世における幸福には正当化がいらないというのなら、なぜこの世における幸福には正当化がいるのででしょうか。私たちはそのようにトルストイに問い尋ねてみたくなります。

　また、トルストイは、「神をもとめていきている」時だけ、本当に生きている、という実感を持っていたことを悟った、ということを告白しています。そこで、探求を続ける彼にとって、探求の結果として「神秘的、秘儀的な事実」を得ることができるかということは、実はどうでもよいことで、この探求の過程そのものが彼に充実感をもたらしたのではないのか、という別の見方ができるかもしれません。言い換えれば、「神秘的、秘儀的な事実」を得るという目的のために、探求という手段を経ている内に、手段であったはずの探求そのものが目的と化し、それが彼に充実感をもたらすようになったのだ、ということなのです。

　もしそうであるのならば、探求することからくる充実感を説明するために、無限というコンテキストはもはや不必要になるでしょう。つまり、こうして探求に浸っている時、彼は「一体何のために」という正当化から解放されて、まさに、これ以上の正当化を必要としない充実した生を生きていたのではないのでしょうか。この考え方は、とても重要です。私たちは、ラッチスの論考を手掛かりに思索を進めていく、第5章において、今この段落で述べたことを再検討することになるでしょう。読者の皆さんには、最終章におけるディジャヴを予告しておいて、ここは、先に進みましょう。

さて、最後に、トルストイは、そもそも自分の探求の過ちは、「人生は無意味だ」ということは、実は自分の人生にのみ当てはまることだったにもかかわらず、その結論を人生一般に及ぼしてしまったことにある、と言っています。人類の人生一般ということを考えねばならない、として、彼は前述した議論を展開していたのでした。こうしたトルストイの観点を批判して、私たちは「人生の目的」が、トルストイの与えてくれる人生のイメージに見られるように、単一なものとして一般化され得るものなのだろうか、と問いかけることができるでしょう。トルストイのような観点を採用したとたんに、「人生の意味は何か」という問いが「人間一般は何のために存在しているのか」という問いにすり替えられてしまっていないでしょうか。こうした疑問を問いかけの形で残してトルストイの見解の紹介をひとまず終えることにします。

§2 アルベルト・カミュ（Albert Camus）の見解

『シーシュポスの神話』によれば、カミュにとって、「人生が生きるに値するか否かを判断すること」こそが、哲学の根本問題であり、その他の哲学的問題は、知的遊戯に等しいものとされ、退けられています。こうした根本問題であるからこそ、この根本問題の検討の結果を受けて、人はそれを行動に移すことができるのだ、と彼は言っています。つまり、それが差し迫った問題だからこそ、人はその問題への答えを受けて行動をすることになるのだ、と彼は考えているのです。こうしてカミュは「もし人生が生きるに値しないならば、そのことが私たちが自殺をする正当な理由になる」という前提から出発します。そうした上で「人生に意味がない」ならば、そのことが果たして、必然的に「人生は生きるに値しない」ということを暗示するかどうか、という問題をカミュは考察していくのです。

私たちが「人生に意味がない」と感じる主要な理由は、「私たちが人生を不条理である」と感じるということにあるのだ、とカミュは主張します。不条理感は感情である限りにおいて、大変不確定で曖昧なものです。そこでカミュは不条理感というものを明確にしてみようと試みるのです。

「不条理」と訳した言葉は、「absurde」ですが、これには、「荒唐無稽な、矛

盾した」というような意味合いがあります。私たちは、ある人の企てとその人を待ち受ける現実との間の不均衡を感じた時に、それを評して「absurde」とコメントするのだ、とカミュは言っています。鎧兜に身を堅め、大刀を振りかざして、こちらに向けて放物線を描いて飛んでくる核ミサイルを落とそうと、核ミサイルに単身、突っ込もうとしている男は、まさに「absurde」なわけです。「不条理」を語る時、人間の企てとそれを待ち受ける非情な現実の間の不均衡という2つの項があるわけですが、これら比較される両項間のずれが大きければ大きいほど、私たちは、そこに「不条理」を見いだすのです。

　人間は意味や価値による統一性、あるいは一貫性を、彼らの人生に付与してくれるような世界あるいは宇宙に住むことを期待し、欲してきたし、それは現在も変わっていないとカミュは言っています。形而上学や宗教の諸説によって、理想像となる宇宙観は異なるけれども、人間のこうした期待や欲求をそれら諸説が反映していることには変わりがない、としているのです。けれどもカミュは、そうした期待や欲求に適うような、世界そのものが持つ普遍的な意味合いというようなものの証拠などどこにも見いだせないと結論しています。人間は解釈し意味を与える動物として、宇宙に意味を付与しますが、人間が宇宙に押しつけた、「理想的な意味」が、何らかの原因で剥ぎ取られてしまう時、意味が削げ落とされた剥き出しの世界の中で人間は自分自身をまったくの異邦人であると感じるのです。ちょうどサルトルの『嘔吐』の主人公が、意味が剥がれ落ちた剥き出しの存在を前にして、嘔吐感を覚えたようにです。カミュは、このように書いています：「たとえ理由づけがまちがっていようと、とにかく説明できる世界は、親しみやすい世界だ。だが反対に、幻と光を突然奪われた宇宙のなかで、人間は自分を異邦人と感じる」（p. 14）人間は、結局、「ただ、みずから前もってそこに置いておいた形態と図柄だけを理解してきたにすぎない」（p. 26）のです。

　かくして、人間は、彼らが宇宙の中に求め、欲している理想と、理想の探求とは無縁だとばかり沈黙を続ける宇宙の間の著しい対照に不条理感を覚えるのだ、というわけです。「人間的な呼びかけと世界の不当な沈黙とが対置される、そこから不条理が生まれるのだ」。（p. 44）明証性を求める理性的な探求は、こうして、その探求の限界に突き当たり、宇宙は人間の理性を超えて存在してい

る、ということに気づかされることになるのです。そしてこの不条理こそが、あらゆる人間的な努力にもかかわらず、「沈黙する宇宙」という形で世界がそこにあるということ教えてくれる、私たちに与えられた唯一の「所与」なのだ、と彼は言うのです。それが唯一の「所与」であるのならば、不条理こそが、明証的事実なのだ、とカミュは言っているのです。だとしたら、こうした不条理的な状況の中でどのように生きればいいのか、ということが問題になるわけです。

　カミュによれば、私たちが人生を不条理である、と感じる1つの要因は、私たちが意識を持ち、思考する習慣を得る以前に、私たちが既に生きる習慣を身につけていることにあるからなのです。まさにこの事実によって意識が、世界の中心であって、すべてを意味づけることによって支配し、リードしてきているわけではないという感覚が出現するのです。ここに意識としての人間と彼の人生、即ち、俳優と舞台設定の乖離をカミュは見て取るのです。実際、遅れてやってきた意識は、世界に私たち自身の発案によるイメージやプランを押し付けて、意識の考案した鋳型に世界を流し込むことによって、人間と人生の間に生じた溝を埋めようとしてきました。ところが、先ほど強調したように、世界は世界に押しつけられてきたそうした身勝手な幻想からすり抜けてしまうのです。押しつけられた幻想を脱ぎ捨て裸になった世界の中で、人間は自己が世界から疎外されているように感じるのだ、というのです。

　けれども、その疎外感を克服しようとして、人間が世界と一つになりたいという欲求をもって、いろいろ努力した挙句、「世界と一つになった」と宣言した瞬間がたとえ可能だったとしても、「世界と一つである」ことを宣言するために、一段高い視点が可能な位置に身を置かねばならないというまさにその理由で、人間は世界と決して一つに結ばれないという感覚を持つのです。人間の一方的かつ虚しい努力を前に、世界の方はまったくこうしたことに無関心なのです。私たちは既にこうしてこの世界に生きているのであって、人間が意識的に人生を絶対的に意味づけようと企て、人生の線分自体を超越をしたい欲求を持ったとしても「既にこうして生きている人生」を超えるような視点は持ち合わせていない上、人生の線分を超越したいという欲求そのものが、既に人間と世界との不一致を証明している、というのです。カミュはこうした事態を、「不

条理は、意味を求める人間の欲求と不可解なまでの宇宙の沈黙との間の葛藤」によって生じると表現しているのです。先に私たちは、「不条理」を語る時、人間の企てとそれを待ち受ける非情な現実の間の不均衡という2つの項がある、ということを確認しましたが、「意味を求める人間的企て」と「宇宙の沈黙」という2つの項が、「不条理」を生み出しているのです。

　カミュの結論はこうです。人間は、「不条理」こそが自明的事実なのだから、自分が置かれているこうした不条理な状況を自覚し、それこそが自分の運命であると捉えるという形で、対決するように生きることが、自殺という結論より重要であるとカミュは言うのです。自殺は、「不条理」を生み出す一方の項である「人間」を抹消してしまうゆえ、「不条理」との対決を放棄し、「不条理」から逃避してしまうことになる、とカミュは言っています。こうした状況から目を逸らさず、己の運命に転化しつつ生きようと欲することが、かえって人間特有の高貴さをもたらし、それが人生を生きるに値するものとするのです。

　カミュの言う「反抗」は、不条理的状況と対決することを意味するのですが、そうすることによって、不条理は決して消えはしないのです。むしろ反抗によって、不条理は一段と際立たされてくるのですが、かえって、不条理的状況を際立たせて、常に「不条理」という自明性を意識し、自己の運命と化すようにまでさせるのだ、とカミュは言うのです。不条理な状況、つまり、「沈黙する宇宙」という、探求の限界を悟らざるを得ないという状況の中に立たされた人間が、自分の人生全体を外から意味づけてくれるような、高次のコンテキストの不在を悟り、そのような高次のコンテキストから与えられるだろう意味の不在にもかかわらず、自分に与えられた時間を生き抜くことを決意するということ、これこそ「反抗」ということなのです。ですから、自分の力をはるかに超える不条理という現実との格闘を自己の運命に変換していくことこそ、「不条理」に挑むということになり、この「挑む」という姿勢の中にこそ、生きるに値する人生を見いだすだろう、というのです。人間は、この「挑む」ということを通して、己の身体と出会い、身体に基づかねば生きていかれないことを知るでしょう。不条理的状況の中で、まさに「反抗」を通して身体の享受する生があれば、人生は生きるに値するものになるのです。従って、不条理な人生に意味はないが、そのことに反抗することによって、不条理という運命を背負

うことで、人生が生きるに値しないという命題の方は否定され得るという逆説的な結論をカミュは下したのでした。

　この結論を、カミュは、ギリシア神話の「シーシュポスの神話」に託して語るのです。シーシュポスは人間の中でも最も聡明な男でしたが、ギリシア神話の主神であるゼウスに反逆した罪で、地獄に落とされ、そこで、休みなく山頂に向けて巨大な岩を転がしていかねばならない、という刑罰を受けるのです。ひと度山頂に達すると、不思議な力が働いて、岩は山の麓に向けて、再び転がり落ちてしまうので、彼の労働は永遠に続いていくのです。カミュは、こうして転がり去った岩を求めて、麓に歩を進めるシーシュポスに関心を示すのです。彼が山頂を離れ、少しずつ降っていく時、「どの瞬間おいても、かれは自分の運命よりたち勝っている」（p. 170）とカミュは書いているのです。シーシュポスは、途中立ち止まって、労働の継続を嫌がったり、運命を呪ったり、無意味さに耐え切れなくなって泣き言を言ったりは、決してしないのです。むしろ、「俺はこうすることを自分で自由に選ぶのだ」と言わんばかりに、自分の意志によって麓まで歩を進めていくのです。麓まで歩を進めるシーシュポスは、自分の意志で行為しているゆえ、自由なのです。それは、自分に課せられた刑罰を、自分の運命に変えようとする、シーシュポスの意志が輝く瞬間なのであり、まさに、カミュが結論したように、不条理な状況を自覚し、それに反抗するように生きようとシーシュポスが自由に決断した瞬間なのです。

　理性的な論証力をもってしても、人間は、「宇宙の沈黙」に突き当たり、自分の限界を知るに至るのです。「意味を求める人間的企て」は、「宇宙の沈黙」に突き当たり、謂わば、これ以上、究極の意味づけを求めて上訴できる場所を持たないということを悟るのです。その時に、あなたは、「お前の生は、今、ここにお前に与えられているお前の人生という束の間の期間をおいては他にないのだ」と言い得る勇気を持つでしょうか。シーシュポスのように、自分の置かれた状況を自分の運命にし、大岩が何度転がり落ちようが、その都度、そうした運命に挑み、己の権利を回復しようとするかのごとく、新たに麓へ降りていくことができるでしょうか。

　カミュは、宇宙に与えられた高次の意味が無いということから、「私の人生は生きるに値しない」ということが導き出せるわけではない、ということを示

しています。私たちのこの現実世界を含む宇宙が、巨大な「チェス」のようなボードゲームであるという風に考えてみましょう。神学的な見方は、神の計画に従って、私たち、一人ひとりが歩むボードのマス目を含む宇宙の運行全体が、一定のパターンとして決められている、というもので、この一定のパターンに従うのならば、「良い人生」である、とされるのです。虚無主義者の見方は、こうです。

1) もし神学的に決定された一定のパターンが無いのであるのならば、人生は目的を失い、生きるに値しないゆえ、そもそもこのボードゲームでプレーする理由が無い。
2) 私たちは、神学的に決定された一定のパターンを見いだすことができない。

3) 従って、人生は目的を失い、生きるに値しないゆえ、そもそもこのボードゲームでプレーする理由が無い。

　このような議論の形にしてみますと、神学的解釈も虚無主義も同じコインの裏表であるということが分かります。どちらも、「人生」を考える際に、「人生の線分」全体に意味があるかないか、という評価基準を採用する論説であるという点では違いがないからです。
　この論法に見られる、神学的解決か、あるいは虚無主義か、という極端な二者択一は、『カラマーゾフの兄弟』のアリョーシャとイワンのようなドストエフスキーの小説の人物が体現して見せてくれる、二者択一なのです——人間の生存は虚妄か、あるいは永遠か、どちらかだ、という論理に従って、例えば、『悪霊』のキリーロフは、神の不在を確信して「論理的自殺」を遂げるのです。カミュは、神学的な見方とも虚無主義者の見方とも異なる第三の見方の可能性を示しています。カミュは、神学的に決定された一定のパターンが存在しないのであるのならば、このことは確かに、人間から、神学的見方をする人たちが欲するような指針や目的を奪うことになるかもしれないけれども、このことは逆に言えば、私たち自身が自由に自分たちの生きるパターンを創造できるということを意味するのだ、としているのです。こうした生き方の可能性を、カ

ミュは、一言で「反抗」と呼んでいるのです。

このカミュの結論は、文学的な脚色を取り払えば、次の章で、紹介するネーゲルの下した結論に通じるものがあります。ネーゲルの結論を先取りして、紹介しておきましょう。人生全体を捉え得るような大きなコンテキストからは無意味だということを認めてしまっても、人生の内側にコンテキストを限るのであるのならば、十分な正当化を見いだすことが可能だ、とネーゲルは結論しています。「宇宙」という大きなコンテキストが沈黙していても、人生の内側にコンテキストを限ることができるわけで、カミュは、それを「反抗」という風に呼んでいると解釈できるでしょう。言い換えれば、「人生の線分」全体に意味が無いとされる時でも、人は、生きがいを感じて生きることが可能なのだ、ということなのです。このカミュの見解は、今後考察を進めていく上で、重要な結論です。なぜならば、「人生の線分」全体を外から意味づけようとする、大がかりな神学的企てに参与せずとも、「人生の線分」の内側において意味を見いだすことの可能性を示唆してくれているからです。さて、最後に一言。ネーゲルの結論をついでにお話ししましたが、ネーゲルがどのようにしてこの結論に辿り着いたのか、という過程が大切ですので、ここで彼の結論を紹介したからといって、飛ばし読みをされないことを望みます。

§3 ワルター・ステイス（Walter Stace）の見解

ワルター・ステイスは、プリンストン大学で教鞭をとっていた人で、『正義論』で有名なジョン・ロールズの先生に当たる哲学者です。彼は、"Man against Darkness（闇に対する人間）"という論文を残しています。この論文の中で、彼は、まず宗教的権威の失墜が何をもたらしたかということについて考察していきます。宗教的権威に代わって科学が台頭していくわけですが、一体、科学の台頭とともに何が起こったのでしょうか。科学の台頭とともに中世以前の世界観の持っていた「目的因」の特権的役割が完全に不要になってしまったと、ステイスは言うのです。科学は「目的因」に代わって「運動因」、即ち、今日私たちが、ただ単に「原因」と呼び慣わしているものが、支配的になってしまったのです。それとともに、世界観の大幅な変化が起きたのです。アリ

ストテレスは、「形相因」「質料因」「運動因」「目的因」の４つの原因で事物の分析を進めました。「形相因」は、或る物事が何であるか、という問いの答えに相当します。「質料因」は、ある物事が何でできているか、という問いの答えに、「運動因」はある物事がどうして運動を始め、運動し続けているのか、という問いの答えに、「目的因」は、なぜ、一体いかなる目的である物事があるのか、という問いの答えに、それぞれ相当するのです。例えば、「家」の形相因は、設計者、及び建築者が心に描く、その家の完成図です。要するに家の「形」に当たるものですし、アリストテレスにおいては、それが「本質」であると考えられていました。家の質料因は使用される「建築材料」です。即ち、木材とかコンクリートなどがそうです。言い換えれば、家の「形相」即ち「本質」に実質を与える物質的材料のことなのです。運動因に当たるものは、家の場合、大工でしょう。材料を実際に動かして、本質である家の形態を実現するものが、運動因に当たるからです。そして「目的因」は実際に完成した家ですが、それは「形相」即ち「本質」と一致する場合が多いとアリストテレスは言っています。「形相」かつ「目的」である「本質」を目指して事物は存在する、という世界観はこうして西欧的思考法を支配していくことになるのです。

　ところが、ステイスも言うように、科学は、自然界の様々な現象のプリディクション（予知）とそれを通した自然の完全なコントロール（支配）を探求するのです。そうした探求にとって「何が自然現象を起こすのか」という問いが中心を占めるようになっていくのです。日食を予知するのに、「日食は何を目的にして起きるのか」ではなく、「何が日食を引き起こすか」の方が重要な問いになってくるのです。科学の台頭以前は人間を含めた自然界のすべてのものが「目的」を持っており、そうした「諸目的」を設定した「最高存在」即ち「神」がいる、と考えられていました。科学の台頭とともに否定されたのは、「最高存在者」ではなく、「目的」を中心にした世界観なのです。中世までは、人間存在のために自然があるように「最高存在者」から配慮されていると信じられていたため、人間が目標の系列の中心に存在していました。世界にあるあらゆるものは、人間の目的に適うように配慮されている、という風に考えたのでした。水は飲むために、動植物は空腹を満たすために、花々は鑑賞のために、病気でさえ悪を懲らし、純粋な人々を諸悪から救うために存在していると信じられて

きたのです。こうした世界観は「目的因」が不要となるとともに威力を失ってしまいました。実際に、科学にとっては、諸事象のすべては「運動因」即ち、私たちの言うところの原因によって引き起こされるのです。アリストテレスの分析に登場していた他の3つの原因は、科学的考え方にはまったく不要とされてしまったのです。それとともに、「中世までの世界観に人間中心的といっていい程、完璧に組み込まれていた人間のなすべき目的」、即ち、目的とすべき「人間の本質」という考え方が保持できなくなっていくのです。すべてが因果関係で説明されるようになると、決定論が支配的となり、世界を統括するような目的など存在しないということになるからです。人間も自然の一部である以上、目的などない世界の中で、因果関係に翻弄されて生きているということになるのです。こうして科学的思考法の新しいモデルが拡張されていくにつれて、人々は「人間一般の目的」を喪失し、人生に意義を感じられなくなっていくのです。目的因の欠落がもたらした影響はステイスによると、今述べた通りなのです。

§4　結び

　ステイスは科学の台頭に伴う宗教的権威の失墜によって、目的因という概念が人生に統制を与える機能を停止してしまったとし、トルストイは科学が権威を持つのはせいぜい有限な「人生の線分」の内部のことであり、人生は科学の及ばぬ「人生の線分」の外部からの視点を啓示から得て初めて説明され得る、としています。トルストイは「人生の線分」の外部への道を宗教に求めようとし、ステイスは宗教的権威の失墜によって外部への道が閉ざされたことを嘆くのです。けれども、人生の意味を見いだそうとする時、果たして外部への道が唯一の道なのでしょうか。カミュでは、究極の目的因を与えるべき外部の沈黙ということが、私たちの不条理感の原因とされていますので、外部への道とは違う何かが探求され始めています。

　人生に意味が与えられるのであるのならば、何か神学的な計画のようなものがなければならないか、あるいは、宇宙のプロセスに、何か究極的な目的がなければならないか、いずれかである、という観点をとる人たちが、ここで仮に、

そうした神学的計画や宇宙の究極的な目的を知ることができた、としましょう。そのような人たちは、そのような大がかりな計画を知ることによって、個人の存在している意味を正当化しようとしているわけです。けれども、そうした神学的計画や宇宙の究極的な目的が、事実として明るみに出ることによって、そうした観点から、宇宙にある物事がいかにあるのかは説明されはするでしょうけれども、私たちは、そうした説明によって、別に何か自分自身の存在を正当化したことになるわけではありません。神学的計画や宇宙の究極的な目的を知ることによって分かることは、結局、物事がいかにあるか、という事実に関する知識であって、それによってその存在が正当化されるわけではないのです。個人の存在している意味を正当化しようとする時に、神学的計画や宇宙の究極的な目的に従って、物事が動いていくという目的論的な説明方式は、機械論的な説明方式と何ら違いがありません。神学的計画や宇宙の究極的な目的に従ってこれこれしかじかの物事が起きねばならぬゆえに起きた、という物事のあり方を記述したり説明したりすること以上のことをしてくれないからです。神学的計画や宇宙の究極的な目的を知ることができたとしても、その目的は、当然のことですが、人生の線分の外にある目的であって、内部に自分が設定したわけではないので、たとえ究極的な目的と言えども、そのような目的にわざわざ合わせて生きることは、恣意的に設定された目的に合わせて生きることと何ら違いがないことになるでしょう。

　例えば、銀河系宇宙が、その中心に存在するブラックホールに飲み込まれ消滅する、というようなことが、神学的計画であると、分かったとしましょう。宇宙の消滅が究極的な目的であるからと言って、あなたも、自殺という手段によって消滅を選ぶ、としても、そこにはやはり「あなたの選択」という要素が入ってくるわけです。つまり、「人生の線分」の内部で、あなたはやはり選択をすることになるわけです。つまり、実存主義が流行っていた頃、サルトルが繰り返し言っていたように、どのように生きるべきか、ということは、最終的には、あなた自身の選択にかかっているのです。

　これと関連して、宗教改革の後、カルヴァン主義に人気が集まった理由は、「線分の外」の目的に到達できるかどうか、ということを「線分の内」の目的をより良く実現できるかどうかによって先取りしていくことが可能である、と考

えたからなのです。周知のように、アメリカへの移民は、主にカルヴァン主義者たちだったのです。当時の人たちの関心は、神の恩寵を受け、つまり神に愛され、天国に行けるかどうか、ということでした。地獄で火あぶりになることは、深刻な心配事でした。神に愛されていることを何らかの形で知りたい、と思っている人たちにとって、カルヴァンの教えはまさに救いでした。なぜならば、それは、世俗的な成功は、神の恩寵の徴である、という教えだったからです。つまり、「神の恩寵を得る」という「人生の線分」の外部の目的に近づいているかどうかを知るために、「人生の線分」の内部の蓄財という目的への達成度をもって、推測した、というわけです。富めば富むほど、神から愛されているということが確かなものになっていくという信仰はこうして広まっていったのです。このようにアメリカでは、蓄財そのものが目的になっていくのです。けれども、この考え方の難点は、神の愛の証として蓄財していくことと私利私欲で蓄財していくことの区別はつけようがない、ということなのです。実際に蓄財している本人も、私利私欲で蓄財していても、成功することが神の愛の証である限り、当人も私利私欲を正当化できるわけです。もっとも、カルヴァンのこの考えは、論証できる類のことではありませんので、結局、信じるか信じないか、ということになってしまうわけですが。たとえ、カルヴァン主義を信じたとしても、それが私利私欲と区別され得ない限り、結局、私利私欲というあからさまな欲望のために、「神の計画」という名の良心のための保証が与えられているというだけのことで、結局、「人生の線分」の内部の目的によって、人生に意味を見いだしているということなるのです。

　「人生の意味」を問うことによって、私たちは、物事のあり方を記述したり説明したりしたいわけではありません。そうではなく、私という個人の存在している意味を正当化しようと考えているのです。このように考えてみますと、神学的計画や宇宙の究極的な目的を探求したとしても、それは結局、物事がいかにあるのか、ということの記述や説明の役にしか立たない、ということになってしまい、「人生の意味の探求」ということで記述や説明以上のことを欲している人たちにとっては、物足りない結果に終わってしまうのだ、ということなのです。トルストイは、「人生の線分」の内部に、意味を求める探求の際も、科学の与える事実に関する説明に気をとられていました。結局、「人生の意味」とい

う大問題に科学が解答を与えてくれない、ということは、今述べてきた理由と同じで、トルストイが考えたように科学が有限なものにしか有効ではない、という理由からではなく、科学は人間を含む物事がいかにあるのか、という事実を記述したり、説明したり、ということ以上のことはしない、という理由から、事実が記述されたり、説明されたりしたとしても、それは、「いかに生きるべきか」ということを知りたいと思っている私たちには、不十分だと感じられるからなのです。

後の章への橋渡し：スター・トレックのエピソードから考える

けれども、宇宙に終末があることを科学が証明することで、自分たちを縛っている社会秩序は虚構だ、として、人々が、そんな社会秩序に縛られることなく、やりたい放題のことをやって死にたい、と考える、という場合はどうでしょうか。アメリカで大人気のSF、スター・トレックのシリーズの1つ、ヴォイジャーのエピソードの1つが、こうした問題を考える材料を提供してくれています。

宇宙船、ヴォイジャーは、あるMクラスの惑星に着陸した際に、触れたものの遺伝子をコピーしてしまうという流動生命体と接触しました。ヴォイジャーは、その後、地球を目指し、再び旅立ちます。けれども、ヴォイジャーの乗組員と接触のあった流動生命体は、乗組員達の遺伝情報だけではなく、乗組員の持っている記憶まで忠実にコピーしてしまい、自分達がコピーであることを気がつかないまま、コピーされた、ヴォイジャーと瓜二つの宇宙船にて、地球目指して旅立つのでした。その内、分子構造に異変が現れ、原因を探る内に、自分たちは、単なるコピーであり、自分たちの故郷は本当は地球ではなく、あのMクラスの惑星であることが判明します。それでもオリジナルと同じ意志と記憶を持つ艦長は、進路を地球に向けるのです。分子構造の悪化は、船体だけではなく、コピーたちの肉体にも現れ、乗組員たちは、1人また1人と死を迎ます。自分たちの本当の姿を見つめることで、艦長も、ようやく、船首を故郷に向けることに同意し、自分自身も分子構造の劣化によって死んでしまうのです。残された乗組員は、故郷のMクラスの惑星を目指しますが、船体の劣化がひどく、もはや故郷には辿り着けないことが分かるのです。オリジナルの

乗組員同様、一縷の望みに賭けて、強い意志を持って、全力を尽くす乗組員たち。最後の望みは１つ。オリジナルのヴォイジャーと接触し、自分たちの生き様を記憶してもらうことでした。それは、自分たちが何者だったのかを記憶して欲しいという願いなのです。幸いなことに、長距離センサーが、本物のヴォイジャーの姿をキャッチします。ヴォイジャーに接触するための必死の努力が続けられます。一方、本物のヴォイジャーも、船跡をキャッチし、現場に急行するのですが、時既に遅しで、コピーのヴォイジャーは、宇宙の塵と化していたのでした。本物のヴォイジャーは、救難信号があったことと救難信号のあった場所には、宇宙船の残骸と判定するにはあまりにも異質な成分の分子構造をしていたことを記録し、再び、進路を地球に設定します。こうして、コピーの航路も記録も、誰にも知らされず、永遠の闇に閉ざされてしまうことになったのでした。

　どうでしょうか。あなたの存在が、このエピソードのコピーたちのように、ただ単に、永遠の闇に閉ざされるだけである、と定められているとしたら、あなたは生き方を変えるでしょうか。

1）それでも、現在の社会構造の中で与えられているあなたの「役割」に固執し、その「役割」から来る責任を果たすことで、そこに意味を見いだそうとする。

　この選択肢は、コピーのヴォイジャーの艦長が選んだ選択肢です。第３章は、こちらの選択肢を肯定できる人のための章と言ってもいいでしょう。

2）現在の社会構造の中で与えられている「役割」や「目的」、「価値」などに縛られず、欲望を解放し、欲望にまかせ思う存分好き勝手なことを始める。

　このようにできるのは、現在の社会構造から与えられている「役割」や「目的」、「価値」などが虚構であることをあなたが分かっているからでしょう。先ほどの、ヴォイジャーのエピソードの中でも、ある乗組員が、コピーである自分にとって、本物の乗組員たちが従っている宇宙艦隊の規則や役割などにそもそも意味がないのだ、と言って、艦長に論戦を仕掛ける場面がありました。現代社会の構造が虚構である、という観点があり得るのなら、２番目の選択肢に

ついて考えなければなりません。この問題は、第5章、及び第6章において、①確かに、現代社会の構造が虚構である、という観点がある（第6章「社会という虚構からの突破口を示す「死」への思索」）、②けれども社会の虚構性が暴かれたからといって、欲望の解放という解決策は安易過ぎる。なぜならば、欲望も社会の虚構性の産物に過ぎない（第5章「コンシューマーズ・ファラシー」）から、といった論点から、論じ直すことにしましょう。第6章の「社会という虚構からの突破口を示す「死」への思索」の節で、社会が虚構だとしたら、そんな虚構の社会の中で「目的」や「価値」、「意味」を見いだすこと自体が、無意味で馬鹿馬鹿しいと感じる人たちに対して、1つの答えを提示します。

第3章　言語分析の手法から学ぶ

　これから見ていく諸見解においては、「人生の線分」の内部に人生の意味を求める道が模索され始めるのです。そしてその方法は徹底した言語分析の手法によっているのです。人生の意味を求める問いは、概念として、曖昧であったり、混乱したりしている、と言語分析の手法を採る哲学者は言うのです。それは、論理的な観点から見れば、一貫性があって解答可能な問いとそのどちらでもないような問いの混合物のようになってしまっているのだ、と言うのです。例えば、トルストイがそうであったように、私たちは「人生の意味とは何か？」という問いを前にして、何か「秘儀的で深遠な意味」を求めようとしてしまいます。こうなりますと、それは「秘儀的で深遠な意味」だから、苦行にも比した努力がいるけれども、それでも何か発見できるようなものである、と考えてしまうことになります。こうした探求の方向は、解答不可能な問いへと人を誘うことになるのです。けれども、例えば、ノストラダムスの予言のような、これから起きるだろう事柄に関する「秘儀的で深遠な意味」を記した書物が発見されたとしても、まずそれが「まったくのでたらめ」とは違うことを証拠づけねばなりませんし、第二に、たとえそれが本物であるとしても、それは、「秘儀的で深遠」であるがゆえに、多様な解釈を誘発することでしょう。最後に、それが事実の記述である限りにおいて、そうした多様な解釈のどれ1つとして、「どう生きるべきか」は教えてはくれないでしょう。例えば、「3002年に世界的に雹が降るだろう」、ということが予言から読解できたとしても、この記述から、「今、この私がどう生きるべきか」を演繹することはできないでしょう。

　探求の方向づけを正しくしていくためにも、私たちは人生の意味を問う時、人生を意味づけようとする時に必ず使用される、「意味」とか「価値」とか「目的」とか「生きるに値する」あるいは「生きがい」といった諸々の概念を、ど

のような意味合いで使っているかを知っておくことは必要でしょう。この章で考察するカート・バイヤーやポール・エドワードの見解は、ステイスやトルストイの見解に対する、言語分析を駆使した見事な反論を提供してくれることでしょう。彼らの見解の後で考察をする、不条理感というものについて述べているトマス・ネーゲルの見解でも、自己の行為を正当化できる唯一のコンテキストをあたかも神の視点が可能であるかのように求めてしまう私たちの傾向について述べられています。

　こうした外部を志向する傾向の批判とともに私たちはいよいよ、それでは私たちは「内部」にいかなる意義を見いだし得るのか、についての考察に着手していきます。その最良の手引きが、第4章、第5章で扱うことになるリチャード・テイラーとジョン・ラッチスの見解でしょう。

§1　分析の練習をしよう

　言語分析の方法で、考えることを、少し訓練しておきましょう。「人生の意味とは何か？」という問いの中には、「〜の意味とは何か？」という言葉使いが見られますが、この言葉使いを言語分析の対象にして、しばらく考えてみることにしましょう。

　「人生の意味とは何か？」と問うことは、例えば、「テーブルの意味とは何か？」と問うこととはどこが違うのでしょうか。「テーブルの意味とは何か？」という問いでは、「テーブル」という言葉の意味を問うているのです。ですから正しくは、「『テーブル』の意味とは何か？」と表記して、「テーブル」という言葉を括弧に入れることによって、「テーブル」という言葉の意味を問題にしていることが分かるようにしなければなりません。「人生の意味とは何か？」という問いでは、「人生」という言葉の意味が問われているわけではありません。それでは、「人生の意味とは何か？」という問いを問うことで何を問題にしているのでしょうか。

　日常の流れが、何らかの外的及び内的要因で、意に反して塞き止められることになろうものなら、私たちは「人生とは何か」という問いに苦しめられるようになる、ということを、私たちは、序において確認しました。こうしたこと

から考えてみると、「人生の意味とは何か？」ということは、「日常の流れの正常さから外れてしまって、私は困惑している」ということの表現である、と考えられます。こうした場合は、これは問いの形式をとってはいるけれども、問いではない、ということになります。けれども、この問いは実は単なる困惑の表現であって、それ以上でもそれ以下でもない、というのであるのならば、なぜ「人生の意味とは何か？」という形で困惑を表現するのでしょうか。それから、初めは困惑の表現であるかもしれないけれども、問いの形態をとっている以上、私たちは、この問いを真剣に取り扱う、ということもできるわけです。実際に、トルストイもカミュもこの問いを問いとして、真っ向から取り扱っているではないですか。そこで、単なる困惑の表現であると決めつけてしまう前に、この問いの問いとしての意味を探ることができるかどうかを考えてみましょう。

　例えば、アメリカ人の友が、私に笑いながら、拳を握り締め、親指を上の方向に突き出して見せたとしましょう。「その動作の意味は何か？」と私は問うことができます。この場合は、先ほどとは異なり、言葉の意味を問題にしているわけではありません。この場合、問題になっていることは、「その動作によって、彼は何を意図しているのか？」あるいは「何のために、その動作をしているのか？」ということでしょう。「人生の意味とは何か？」という問いでは、「人生」という名詞を使っているので、あたかも「人生」という名詞の意味を問うているかのように錯覚してしまいます。「人生の意味とは何か？」という問いを、「その動作の意味は何か？」という用例から考えてみると、「人生の意味とは何か？」という問いの中の「人生」という名詞を、「生きる」という動作や行為を表す動詞に置き換えて考えれば、「生きることの意味とは何か？」という問いを考えてみることができるのではないのか、とする人がいるかもしれません。後で問題にしますが、「生きる」ということは、何らかの動作や行為を表しているのでしょうか。「『生きる』という動作や行為」という言い方そのものに何か違和感を覚えます。この問題については、後の段落で詳細に検討してみる価値はありそうです。

　「人生の意味」と言っても、人生は、当然のことながら文ではありませんので、言語学的な意味を備えているわけではありませんが、言語学的な文脈を離

れても、私たちは「意味」という言葉を使用しています。例えば、私たちは「ジェスチャー」の意味を問うこともありますし、「商取引」の意味を問うこともありますし、「政策」の意味や「軍隊の配置」の意味などを問うこともあるのです。今挙げたような例の場合、私たちは「意味」ということで、諸行為を統括するような「目的」について話をしているわけです。このように見ていくと、「意味がある」ということと「目的に適っている」ということを等号で結んで考えることのできる場合があるということに気づかされるのです。「人生の意味」に関する探求を、今述べた路線で、思索していくのならば、人生に「意味がある」のならば、そのような人生は、「目的に適った」ものでなければならないのではないのだろうか、という風に考えていくことができるでしょう。「意味がある」ということと「目的に適った」ということが、同義であるのならば、後は、人生において追及していくことのできるような、達成しがいのある「目的」を見いだすという課題が残るのみになります。神学的な伝統は、人生の意味は、神の遠大な計画の中に発見できるような何かであると考えていたわけですが、「人生の意味」は、発見されるのを待ち受けている何かではなく、「目的」を設定する主体が、まさに「目的」を設定するという行為を通して、それ自身のために、それ自身によって、与えられるものである、と考えられるでしょう。そうであるのならば、「人生の意味」を発見しようと躍起になっている人は、当然フラストレーションを感じることになるでしょう。それは「発見」されるべきものではないからです。

「目的」の追求という課題には、必ず追求している当人自身による何らかの価値判断が含まれているはずです。「その目的は、達成するだけの価値がある」というような価値判断がなされているはずだからです。「人生の意味とは何か？」という問いに替えて、「人生の目的とは何か？」という問いを採用するのならば、「達成しがいのある目的」の追求という課題には、必ず追求している当人自身による何らかの価値判断が含まれているわけですから、「どの目的を選ぶか？」という問いを扱わねばなりません。「どの目的を選ぶか？」という問いの形にすると、「目的」となり得ることが目の前にいくつもある、というイメージで考えていくことができますが、「人生の目的とは何か？」という問いの場合では、何か「人生について、唯一価値がある目的」が存在しているかのように錯

覚してしまうのです。「人生の目的の価値」を、「唯一絶対正しいものがある」といったように、一枚岩的に考えることはありません。実際に、私たちは、「伝記」などを読みながら、多様な目的に注目して「このような生き方も面白い、あのような生き方もまた面白い」という風に考えることができます。

　ここまでの探求では、「人生の意味とは何か？」を「人生の目的とは何か？」という探求に置き換えて考えてきました。こうした置き換えによって、「目的」ということを重視する見方が出てきました。けれどもこれだけでは、未だ不十分でしょう。なぜならば、カミュの見解を検討した際に、「人生の線分そのものを意味づけるような目的を欠いていても、生きていることの価値を見いだすことができる場合」があり得ることを見たからです。第5章において、「目的」という概念に含まれている、誤った考え方を批判しますが、ここでは、「人生の意味」を考える時、「目的」という観点から考えるやり方しかないのかどうか、ということを考えねばなりません。そのために、「生きていることの価値」ということを考えていくことにしましょう。

　さて、「～の意味とは何か？」という問いは、たった今見たように、言葉の意味を問う時に限って使われるわけではありません。「人生の意味とは何か？」ということは、「生きることの意味とは何か？」という問いに置き換えて考えることができます。この場合は、言葉の意味を問うているのではありません。「生きていることの価値」を見いだそうとして問われているのです。「生きていることの価値」が問われているということの証拠として、「人生の意味とは何か？」という問いを問うような人は、「生きがいを失っているのだ」という言い方がされることがあります。「生きることの意味」を「生きていることの価値」に見いだそうとするような場合、私たちは、何らかの価値に合わせた生き方をしようとする時、そうした生き方に意味を見いだすのだ、と考えているわけです。つまり、私たちは、何らかの価値との結びつきによって、生きることの「意味」が生じるのだ、と考えるわけです。そこで、こうした場合を考えるために、「生きがい」ということを考えてみましょう。

　「生きがい」を感じている人は、「何かあることxをすることに価値を見いだしている」わけです。そうした場合、その人にとって、xは生きがいを与えてくれるゆえに、「xはやりがいがある」ということになります。一般的に、ある

第 3 章　言語分析の手法から学ぶ　*147*

　人が「x はやりがいがある」と言うことは、「その人が、x について考える際に、x を好んでいる、あるいは、x を承認している、あるいは、x を楽しむことができる、あるいは、x を賞讃している、x を試してみたいと考えている、など、x に価値を見いだしている時」でしょう。「x」の箇所に、「チェス」、とか「ピアノの演奏」、「建築すること」などを挿入して考えてみるといいでしょう。それでは、「x に価値を見いだしている」という時の「価値」とは何でしょうか。そのためには、「価値」という概念について分析を進めていかねばなりません。

　Mark Sagoff は、*Charlotte's Web* という童話を使って、3つの価値についてのお話しを始めています。この童話は、蜘蛛のシャルロッテが、豚のウィルバー（Wilbur）を助けてあげるお話です。ウィルバーの飼い主のズッカーマン（Zuckerman）さんは、ウィルバーを市場で売ろうと考えていました。ウィルバーの豚小屋に巣を作っていて、ウィルバーと友だちになったシャルロッテは、ウィルバーの豚小屋に、蜘蛛の糸で、Some Pig（たいした豚君）と文字を編んであげるのです。それを見た、ズッカーマンさんは、蜘蛛が文字を知っているわけがないから、神から啓示があったのだと思い、豚のウィルバーを特別なものとして扱い始めます。ウィルバーは、「カントリー・フェアー」のお祭りで、特賞を勝ち得ます。ズッカーマンさんは、豚を市場に送ることを止めて、ウィルバーの命を助けてあげることにしました。まあ、ざっとこんなお話ですが、このお話の最後の方にこんな場面があります：

"Why did you do this for me? I don't deserve it. I've never done anything for you." You've been my friend," Charlotte replied. "That in itself is a tremendous thing. I wove my webs for you because I liked you. After all, what's a life, anyway? We're born, we live a little while, we die. A spider's life can't help being something of a mess, what with all this trapping and eating flies. By helping you, perhaps I was trying to lift up my life a little. Heaven knows, anyone's life can stand a little of that."（「どうして、僕なんかのために、こういうことをしてくれたの？僕なんか、それに値しないよ。君のために、何もしたことがないもの」。「あなたはずっと私のお友だちだったじゃないの」、シャルロッテは答えました。「そのことだけでも本当に凄いこと

なのよ。あなたのために蜘蛛の巣を編んだのは、あなたが好きだったからよ。そうでなければ、生きるって何の意味があるの？生まれて、少しばかりの間生きて、死んでいくのよ。蜘蛛の人生なんて、乱雑なものにならざるを得ないのよ、だって、こんな風に罠を仕掛けたり、蝿を食べたりだもの。あなたを助けることで、おそらく、私は少しばかり自分の人生を高めようとしていたのよ。分からないけど、どんな人の人生でも、少しばかり高めることができるんだと思うわ」)。

さて、このシャルロッテの物語に出てくる3つの価値観を列挙して、解説していきましょう。

A. 道具的価値（Instrumental value）

あるものが、私たちの利害関心によって立てられた何らかの目的を達成するのに役立ってくれるような道具となり得る時、私たちは、それには「道具的価値」がある、と考えるのです。「豚は、市場で売れば、金になる」と考える人がいるとしたら、その人は、「豚」を金儲けという目的の手段としてのみ扱っているわけですから、「豚」に道具的価値を見いだしていることになります。ズッカーマンさんは、初めのうちは、豚のウィルバーに、「道具的価値」をしか見いだしていませんでした。このように、道具的な価値は、人間の利害関心に役立て得る道具になってくれるものに付与されるのです。

B. 美学的価値（Aesthetic value）

私たちが何かを美しいと判断する時、そこには予め何の利害意識も前提にされていません。「美しいものは美しい」というしかないような感じを持つ時、何かそれを役立てようとかそれを使って何かをしようとか考えているわけではありません。美しいとされるその対象自体がそのもの自身の性質ゆえに美しいと判断されているのです。カントは、『判断力批判』の中で、「美しい」という判断が、私たちの利害関心にかかわらずなされるということを、「無関心（利害を離れること）」という風に名づけています。シャルロッテが、蜘蛛の糸で、「Some Pig（たいした豚君）」と文字を編んで書いてあげた瞬間から、ズッカー

マンさんは、「豚が何かの道具として役に立つかどうか」という、利害関心に基づいた価値観を離れて、豚のウィルバーそのものが持っている美しさを認めることができるようになりました。このように、私たちの利害関心を離れて、つまり役立つかどうかという「道具的価値観」を離れて、「美学的な良さ」は、その対象自身の性質ゆえに評価されるのです。

C. 道徳的価値（Moral value）

「Juggernaut theory of human nature（人間本性についてのジャガナート説）」と呼ばれている、人間性に関する理論があります。ジャガナートとは何かと言いますと、インド神話のクリシュナ神の像のことで、この像を載せた車に轢き殺されると極楽浄土へ往生できるという信仰があります。ですから、極楽浄土を願う人々は、この像を載せた車の前に身投げをして、轢き殺されようとするのです。そうした信仰から、「ジャガナート」は「人を犠牲にするもの」の喩えに使われています。「人間性に関するジャガナート理論」とは、何かと言いますと、「人間は、その遺伝子によって、利己的に振る舞うようにプログラムされており、個人は自分自身をまず、第一に考え、次に家族を身近なものと考え、そして同族、同志、同胞、と来て、最後に、普段はまったく無関心でいられるように、自分からずっと距離を置いた、離れたところに、その他大勢の場所がある」という理論です。自分のためなら、他は犠牲にしてもいい、といった「利己心」という「ジャガナート」が人間なのだ、というわけです。

そんな利己心を持った人間でも、「あなたを助けることで、おそらく、私は少しばかり自分の人生を高めようとしていたのよ。きっと、どんな人の人生でも、少しばかり高めることができるんだと思うわ」と、シャルロッテが言っていたように、愛情を持って相手に接する時、「私利私欲の塊のような利己心」を持った自分より、少しばかり高いとこに向けて、自分を高めることができるのです。

確かに、私たちは、愛情をもって、対象に接することがあります。そのような場合、私たちは、相手の幸福に関心を寄せます。愛の対象が他ならぬ、愛の対象として、幸せであることを望むわけです。愛しているものが幸せであることを望む時、私たちは、普段の利己的な私より、完全に利他的とは言いません

が、それでも利己的な自分を脱して、相手を思いやれるような一段高い位置に自分を置いています。愛する相手のために、シャルロッテのように、自分を犠牲にできるような、一段高い位置に自分を置いているわけですし、相手のことも、そういう自己犠牲に相応しいものとして、それ自身として評価しているわけです。相手のそれ自身としての良さを分かっているわけです。そんな場合、相手に「道徳的な価値」を見いだしているのです。相手を、道具としてではなく、まさにそのものとして重んじなければならないといったような価値を「道徳的価値」と呼ぶのです。

　美学的価値と道徳的価値の場合は、そうした価値を認めた場合、その対象そのものの「内在的な価値」に気づくことになります。「内在的価値」というのは、「そのものがそのものとして良い」ということです。かつて西欧では、鯨は、ランプの油をとるための資源でしたので、ランプの油をとるための道具として、道具的価値を与えられていました。それが電化によって、ランプが不要になると、人々は、道具的な価値以外の見方で鯨を見ることができるようになりました。例えば、そのコミュニケーション形態のユニークさに人々は感嘆し、鯨そのものの内在的価値を発見できるようになっていったのです。同様に、ズッカーマンさんは、シャルロッテの「たいした豚君」という蜘蛛の糸で編まれた文字を読むことによって、豚のウィルバーを、夕飯の食卓を飾るための「豚肉」といったような「道具的価値」によって眺めることを止めて、ウィルバーそのものの良さに気づいていくようになります。Sagoffが言っているように、私たちが、ある対象を「道具的価値」によって眺めるのを止めれば、それだけ私たちは、その対象の「内在的価値」に気づくようになるのだ、というわけです。そのきっかけが、愛情でしょう。私たちは、愛情を抱く相手や物を、単なる道具として扱うことはありません。「アッシー」に使ったり「メッシー」に使ったり、「性欲のはけ口」として利用したりしている相手は、ただ単に道具的価値があるのみです。

　ここで気づいていただきたいことは、道具的価値として使っているものは、道具一般がそうであるように、他と交換可能だということです。電池が切れれば、他の電池に交換すればよいわけです。同様に、「アッシー」君が、何らかの理由で使えなくなったら、同じ機能を果たしてくれる「アッシー2号」に置き

換えればよいわけです。けれども、一旦「内在的価値」に気づいたものに関しては、そういうわけにはいきません。例えば、美学的価値のある、ピカソの『ゲルニカ』は失われたらそれっきりで、他で代用できませんし、フランスの小説家アルフレッド・ジャリの小説にあったように、愛する子どもを亡くした女性に向かって「ご安心あれ、奥方、余が新しい子どもをつくってしんぜよう」というわけにはいかないのです。亡くなった子どもは、他で代用がきかない、交換不可能な「かけがえのない唯一無二なもの」だからです。「内在的な価値」を持つものは、まさに「かけがえのない唯一無二なもの」と私たちが認めたものなのです。「かけがえのない唯一無二なもの」は集合論的な処理ができません。そういうものに出会った時、私たちは、それを「固有名詞」を使って呼びます。集合論的な見方をした場合、「女」の集合の中の１メンバーでということであるのならば、他のメンバーと交換可能となります。けれども、愛情を持って相手に接する時、相手を「女」の集合の中の１メンバーとして交換可能であるような何かとして扱うのではなく、「順子」と固有名詞で呼びかけざるを得ない、「かけがえのない唯一無二なもの」となっているのです。私たちは、親しくなればなるほど、相手の「内在的価値」に気づき、相手を固有名詞で呼ぶようになるのです。

　以上、３つの価値観を見てきました。まとめますと、何かが「それ自身として良い」とされる場合、それは「内在的な価値」を持つ、と言うのですが、このように、「美学的な価値」と「道徳的価値」を対象に見いだす場合は、私たちは、その対象の「内在的な価値」を認めています。つまり、その対象は、「それ自身として良い」と評価されるわけです。「道具的な価値」の場合は、私たちの立てた目的に役立つゆえに価値があるとされるわけで、「それ自身として良い」のではなく、「その目的を達成する手段として良い」とされるのです。従って、一般的に言って、対象は、「道具的な価値」を持つか、「内在的な価値」を持つか、ということになります。

　以上の分析を基にして、思索を進めていきましょう。先に述べたように、「生きがい」を感じている人は、「何かあること x をすることに価値を見いだしている」わけです。そうした場合、その人にとって「x はやりがいがある」とい

うことになります。一般的に、ある人が「xはやりがいがある」と言うことは、「その人が、xについて考える際に、xを好んでいる、あるいは、xを承認している、あるいは、xを楽しむことができる、あるいは、xを賞讃している、あるいは、xを試してみたいと考えている、など、xに価値を見いだしている時」である、と私たちは分析を進めました。そのような「x」に見いだされる価値は、やはり「道具的な価値」である場合と「内在的価値」の場合が考えられるでしょう。「道具的価値」である場合は、手段となるそのxという行為をすることで「努力が報われるような目的」を達成できる、あるいはその目的に一歩近づくことができるので、「xはやりがいがある」ということになります。実際に、人生において、目標を失った時に、私たちは、「何のために、『生きている』のか？」という意味合いにおいて、「人生の意味とは何か？」と問う場合があるのです。こうした置き換えによって、実は、私たちが求めているものは、「何のために？」ということ、つまり、何らかの「目標／目的」であったということが分かってくるのです。それに対して、「内在的価値」の場合は、xをすること自体が生きていることの証になるので、「xはやりがいがある」ということになるのでしょう。この「内在的価値」を見いだす場合は、第5章において、一層詳しく考察をします。

　こうして考えてみると、「生きることに価値がある」ということは、2通りの解釈が可能でしょう。まず、「生きることに価値がある」ということは「生きがい」を感じているということと同義であると考えることができます。それは前の段落で見てきたように、「生きがい」を感じている人は、「何かあることxをすること自体に価値を見いだしている」ということです。この「xをすることに内在的価値を認める場合」を第5章で検討するのです。

　次に、「生きることに価値がある」と言うことで、「生きることそのものの価値を問う」方向に探求を進めていく場合です。「生きることに価値があるのか」という問いが、「生きがい」を求める方向ではなく、「生きることそのものに価値があるのか」という意味で解釈された時、答えは「人生の線分」そのものの意味を見いだすという方針の下に探求されることになります。これがトルストイ型の探求なのです。私たちは、「君は何をしているの？」と尋ねられ、「生きています」と答えることはありません。私たちは、常に「何かをして生きてい

る」わけで、あらゆる行為や動作は確かに「生きている」ということを前提にして行われていますが、ただ単に「生きている」といった具合に抽象できる行為はありません。むしろ何か「生きがい」を感じる行為を通して「生きている」ことを実感する、ということの方が、普通でしょう。例えば、「一生懸命、無我夢中で絵筆を動かしました。その時、ああ、生きている、と思いました」というような場合です。そうでなければ、「生きている」ことが問題にされる時と言ったら、生死が問われるような状況において、「死んでしまったのか？」「否、生きている」といったような場合ということになりましょう。実際に、「生きることの価値」ということで問われている「価値」を、「生きることそのもの価値」と解釈して、思索しようとする時、人は罠にはまることになります。「生きるということそのもの」を考える時に、「人生の線分」の外から、「人生の線分」全体を意味づけなければならなくなるからです。そうなると、人は神学的計画や宇宙の究極的な目的を探し出さないと「生きること」に意味が与えられなくなってしまう、と考えるようになるのです。神学的計画や宇宙の究極的な目的を求めないと安心できないような人たちは、「生きるということそのもの」に「道具的価値」のようなものを考えているのかもしれません。つまり、人生それ自身が、神学的計画を成就するための「道具」として、あるいは、究極的目的の手段として、その究極的目的の達成に役立つのであるならば、そのような人生は価値があるのだ、という風に考えているのでしょう。このような考え方に関しては、前の章で詳しくお話ししましたので、ここでは繰り返しません。

特殊な場合として、私たちは、例えば、愛する人を、狙撃から救うために、我が身を盾にして守る、といったように、確かに、自分の生を単なる手段とすることがあります。最近のニュース（2002年10月30日、イギリス）でも、12歳の少年が、強風で倒れてきた大木の下敷きになりかけた16歳の兄を突き飛ばし、自分の命にかえて、兄の命を助けた、という、イギリス中の同情を集めた事件がありました。ここまで極端な場面を設定せずとも、例えば、愛する子どものために、日々のあまり面白くもないような労働に耐える、というようなことは、どこでも聞くことのできる話でしょう。けれども、いずれの場合にせよ、やはり「愛する人」に内在的価値を見いだしているからこそ、自分の命でさえ「道具的価値」を持つものとして犠牲にすることによって、シャルロッ

テが言うように、「あなたを助けることで、おそらく、私は少しばかり自分の人生を高めよう」としているわけなのです。「神」を持ち出す人たちは、「神」を親愛の対象である「父」などに喩えることによって理解していますので、「愛する人に内在的価値を見いだしているからこそ、自分の命でさえ道具的価値を持つものとして犠牲にできる」というような場合と類比的に神との関係を考えているのでしょう。シャルロッテの話が教えてくれている貴重な教訓は、「人生の線分」の外部より、「人生の線分」全体を意味づけたいという大袈裟な欲求を持たずとも、人を愛することで、自己の限界を超え、相手の立場に立つことによって、自分の生を、愛する相手のためなら「道具的価値」と考え得ることもできるような「少しばかり高いところ」に身を置くことができる、ということなのです。

　最後に１つ、重要な観察を付け加えておきましょう。人生において、目標を失った時に、私たちは、「何のために、『生きている』のか？」と問う場合がある、ということを述べました。何かあまり興味も関心も持てないような仕事をせざるを得ない時に、「私はこの仕事をしているが、それは『生きるために』仕方がなしにやっているのだ」というような正当化をする場合があります。この場合は、「生きるために」という形で、「生きる」つまり「生存」ということが、剥き出しのまま、目的にされています。私たちは、常に「何かをして生きている」わけで、あらゆる行為や動作は確かに「生きている」ということを前提にして行われているのだ、ということを先ほど述べました。私たちは、常に「何かをして生きている」わけですから、「生きるために、何かをして生きている」という風に書き換えてみると、「生きるために」という目的の奇妙さが見えてきます。逆に言えば、「何かをして生きている」私たちが、その「何か」に対して興味や関心を失ってしまった時に、「何かをして生きている」ということから、「生きている」ということが剥き出しのまま切り離されてしまい、それを目的と考えざるを得ないようになるのではないのでしょうか。こういうような状態に追い込まれた人は、興味や関心を持てるものが無かったり、日々のパンにも困る極貧の状態などにあってそうしたことを探求できないような状況に追い込まれていたりするわけですから、確かに不幸です。このような不幸な境遇に追い込まれた時、「生きる」ということを、自分の境遇を正当化してくれるよう

な目的と考えて、「生きていくためには、仕方がない」という風に耐えていかざるを得ない、ということが出てくるわけで、そのような状態で人は、今度は「生きている」ことを問題にして、「それでは何のために、『生きている』のか？」と、「生きている」こと自体の目的を問う場合があります。序章において、私たちは、「日常の流れが、何らかの外的及び内的要因で、意に反して塞き止められることになろうものなら、私たちは『人生とは何か』という問いに苦しめられるようになる」ということを述べましたが、以上見てきたように、興味や関心を失った人が、日常の流れと一体であったはずの「生きる」ということに向き合わされて、「生きる」ということを、剥き出しの事実として考えねばならないような場合があるのです。

　以上、いろいろな場合について思索を巡らせてきましたが、ここでは、「人生の意味とは何か？」という問いを分析するだけでも、以上見てきたように、いろいろなことが言い得るのだ、ということを分かっていただければ、それで良しとしましょう。

　このように考えてみると、私たちは、自分が提起している問いによって、本当は何を意味しているのかがよく分かっていない、という場合もあるということが分かります。言語分析の方法は、このような不明瞭さを言語分析という手段を通して明晰なものにしていくのです。それでは、言語分析の手法を使って、提出されている問いの中で使用されている言葉や概念を明晰にしていき、自分たちが何を問い、何を求めているのかを分かるようにさせていく、という手法を採った哲学を検討していきましょう。

§２　ヘア（R. M. Hare）の見解

　前のセクションでも紹介しましたように、分析哲学の伝統では、その初期に、言語分析という方法によって、概念を明晰にしていこう、という動きがありました。哲学の問題は、概念に関する問題であり、そうしたものとして、思考によって思考そのものが問題にされるという難しさを哲学は持つのだ、ということが、出発点になっていたのです。分析哲学が登場するまでは、哲学上の問題を解決しようとしていく上で、問題の難解さもさることながら、思考を分析す

る有効な手段が不明瞭であったことが挙げられる、と考えたのです。こうして現代の哲学は、思考とは言語を行使する能力である、とし、言語分析を専らとすることで、難問を解決していく糸口をつかんだのです。最近は、思考と言語を同一視する見方は廃れてきていますが、それでも、理性的な推論には、言語が欠かせませんので、言語という手掛かりを、哲学が簡単に放棄してよい、ということにはならないでしょう。これから、検討するヘアの見解は、それが成功しているかどうかの判断は別にしても、こうした言語分析という方法の最たるものでしょう。ヘアが当時働いていたオックスフォード大学では、道徳哲学といったら、それは主に、道徳的な問題を議論する際に使用される「言語や概念」を分析することを意味していたのです。そうした風潮から、ヘア自身も、言語分析の方法を学び、哲学的な問題を解決するために役立てているのです。

　ヘアは、"Nothing matters"（何事も重要ではない）という語句を問題にするのに、この語句が日常生活においてどのように使用されているのかを分析していくのです。ヘアの"Nothing matters"と題された小論文では、あるスイス人の学生がヘアの家で寄宿生活をした時の出来事を記述することから始まっています。スイス人学生は、ヘアの家で寄宿生活をしている時、偶然カミュの『異邦人』を読み、主人公のムルソーに感化されるようになってしまい、ムルソー同様に、"Nothing matters"（何事も重要ではない）と放言するまでになってしまうのです。倫理学者のヘアは、そんなスイスの若い友人を放っておくことができずに、「"Nothing matters"（何事も重要ではない）」という語句の意味を明晰にしてみようじゃないか」とスイス人学生に提案するのです。

　"Nothing matters"という表現中の"matters"は、「関心」を表現する時に使われますが、「"Nothing matters"（何事も重要ではない）」という形では、文脈から考えて、通常は、話し手の関心が表明されているのです。つまり、"Nothing matters"と発話した話し手のすべての物事に関する完全なる無関心が表現されているのです。

　カミュの小説『異邦人』の初めから、主人公ムルソーは、長いことあらゆる物事に無関心であったかのように描かれています。けれども文字通りすべてに対してすっかり無関心である人間がいるでしょうか。実際のところ、私たちは日常すべてに対してまったく無関心ということはありません。なぜなら、日頃

私たちは常に何かをしているわけですし、そのために1つのものを優先して選択し、他の事を後回しにしているからです。だから私たちが何かに関心を持っているということは、私たちがそれに対してある選択や努力を優先してやっていきたいという気持ちでいる場合でしょう。逆に言うと、私たちが実際に選択をしたことどもを通して、私たちが何に関心を示していたのかが分かるわけです。カミュの小説の主人公も小説の終わり近くで、改心を迫る牧師の襟首をつかみ「何物も重要じゃないんだ！"Nothing matters"」と叫ぶのです。それは看守が2人の間に割って入らねばならぬほどの発作的な暴力でした。ヘアはムルソーがこれほど乱暴に無関心を表明するのに関心を示しているなんて、矛盾ではないか、と問うています。もしムルソーが表明するように彼が何事にも無関心であるのなら、彼はこれほどまでに劇的にそれを表明する必要はないではないか、というのです。このことはムルソーもまったくすべてに無関心であったわけではないことを意味していることになるのです。

　もし私たちが、誠実に「It matters to me.（それは私にとって重要だ）」と言うのならば、私は「それ」に関心を持っていて、「それ」は本当に自分自身にとって重要なのです。他の人の真似をして重要だ、と言うだけでは不十分なはずなのです。けれども、私たちは、特に若い頃は、人の真似をして、何かが重要だという振りをすることで、価値の世界に入っていきます。例えば、自分自身は本当は何も分かってもいないのに、自分の親がバッハを愛好しているので、初めの内は、親の真似をして、バッハを好きである振りをしているのですが、そうし続けている内に、今度は、本当に自分自身がバッハを愛するようになっていくのです。

　私たちが、価値ということを学ぶ源泉は、2つあるだろうとヘアは言います。1つは、私たち自身の欲求がある場合。そして2つ目は、他の人の真似を通してです。若い頃は、特に2番目の「人の真似」から価値の世界に入っていくのですが、成長の過程を経て、そうした価値を自分自身が求めるようになっていくのです。つまり、分かりやすくするために「バッハ」の例を使って説明するのならば、価値を学ぶ2つの源泉の内、初めは、親の真似から「バッハ」の世界に入ったのですが、それがだんだん「バッハへの愛」という形で自分自身の欲求になっていく、というわけです。ヘアの友人のスイスからの留学生は、

「"Nothing matters"（何事も重要ではない）」という表現が、何を意味しているのかを理解せずに、ただカミュの『異邦人』の主人公、ムルソーの真似をして、「"Nothing matters"（何事も重要ではない）」と言っているのに過ぎないのではないのだろうか、とヘアは言います。

　"matters"という単語は関心を表明するという機能を果たす言葉なのだ、とヘアは言います。けれども、ヘアの友人のスイス人留学生は、"mattering"ということが、"mattering"の主語に当たる何かがする行為であるかのように考えていたのだ、と言うのです。それはちょうど構文上似ているというだけで、"My wife matters to me（私には妻が気がかりだ）"の"matters"という語が、"My wife chatters to me（妻が私に向かっておしゃべりする）"という文の"chatters（おしゃべりする）"という語のように機能すると勘違いしているのと同じなのです。今挙げた2つの例文は、確かに表面的には似ていますが、文法的にはまったく違うのです。"My wife matters to me"の"matters"は、"to me"即ち、「私の」関心を表現していますが、"chatters"とは違って、決して主語となるある事物が行うような何らかの行為や動作を記述する類の言葉ではないからです。ですから、私たちは実際、ある事物が、"mattering"しているところを観察できはしません。"chatters"のような単語が作る文と構文上似ているからといって、"mattering"ということは、主語がする行為では決してないのです。けれども、構文上の類似から誤った洞察に導かれ、"mattering"ということが観察できないからといっても、そのことは私たちが物事に関心を示さないということでは決してないのです。

　私たちの持っている価値の体系は時代によって、ゆっくりとあるいは急激に変化し続けてきたものです。現在はそうした価値の転換期に当たるのだ、とヘアは言います。そうした転換期には、価値の言ってみれば混乱が生じ、私たちは多くの対立する諸々の価値を選択せねばならないということから、解放されたいと願い、"Nothing matters"と叫びたくなるだけの話なのである、とヘアは、彼の分析を結んでいます。

§3 カート・バイヤー（Kurt Baier）の見解

「人生の目的」ということを考える上でカート・バイヤーの貢献は無視することはできないでしょう。バイヤーは「目的」という語は、その使用に際して2通りの意味があると言っています。より根本的にという意味で第1に、「目的」という語は、普通は「人間の持つ目的」という意味で人間の行動や人間の心に抱く目標を指すのに使われます。人が木を切ったり、ボートを漕いだり、散髪に行ったりすることに目的がある、といった用法に見られる、「目的」という語は「人間の持つ目的」という意味で使われています。

そして第2に、この語の派生的な用法として、「事物」が擬人化された形で、「事物」そのものに目標があるように語ることができます。「車の目的は、人を運ぶこと」といった用法に見られるのがこの用法です。

こうした用法の違いを踏まえた上で、バイヤーは問いかけるのです。第1の用法において、例えば、工具を雇ったり、木を切ったり、田を耕したりすることを、目的もなしに行ったらどうであろうか、と。目的もなしに工具を雇ったり、木を切ったり、田を耕したりする人を見たら、私たちは誰でも、何かその人の行為を馬鹿げていると感じるでしょう。こうした第1の意味では、明らかに「科学の台頭と共に私たちは目的を喪失した」などという主張はできないどころか、科学はこうした人間の目的を達成する上でより有効な手段を提供しさえしていると言うことができます。従って、ステイスの主張に見られるような、科学の台頭が人間から目的を奪うことになったというようなことは、第1の意味に関してはまったく言えないのです。

第2の意味の方は、事物の目標を言う限りにおいて、その事物が目的を持っているかどうかは、その事物の価値を判断する基準にはなりません。事物が目的を持つかどうかは、その事物の価値に関しては中立なのです。例えば、木立が立っていることに目的がなかったとしても、そのことが木立を卑しいものにするわけでも、価値が無いものにするわけでもありません。それはたまたま風よけになるかもしれないでしょうが、その木自身に価値があるというわけではりません。犬や猫がただ単に家の周りをうろついていて目的を持たないからと

いって、犬や猫の価値がなくなったというような言い方はしないでしょう。

ところが、バイヤーによれば、人間を事物と考え、人間という物に目的を付与することは、人間を卑しめることになるのではないのか、と言うのです。人間が決まった目的に奉仕するだけの奴隷である、ということは人間を単なる手段と見なすことに等しいからです。従って、第2の意味の目的を人間が持たぬということは、決して人生を無意味であるかのようにしてしまわないのだ、と彼は結論しています。科学によって「人間が目的を失ってしまう」ことを嘆く者は、2つの意味の目的を混乱して使用しているのです。私たちは、「人生」を考える時に、「人生」を誕生という出発点と死という終着点を持った線分を使って象徴します。そして人生の意味を考えろ、と言われるや否や、「人生」を象徴する線分の外側から、人生という線分全体の意味を考えようとしてしまいます。バイヤーが言っていることは、人間が「人生の線分」の外側から、神のような、何か超自然的な力によって、目的を授からなくても、人間は第1の意味の目的を「人生の線分」の内部で見いだすことが可能だということです。目的が無いことで、何か馬鹿げた感じを抱くのは、第1の目的の場合だけなのです。

こうした2つの意味を区別したお陰で、バイヤーは「人生の意味」という句の持つ二義性を暴き出しました。1つは人生そのものを超越してしまって、外部の視点から人生そのものを意味づけるような探求においてしか発見され得ない「人生の線分」そのものの意味。そして、もう1つは、「人生の意味」という句が「人生そのものの意味」というように取られないで、「人生の中に見いだされる意味」という風に解釈された場合です。人生は外部から何者かがその道程を決定したり、初めから敷かれたレールを行くことから意味づけられるのではなく、私たちが実際に生きることを通して選択されていくものなのです。言い換えれば、人生の意味とは、「人生」を象徴する「線分」の外側に求められるものではなく、「線分」の内側で私たちが生きることなのです。バイヤーの功績は、「外部」から与えられるいわば「宇宙論的（コズミック）意味」と、内部で私たちが発見する「地上的（テレストリアル）意味」を区別したことにあるのです。

§4　ポール・エドワード（Paul Edwards）の見解

　ポール・エドワードは、ペシミスト（悲観論者）、特に、人生に悲観的な見解を示す人たち、の提示する議論を検討しています。ペシミストは以下のように推論し、人生に否定的な結論を下す人たちのことです。

1) もし宇宙全体が、究極の目的に向かう過程として理解できなければ、あるいは、ある計画に従ったものとして理解されなければ、そうした宇宙の一部である人生は生きるに値しないものとなってしまう。
2) そのような究極目的や計画を見いだすことはできない。

---

3) 従って、人生は生きるに値せず、無意味なものである。

　「生きるに値しない」ということと、「無意味である」ということが同義であると考えられている所に目をつけ、反論の手掛かりにするのがエドワードの戦略なのです。このように「人生には生きるに値する価値はない」そして「人生には意味がない」これら2つの命題を究極的な宇宙論的目的が不在であるということから、主張するのがペシミスト（悲観論者）の立場です。ポール・エドワードはこれら2つの命題が同一視される傾向に着目し、「Worth-while（価値がある）」という語が持つ二義性ゆえに、これら2つの命題の意味が同じにならない場合があることを、「Worth-while（価値がある）」が、日常いかに使用されているか分析することによって示しています。この分析の結果を利用して、ペシミストの立場が正当化され得ないものであることを主張し、ペシミストの上述した議論を論駁するのです。

　私たちが、何かがする価値があると認める時、私たちは、そのことで2つのことを示唆しているのです。1) 行為する人が、少なくともその人にとって些細でつまらないものではないと思うことができるような目的を持っていること。2) 行為する当人がその目的を達成する可能性があること。この分析が正しければ、ある人が、「私の人生は生きるに値しない」と言った場合、1'）彼の

人生において彼が興味を持てるものが何も残っていない場合か、あるいは、2'）彼が関心を持っている目標の内どれ一つとして達成されない可能性が濃厚である場合か、いずれかということになります。けれども、いずれの場合にせよ、「私の人生は生きるに値しない」と言うような場合でも、その人が単に、一時的に気が進まぬ状態になっているのを、永久に興味を失ってしまった状態であるかのように勘違いしているということもあり得るし、あるいは彼が自分の目標を達成できるチャンスを誤って見積ってしまっているということも十分考えられるのです。このことは「私の人生は生きるに価しない」という主張を単なる感情の発露を超えて客観的に主張することが難しいということを物語ってしまっているのです。さて、「私の人生には意味がある」と誰かが主張する時、私たちは「もし彼女の人生が彼女にとって意味があるならば、彼女の人生は十分意味のあるものである」ことを承認するでしょう。本当に彼女の人生に意味があるのかどうかを検討するために、彼女が「私の人生には意味がある」と言えるためには、「彼女によって献身的に目指されてきた目的に、肯定的（ポジティヴ）な価値があるべきである」というような要請はしないでしょう。それがどんな些細な目的に見えようとも、彼女にとって意味があれば、彼女が「私の人生には意味がある」と主張することを妨げるものは何も無いと感じるでしょう。

　ところが、「私の人生は生きるに値する」という表現の日常的用法を分析してみると、「私の人生には意味がある」という表現とのはっきりした違いが見受けられるとエドワードは言うのです。「Worth-while（価値がある）」という語の用法には、エドワードに言わせれば、「主観的用法」と「客観的用法」の2つが区別できるのです。

　「主観的用法」によれば、「私の人生は生きるに値する」という表現は、「私の人生は意味がある」という表現と同義で、単に行為する人が、当人にとって決して些細ではない達成可能な目的に献身してきたということを意味しています。

　「客観的用法」においては、「主観的用法」とは対照的に、達成された目的が肯定的な価値を持っているかどうかが問われるのです。このことを例文を使って考えてみましょう。例えば、「ナチのある幹部は、ユダヤ人の大量虐殺計画を実行に移した時、彼にとって彼の人生は生きるに値する（Worth-while）と思っ

ていたかもしれない。だが彼の目的は人道的に極悪非道なものであるゆえ、彼の人生は生きるに値しない（Worth-while）」と、このように言った時、「生きるに価する（Worth-while）」という表現が、2度使われている（下線を引いた箇所）けれども、この例文中、最初の用法は「主観的用法」で、後の用法は「客観的用法」なのです。「客観的用法」では、「目的が達成し得ることである」、ということに加えて、「その目的が積極的な価値を持つべきこと」が要請されるのです。もし私たちがこれら2つの用法を区別した時、次の3通りの可能性を「私の人生は生きるに値する」という表現に付与することが可能となるでしょう。1）主観的だけれど客観的ではない意味において「私の人生は生きるに値する」と言う場合、2）客観的だけれども主観的でない意味において「私の人生は生きるに値する」と言う場合、3）客観的かつ主観的な意味において「私の人生は生きるに値する」と言う場合。私たちが言葉の用法に対して十分に注意深く、「Worth-while（価値がある）」という言葉の「主観的用法」と「客観的用法」の2つを区別しさえすれば、このように3通りの意味を表現するために、使い分けることができるわけです。ポール・エドワードは、「生きるに値する」という表現中の「Worth-while（価値がある）」という言葉がどのように使われているのかを分析し、私たちが普段は見逃してしまいがちな2つの用法の違いを見事に分析してみせてくれました。

　さてこの分析結果をいかにペシミストの反駁に利用できるというのでしょうか。ペシミストといえども、私たちが日常、諸々の目的のために努力を惜しまないで生活していることは否定できないでしょう。それゆえ、ペシミストといえども「Worth-while（価値がある）」という語の主観的用法は認めるでしょう。少なくともペシミストたちは、彼らの見解を主張するという目的を些細でないと考え、実際にそうしたわけですから。

　彼らペシミストたちは客観的用法の点でも譲歩するかもしれませんが、「客観的」ということの基準についてうるさいことを言い出すかもしれません。けれども、客観的用法という点でも、日常的用法における「Worth-while（価値がある）」という語は、ペシミストの用法とは次の点で違っているのです。ペシミストは客観性を決定する基準を求める場合、究極の客観性というべきものを求めてくるということがそれです。そうした基準は客観的に断固存在するので

あるから、そうした基準は発見されるべきものなのだ、とペシミストは主張するでしょう。それに対して、日常用法において客観的用法の「Worth-while（価値がある）」が十分に客観性を持っているかどうかが問題となる時、その客観性を妥当なものとする基準は、私たちの合意だけで十分でしょう。けれども、ペシミストは客観性に対して、私たちの合意ということでは満足せずに、厳しい要求をし過ぎるあまり、人間と基準を切り離してしまい、人知を超えた基準を求めたり、現実の中に客観的に存在するようなものとして基準を考え、それが発見されるべきものであるように考えたりしてしまうのです。

　こうして、確かにペシミストの基準では、人生が生きるに値するという主張は不可能になってしまうのです。けれども、彼らが「彼らの基準によって人生は生きるに値しない」ということから、「一般の基準によっても人生は生きるに値しない」という結論を下したとしたら、それは不当な結論でしょう。日常的意味の基準は、私たちの選択を可能にすることによって、行為を導いてくれるのです。けれども、人生が生きるに値するかどうかを客観的に決め得るようなペシミストの基準は、人間と基準を切り離してしまい、人知を超えた基準を求めているわけですので、まさに生きるか死ぬかという場面でしか有効でないでしょう。実際に、ペシミストたちは、死の選択を示唆するような言説を残しています。けれども、死の選択を示唆するようなペシミストの主張にもかかわらず、ペシミズムを主張する人々は誰も自殺をしていません。彼らは基準について、彼らのものと日常のものを使い分けているのでしょうか。ダブル・スタンダードの使用は、学問的に誠実なものとは見なされないのです。またたとえ、『悪霊』のキリーロフのように、自殺し得たとしても、まさに死人に口無しで、キリーロフが死の瞬間に垣間見たかもしれない「人知を超えた基準」は誰にも伝授されはしないのです。

§5　トマス・ネーゲル（Thomas Nagel）の見解

　言葉が意味を持つのは「人生内部の具体的な状況」においてであって、「不条理」という言葉もそうした状況において意味を持っているとしたら、まず「不条理」という言葉がいかなる状況で使用されるのか考察してみるに限るでしょ

う。ネーゲルが列挙しているように、例えば、悪名高い犯罪者が、運命の悪戯か何かのせいで、有名な慈善事業の団体の代表者にされた時のような状況を考えてみるといいでしょう。この場合、「そうであるべし」という感覚と現実の間にはっきり分かるような、ずれが生じていることに気づくことでしょう。ネーゲルによれば、わざわざカミュのように沈黙せる宇宙を持ち出さなくとも、このように人生内部においても、私たちの意図や願望と現実の間にはっきりとした食い違いが生じるのです。人生に対して私たちが不条理であると感じるのは、人生を真剣に受け止める見方に対して、私たちが、常にその真剣さを単に恣意的で取るに足りないものと考え得るような別の視点をとることができるからです。こうした２つの対立する視点が、決まって私たちの内に存在しているのです。例えば「大金を得た者」に対して、「単なる紙切れを集めた」というような視点が必ず存在するように。こうしたことが人間のみに可能なのも、私たちが反省の能力を持っていて、別の観点から振り返ってみることができるからです。私たちはこの反省の能力によって、私たちが選んだ特定のライフスタイルをその外に出て懐疑することのできるような可能的視点に常に開かれているのです。

　人生においては、私たちが物事を選択する必要性に常に直面します。選ぶからにはそれは真剣なのでしょうが、その際に、真剣にならざるを得ないという事実と、そうした真剣さをも無意味にしてしまう懐疑的視点を持ってしまう可能性の間に不条理感が生まれるのです。人生を真剣に捉える視点に並存して存在する別の懐疑的な視点が必ずとれるというわけです。けれども人生を不条理に思わせてしまう視点を私たちが持ち合わせていることが、そのまま人生の無意味さを証明するわけではないということに注意しなければなりません。私たちはただ単に、反省の力によって、自分達の行為を根拠のない滑稽なものにしてしまうような可能的視点もとり得る、というに過ぎないのです。私たちが「このことは本当にやるだけの価値があるのだろうか？」といった問いを問う傾向にあるのは、私たちが時として、コントロールできないより大きなコンテキストから私たちが反省を進めることができるということにあるのです。

　反面こうした傾向は、常に人生を支配する唯一のコンテキストを求めたいという衝動を促すのです。けれども、私たちが私たちの行為を普段正当化しよう

とする時、唯一のコンテキストを必要とするまで、限りなく反省を行うことはありません。日常的には、例えば、「なぜアイスクリームを食べたかったのか」と聞かれたら「お腹がすいていたし暑かったから」で十分なのです。正当化は神の視点を目指すような無限遡行を要求しないのです。重要なことは、人は常に正当化されたものを疑い得るコンテキストに向けて開かれているということなのであり、それゆえ、人は不条理感を感じるのだ、ということなのです。けれども、ネーゲルが述べているような理由から、そうしたことに不条理感を感じているからといって、そのことから、短絡的に人生の無意味さを引き出すことはできないのだ、ということなのです。

　ネーゲルは、別の小著で、人生は人生全体としては無意味である、と認めたとしても、正当化はあなたの人生の内側で終わることを認めてしまえば、十分生きていくことができるのだ、ということを述べています。つまり人生全体を捉え得るような大きなコンテキストからは無意味だということを認めてしまっても、人生の内側にコンテキストを限るのであるのならば、十分な正当化を見いだすことが可能だ、と言っているのです。彼の結論は、大変面白いものです。つまり、それでも私たちは、「外側から」眺めても重要でありたいと願うことがあり、こうしたより一層大きな意味合いでの重要さの感覚がなければ、気力がしぼんでしまう恐れがあるかもしれない、としているのです。確かに、神の恩寵を願って創造された数多くの芸術作品が文化遺産として私たちに残されていますし、「外側から」眺めても重要でありたい、という願いによって今後も多くの作品が生み出されていくことでしょう。にもかかわらず、もし死が人生の終着点であるのならば、自分自身をそれほど重要なものと考えるのは馬鹿げているかもしれないし、それでももし私たちが自分自身を「外側から」見て重要だ、と考えざるを得ないのならば、私たちのしなければならないことは、馬鹿げたことを耐え忍ぶことという不条理を生きることになるだろう、とネーゲルは結んでいます。

§6 「意味」、「価値」そして「目的」

　「人生」について語る時、私たちは、「意味」や「価値」そして「目的」といっ

た語彙によって、「人生」を考え、「意味」や「価値」や「目的」を自分の「人生」に見いだそうとします。そこで、このセクションでは、今までのまとめとして、「意味」「価値」そして「目的」という「人生」を考えるのに欠かせない語彙の間の関係を考えてみたいと思います。

　第1章で検討したように、私たちが、「人生」を理解しようとして、「物語」や「旅」のメタファーに頼ろうとする時、私たちは、「物語」や「旅」の持つ一貫した構造を利用して、「人生」を考えようとしているのです。なぜ私たちは、このような一貫した構造を求めるのでしょうか。この問いに答えるために、私たちは、「断片化した生」というものを考えてみました。私たちは、一つひとつの行為が切り離されて「断片化してしまった生」に対して、私たちは「無意味さ」の印象を持つのだ、ということを論じました。私たちが日々為している一つひとつの行為をばらばらにして理解しようとすると、そこからは何の意味も見いだすことができなくなるのでした。このように考えてみると、私たちが、「人生」に一貫した構造を読み取りたい、と願う理由は、生の断片化を防ぐような、まとまりを「人生」に与えたい、ということになりましょう。「人生」の「意味」ということで、「言葉」の「意味」に喩えて考えているのだとしたら、「言葉」が「文脈」の中で「意味」を持つように、「人生」にまとまりを与えたいと願う人は、私たちの為す一つひとつの「行為」に対する「文脈」のようなものを求めているのかもしれません。確かに、私たちが、「人生の意味」を問われた際に、「人生の線分」全体を神の視点から鳥瞰し得るような文脈を求めてしまう傾向にある理由も肯けるものがあります。いきなり神の視点に立たずとも、個々の行為をまとめ上げるような文脈を、提供するものこそ、「目的」という考え方なのでした。目的を「人生の線分」の内側において見いだし、目的を目指すことによって、私たちの諸々の行為に首尾一貫性を持たせることは可能なのでした。

　「物語」や「旅」のメタファーは、いずれも「道図式」に根差していましたが、「道図式」には、「到達点」に喩えられる「目的」がありました。この「目的」というものを中心に、「人生」全体に一貫した構造を付与しようと、私たちは、考えているのです。このように考えれば、私たちは、「目的」と「意味」の関係を考えてみることができます。つまり、「目的」は諸々の行為をまとめ上げ

「意味」が生じるための「文脈」を提供するのだ、ということです。

　私たちが見てきたように、こうして設定された「目的」によって、諸行為は、「目的達成のための道具的価値」を付与されることになります。「目的」自体が、たとえそれが神の計画である場合だとしても、他から与えられただけのものであるのならば、「人生」そのものが、「道具的価値」を有するだけのものになってしまうでしょう。そんなわけで、私たちは、少なくとも、自分が設定する「目的」にも何らかの「価値」を見いだしたいと願っているはずです。「人生」の「線分」の内部で探し得るような、この「目的」に関して、自分が「価値」を見いだしたからこそ、「自分でその目的を設定した」のだ、と考えることが可能であるからこそ、目的達成のための「手段」となる行為が、たとえ、過酷さや惨めさを極めるような行為であるような場合でも、人は、「目的」実現のために、そうした過酷さや惨めさをも、耐え抜くことができるのです。

　私たち自身が、こうした「目的」を選択する価値基準として、主な要因は、ヒュームが言うように「快楽と利益」ということになるでしょう。「目的」とは「～したい」ということだからです。「快楽と利益」という観点から、「目的」を大別すると、

1）自分にとって利益となる目的
2）社会にとって利益となる目的

の2つが考えられるでしょう。これらの目的は、互いに排他的な関係にあるわけではありません。自分にとって利益になる目的の追求の結果、それが社会にとって利益になる場合もあれば、社会にとって利益になる目的の追求が自分にとって利益になっている場合だってあるのです。

　「お金が欲しいため」「別荘を持ちたいため」「恋人に気に入られるため」などといった目的は、「自分にとって利益になる目的」であり、利己的な「快楽と利益」によって、目的設定がされている場合の典型でしょう。人間は「社会的動物」と定義されることもあるわけで、ヒュームも言っているように、たとえ根底に利己心があるとしても、完全に利己的な生き物であるわけではないのです。なぜならば、人類史を見れば、「自分の住んでいる地域社会のために」とか

「震災を被った人たちのために」とか、共感や同情によって行動することもありますし、あるいは「自由を勝ち得るために」といったような、「社会にとって利益になる目的」を打ち立てることも実際に、事実として存在し続けているのですから。

　今、挙げた「自由」という名の価値は、利己的な利益を超えて、「自由」を守ることは、「社会にとっての利益」と考えられています。例えば、利己的な「快楽と利益」を追求したい、と思っていても、そもそもその当人が自由でなければ、あるいは、自由に選択できなければ、自分の「快楽と利益」の追求もままならなくなってしまうでしょう。「快楽と利益」の追求のためには、「自由」という価値が前提にされている必要があるのです。そこで、「自由」という概念を中心に、利己的な人間であるとしても、他者と協力関係に入り、「社会にとって利益となる目的」に十分関与できるのだ、ということを示しておこうと思います。

　第1章で見てきた「旅」のメタファーに頼って、幸福を追求する「旅」を遂行する際の根本的な「障害物」について考えてみましょう。「障害物」があれば、「旅の目的地」に辿り着くのが困難になるからです。政治学者のアイザイア・バーリン（Isaiah Berlin）が、消極的自由（Negative Freedom）と呼んでいる自由があります。消極的自由は、「他人の強制などによって自分の活動が干渉されない」という意味合いからくる自由です。これは、「障害」からの自由ですので、「〜からの自由（Freedom from 〜）」と呼ばれています。「障害」があるかないかを次に述べるようなイメージによって判断することができるでしょう。皆さんの前に、たくさんドアがあります。皆さんがどのドアからも入ることができるのであるのならば、皆さんは自由なのです。1つでもあなたを拒むドアがあれば、あなたは自由ではなく、抑圧されていることになるのです。あなたに対して今、どれ位、ドアが開かれているか、つまり、どれ位、機会があるのか、と自問することによって、あなたは一体何に拘束されているのか、あるいは、どのような拘束から自由なのかが分かることでしょう。どの位、機会があるかないか、ということですので、チャールズ・テーラー（Charles Taylor）は、消極的自由を「機会の概念」であると言っています。自分に向けて可能な限り多様な機会が開けているのであるのならば、束縛されていない、

ということなのですね。そこで、あなたの住んでいる社会が、自己決定の機会を与えてくれているのか(「消極的自由」はあるか)、ということに対する「障害物」を考えることができるわけです。「消極的自由」の「障害」に対しては、あなたは、あなたの住んでいる社会に対して、変革を求め働きかけねばならないでしょう。

　また「良き人生」の探求ということに限って考えてみても、社会を構成するそれぞれのメンバーが、お互いの自由を侵害しない限り、つまり、「共生」を脅かさない限り、お互いの「良き人生」の探求に対して寛容であり、それぞれがそれぞれの「良き人生」の探求に関して自由でなければ、お話になりません。「良き人生」について探求し、「良き人生」を実現していこうとする時、「自由」という価値が前提条件になっていなければならないのです。そこで、「自由」という価値がどのような価値なのか、をもう少し考えてみましょう。

　自由を論じる時、歴史的にもいくつか必要な概念上の区別がなされてきましたが、ここでは、先ほどの「自己決定する機会」を社会が整えなければならない、というお話に絡めて、「実質的自由」と「形式的自由」の区別についてお話ししようと思います。この区別は、よく知られている「目的と手段」の区別付けに対応しているのだ、と考えていただければ分かりやすいと思います。実質的自由というのは、私たちが具体的な生活を通して、享受したい自由です。例えば、必要なものを所有する自由、住んだり移転したりする自由、仕事を選択したり、事業を企てたりする自由などがこれに当たります。一口に言えば、自分の考えによって自分のライフスタイルを決定する自由、言い換えれば、自分が自分にとって幸福であるという善を追求し、自分の生活内容を決定する自由であり、自由主義が実現しようとしている目的がこれです。

　さて、実質的自由が、自由を欲する人々の目的であるのならば、その手段として考えられてきたものが、形式的自由です。つまり、実質的自由の実現のための手段として要求される自由が、形式的自由なのです。具体的例として形式的自由を挙げれば、例えば、思想及び言論の自由、生命・身体の自由が挙げられます。形式的自由が保証されていれば、生命を脅かされたり、身体的に拘束されたりすること無しに、自分の頭でものを考え、自分考えに基づいて行動し、自分が幸福だと信じるライフスタイルを追及できるわけです。形式的自由は実

質的自由の必要条件なのです。さらに、「形式的自由」は、「実質的自由」の基盤を成す根底的な自由であって、「実質的自由」が達成されると同時に廃棄される「梯子」のようなものであるという意味の「手段」では、決してありません。丸山真男が、ファシズムが、「形式的自由を足場としてあの兇暴な支配権を獲得したとき、自由主義の悲劇は頂点に達したのである」と指摘しているように、形式的自由を足場に開花する諸々の実質的自由が、ファシズムがそうであったように、その足場である「形式的自由」を掘り崩してしまうということが決してあってはならないわけで、まさに基盤となるべき根底的な自由が、「形式的自由」でなければならないでしょう。

有名な、ジョン・ロールズの『正義論』では、正義と善の関係において、正義が優先するのです。私たちは、「形式的自由」をロールズの「正義」、そして「実質的自由」を「個々の人間が、良き生を実現する上で価値があると考えている善」と捉えることにします。私たちが実現したいと望む「実質的自由」は、一人ひとりが、「良き生」であると考える「善」が多様であるため、私たちが公平であると考えられるような「形式的自由」に基づくことが求められているのです。私たち、一人ひとりが「良き生」を自由に解釈でき、その結果生じる「実質的自由」の多様性を尊重し、それに寛容であることが望まれるわけです。「良き生」の探求を可能にする条件としての「形式的自由」があるわけで、ロールズは、まさに「正義」の名の下に、そうした「形式的自由」を探求したのです。

ロールズは正義の原理を、「原初状態（original position）」を想定し、そこから思考実験を行うことによって導き出しています。ロールズは、社会契約論の伝統を引き継いで、「原初状態」というモデルを提起します。「原初状態」とは、「公共的に合意される原理がいずれも正義に適うように、公正な手続きを作り上げるためのモデル」であり、公共的な合意を導き出すために、当事者達は「無知のヴェール（veil of ignorance）」の背後に置かれていると仮定しなければならないとしています。「ヴェール」とは、もちろん「婦人が頭から被る絹布」のことで、ここでは喩えとして使われているのです。即ち、「ヴェール」を被せられると周囲が見えなくなるように、「無知のヴェール」を被ると仮定された人々は、その「無知のヴェール」ゆえに、自分が社会の内でどのような位置

にあるのかといった個人的情報をまったく知らない、つまり、自分が何者なのか知らず、どのような状況下に生れ落ちたのかも知らない、という状態に置かれることになる、と考えてください。この仮定の下では、自分が何者なのか分からないわけですから、ひょっとしたら、自分は、この世でおよそ良いとされているものが最も乏しい、想像し得る限り最も過酷で不利な境遇に生れ落ちているかもしれない、と想像するでしょう。だとしたら、自分自身が、その想像し得る限り最も不利な状況に置かれているかもしれないので、過酷で不利な境遇に生れ落ちた人々でさえも、自分の自己実現のために、自分が「良き生」と考えているライフスタイルを追及し得るための、公平な社会的条件を模索することになるでしょう。こうして、このような想像を可能にしてくれる「無知のヴェール」を想定した場合、人はどのような社会的条件を正義と考えるのか、思考実験していくわけなのです。

「無知のヴェール」の想定下では、人は「様々な選択対象が自分に特有の事情にどのように影響を与えるかを知らないし、ただ一般的な事由に基づいてのみ原理を評価せざるを得ない」ことでしょう。当事者は、自分の置かれている特定の条件——例えば、「自分の社会における位置」「階級上の地位」「社会的身分」「生来の資産や能力の分配に関する自分の運」「自分の知性や体力」「自分の属す社会に特有の環境」「経済的、政治的状況とかこれまでに達成できた文明や文化の水準」——さえも知らないと仮定した「無知のヴェール」状態では、人種、民族、性別、といった人間を区別する要素から、自分のアイデンティティを確立できないと仮定した状態であるため、その状態で、人が選ぶのは、必然的に、たとえどんな状態に自分が置かれていても、自分の「良き生」を追及していくことのできる社会だろう、と考えるのです。「無知のヴェール」の仮定の下では、自分は、無数のアイデンティティへの可能性に開かれているのだから、自分がそうなってしまったら困るような社会は選べないということは、必然的に、他者にとっても困るような社会を選ばないことになる、とロールズは考えているのです。ここではまさに「被投性」という名の「宿命」によって、ハンディキャップを与えられてしまう人たちにも開かれた社会が模索されているのです。たとえどんな状態に自分が置かれていても、自分の「良き生」を追及していくことのできる社会こそ、正義が実現している社会なのだ、と彼は考

えているのです。原初状態の仮定は、人間は、そもそも生誕時に、どのような状況下に生れ落ちるのか分からないのだ、といった根源的な偶然性を反省させてくれます。こうして、他者を配慮し得る条件の下、各自が、自分自身が「良き生」であると望むものを追求していくのです。

　「原初状態」の想定により、初めて「特定の価値観に左右されない公正な正義概念」を確立できるとロールズは考えたのです。このような「正義」概念によって、形式的自由が保障されている時、個々の人間が、ライフスタイルとして追求しようとしている実質的自由の多様な開花が可能となるのです。それゆえ、ロールズの言う「社会的基本財」が確保されていなければならないでしょう。「社会的基本財」とは人間の持つ諸々の具体的な欲望や利益の実現を助けるような手段となるもの、つまり、権利とか、自由、好機、収入と財、機会の平等、他者への寛容、他者からの承認などのことをいうのです。以上のことから、実質的自由の多様な開花の中にこそ「自分にとって利益となる目的」が守られてあることになりますし、実質的自由の多様な開花を保障するための「形式的自由」を擁護し、そのための「基本財」的な社会環境を整備することこそ「社会にとって利益となる目的」となるでしょう。

　けれども社会的基本財を配分する際に、基本財の保有量によって不平等の度合いを測定しようとしてしまうため、センが言っているように、人々は、健常者であるか障害者であるか、その人が女性で妊娠してはいないか、などといった違いやそれぞれの健康状態、年齢、地域差、労働条件などによって、十人十色のニーズを持っているということが見落とされてしまうのです。ロールズでは、せっかく「無知のヴェール」の想定下で、いろいろな状況下に置かれる自分自身を、思考実験的に想像し、それぞれの人間の差異と多様な実存形態に開かれることができるというのに、いざ条件が導入される時に「誰でもが望む手段」という風に抽象化が成されてしまうことになるのです。つまり、不利なハンディキャップを背負っている人が、「無知のヴェール」の想定下で、一見、「機会の平等」に開かれたかのように見えた次の瞬間に、いざ現実の社会に参入するという時になって、「ともかく誰にでも同じ条件を与えておきさえすればいい」というロールズ的考え方に突き当たってしまい、そのような条件を現実に生かし切れない人がいる、ということが忘れられてしまうのです。

センの挙げている例を使えば、例えば、「体の不自由な人は、健常者とまったく同じ所得を得ているとしても健常者と同じように活動することはできない」のです。同様に、もし与えられた条件が同じであっても、あなたが妊婦だとしたら、20代の独身男性と同じようにその条件を生かすことができるでしょうか。たとえ同じ収入を得ているとしても、そのような基本財を、自己実現するための「自由」に変換し得るかどうかは、このように身体障害者の場合は、健常者とは違うでしょうし、妊婦の場合もそうでない人の場合とは確かに違うのです。各人、選択の自由の範囲が違う中で、それぞれが成し遂げることのできる様々な可能性が保障されており、そこから選ぶことによって実際に自己実現し得る自由が求められなければなりません。そんなわけで、自己実現という意味での自由は、やはり、センも言うように、「自由を達成するための単なる手段」とは違うのです。

　センの考え方の凄いところは、形式的自由が実現すれば自然に実質的自由がもたらされるだろうという自由主義の考え方が、信仰に過ぎなかったということを教えてくれたことにあります。第1章で紹介したように、セン自身は「ケイパビリティ」という概念を持ち出すのですが、何が「ケイパビリティ」なのかは、人それぞれで、あなたの生活を豊かにするために、どんな状態でありたいのか、そしてどんな行動を取りたいのか、ということを考えれば、あなたの「ケイパビリティ」が何なのかを理解できるのです。社会は、「こんな状態にもなり得るし、こんな行動も可能だ」といった具合に、豊かな選択可能性を提供することで、各人の「ケイパビリティ」の幅を広げることをサポートしていかねばならないのです。そんなわけで、個々のニーズのあり様も考えずに、ただ単に、基本財を分配すれば、それが「形式的自由」となって、それを足場に「実質的自由」が開花する、というのではなくて、様々なニーズを持つ人々に対して、その資質を開花させることを可能にしてくれるような環境こそが「形式的自由」でなければならないのです。

　私たちは、私たち個人個人が持つ諸々の具体的な欲望や利益の追求を「実質的自由」の実現と考えて、「自分にとって利益となる目的」を設定するわけです。そのためには、人間能力の増大に必要な「活動環境」つまり、「形式的自由」が社会的に保証されていなければなりません。従って、以上のことから、実質

自由の多様な開花の中にこそ「自分にとって利益となる目的」が守られてあることになりますし、実質的自由の多様な開花を保障するための「形式的自由」を擁護し、そのための、政治・社会環境を整備することこそ「社会にとって利益となる目的」となるでしょう。このように見れば、利己的である人も、十分に他者と共同して、「実質的自由」を開花させることのできる、より優れた社会環境作りに乗り出すことができるわけです。

「道徳的な」目的：利他性の可能性

さらに、私たちが見てきましたように、愛情を持って相手に接する時、その相手に「道徳的価値」を見いだしますし、「自然」に対しても、愛情を持って、「天竜川」や「富士山」のように固有名詞で呼ぶようになれば、固有名詞をもって呼びかける自然物に「内在的価値」を見いだすようになっていきます。そうした「内在的価値」を見いだしたもののためになろうというような動機で目的設定をした場合、それは、単に利己心から目的設定をしたのではありません。利己的ではない上に、§1でも引用した、「あなたを助けることで、おそらく、私は少しばかり自分の人生を高めようとしていたのよ。きっと、どんな人の人生でも、少しばかり高めることができるんだと思うわ」というシャルロッテの言葉の中にも窺い知ることができるように、「快楽と利益」というヒューム的な動機でさえも昇華している場合さえあるのです。シャルロッテ的な「利他性」を動機に持つような目的設定を、「道徳的」という言葉をシャルロッテ的な「愛情」という動機によって、「相手の内在的価値」を見いだすことに基づく行動様式を表現する言葉である、と限定して使用し、誤解のないように括弧に入れて「道徳的な」目的と呼ぶことにしましょう。

こうした「道徳的な」目的の達成の過程で、それが「社会にとって利益となる目的」の達成でもある、という場合も十分考えられます。例えば、かの有名な「森は海の恋人」植林運動で知られる、牡蠣養殖家、畠山重篤さんは、東京オリンピックの頃から、赤潮に見舞われ、汚染が進んでいた、愛する生まれ故郷の「気仙沼湾」を守ろうとして、漁師仲間と上流の山に落葉樹林の森を育てました。落葉樹は葉を落とし、腐葉土が分解していく過程でできる有機物、フルボ酸が、鉄イオンと結合しフルボ酸鉄となり、それが雪解け水とともに川に

注ぎ、フルボ酸鉄をたっぷり含んだ川の水は、光合成の際に鉄分を必要とする植物性プランクトンを育て、そのプランクトンを、牡蠣は栄養分として摂取するのです。こうした畠山さんたちの努力が実り、良い漁場が復活したのです。こうして、「愛するもの」、つまり「内在的価値を見いだしたもの」を守るという「道徳的な」目的が、結果として、「社会にとって利益となる目的」でもあったわけで、後の世代のために、良い漁場を残すことになったのです。こうして、畠山さんの運動は、戦後の高度成長期に荒廃してしまった地域経済圏を活性化することにもなったのです。

　ですから、以上、見てきましたように、目的の候補として、

1) 自分にとって利益となる目的
2) 社会にとって利益となる目的
　　というヒューム的な目的の他に、
3)「道徳的な」目的

を加えることができるでしょう。これは、「内在的価値」を見いだしたものに対する奉仕が目的となるような場合です。愛着を感じている「富士山」を環境破壊から守りたい、といった目的や、愛する娘のために、身を粉にして働く、といったような目的がこれに当たるのです。

　こうして「目的」を設定することによって、自分の諸行為に文脈を与え、「道具的価値」を見いだすことによって、「人生」に意味を見いだす、という考え方ができます。けれども、次の章で検討していきますように、これで話が終わったわけではありません。私たちは、今まで、「目的」ということを重視する見方を主に検討してきました。この考え方に立てば、設定した「目的」によって、その目的達成のための手段となる諸行為に「道具的価値」が付与されるのだ、ということになります。そこで次の章では、「目的」を重視する見方に批判を加えてみましょう。そして、第5章では、行為そのものに、「道具的価値」ではなく、「内在的価値」を見いだす可能性を検討してみたい、と思います。

第4章 「線分」の内側から考えるとは？

　前章の最後のセクションにおいて、私たちは、「目的」と「意味」の関係を考えてみました。つまり、「目的」は諸々の行為をまとめ上げ「意味」が生じるための「文脈」を提供するのだ、ということでした。私たちは、「目的」の設定によって、「目的」を実現するためになされる諸行為に「道具的価値」が生じる、と考えました。「人生」の内部において、目的を設定し、その目的を目指すために手段を選ぶ、ということ。これは、私たちが通常行っていることです。この第4章においては、この通常私たちが行っている目的設定による人生設計に潜む難点を取り出して、私たちの目的観を批判する観点を得ようと思います。そのための手引きとして、この章では、リチャード・テイラーの見解を中心に検討を進めていきたいと思います。

§1　リチャード・テイラー（Richard Taylor）の見解

　「意味のある人生」を直接論じてみようとすると誰でも途方にくれるだろうと思います。おそらく「意味のある人生」の具体的なイメージは人によって様々であろうと想像できるからです。例えば、高度成長期の日本では、「アメリカ並みの物質的豊かさ」という共通のイメージがあったことでしょう。けれども、一応の豊かさを達成してしまった今日、「幸福」という概念によって、人は、銘々、思い思いのイメージを心に抱くでしょうし、「何を重要であると考え、何に意味を見いだすのか」といった問題でも見解が分かれることでしょう。そこでリチャード・テイラーの言うように、まず「意味の無いと思われる存在の仕方の鮮明なイメージ」を心に描いてみることを提案したいと考えます。「無意味さ」という点では、何らかの共通点が得られるかもしれません。皆さんも、

読み進める前に、ちょっと「無意味な人生のイメージ」を絵に描いてみてください。

　テイラーが持ち出した無意味な人生のイメージはギリシア神話のシーシュポスの話で、オリンポスの主神ゼウスがシーシュポスに課した永劫の罰のイメージなのです。コリントス王アイオロスの息子であるシーシュポスは、ゼウスが妻ヘラの目を盗み、河の神アソポスの娘アイギナをさらい、愛人にしていることを知ってしまいます。シーシュポスは、河の神に、コリントスの領内に泉を沸かせること約束することを条件に、河の神の娘をさらった犯人が他ならぬゼウスであることを漏らしてしまうのです。シーシュポスの裏切りを怒ったゼウスは、彼の下に死の神タナトスを送り込むのですが、シーシュポスは逆にタナトスを鎖で縛り上げてしまうので、ゼウスの方がタナトスの救出に奔走するはめになるのです。けれども、最後には、シーシュポスは地獄に送られてしまいます。しかし、賢い彼は妻のメロペに予め葬式を行わないことを命じておくのです。それゆえ冥府の神ハデスは大層怒り、不敬虔なメロペを罰するという意味で、彼女を驚かすためにシーシュポスを地上に戻してしまうのです。こうしてまんまと神々の裏をかき、彼は長寿をまっとうするのです。けれども、本当の死がやってきた時、彼を待ち受けていたのは、怒れる神々の永劫の罰でした。それは、頂上まで辿り着くと転がり落ちてしまう、岩を永遠に押し上げ続ける罰でした。本を正せば、ゼウスの浮気に端を発するお話なので、シーシュポスが気の毒に思えるのですが、ここで私たちの必要とすることは、シーシュポスの課せられた罰のイメージなので、物語の詳細には関わらずに、そのイメージを取り出すことにしましょう。そこでホメロスを引用するとしましょう。「シーシュポスは両の腕で、巨大な岩を押し上げる。しかし岩が頂上に届いたと思った瞬間、突然何かの力で岩は傾き、底まで転がり落ちてしまうのだ」。このシーシュポスに課せられた永遠の作業、大岩を押し上げては、永遠にやり直す、恐ろしいまでの単調な繰り返し。何事にも至らない単調な繰り返しのイメージ、まさしくこれこそテイラーが私たちに考察するように提供した無意味な人生のイメージなのです。こうしたイメージを私たちに想像するように促してからテイラーは、このイメージを有意味なイメージに変えられることができるとしたら、一体どこを変えたらよいのかを考察するのです。

まずテイラーはこのイメージから、シーシュポスの労働を無意味にしている要素とは考えられない２つの要素を取り除きます。最初のものは、シーシュポスの労働が無意味なのは、彼が苦痛によってさいなまれているということにあるのではない、ということです。シーシュポスが、苦痛を感じていなくとも、彼に課せられた労働が無意味であることには変わりありません。除かれるべき次の要素は、シーシュポスの労働が重労働であるというものです。シーシュポスの労働が重労働であるというイメージは「無意味な人生」のイメージには関係がないのです。テイラーはこれらのことをはっきりさせるために、神話では、なるほど彼は巨大な大岩を苦労して運ぶイメージがあるのだけれども、それが単なる小石であっても、その小石が頂上から転がり続けシーシュポスに繰り返しを強いるなら、無意味さのイメージはこわされることはないと言うのです。必要なのは、その単なる繰り返しを除いては決して何事も起こることのない、日夜繰り返し繰り返し反復されるシーシュポスの人生の恐るべき単調さなのです。彼の労働は繰り返されるだけで、何事にも至らない、ということが重要なのです。さらに、シーシュポスの運ぶ石が繰り返しの都度、違った石であろうと、この無意味さのイメージは変わらないでしょう。このように変更を加えても、単調な繰り返し以外何事も起こらないからです。

　このように誤解されやすい要素を事前に取り除いておいてから、テイラーは思考実験を試みるのです。それは、この無意味な人生のイメージに、何を加えれば、有意味だと言えるようになるのか、想像してみなさい、ということです。さて、ここで皆さんにお聞きしますが、皆さんがこのシュシュポスの労働をしなければならない、として、労働を課す側が、「１つだけ条件を述べてみよ、その条件は適えてやるぞ」と言ったとしたら、どんな条件を出すでしょうか。つまり、あなたが、シーシュポスの労働を引き受けてもよい、と言えるための条件とは何でしょうか。ちょっと考えてみてください。テイラーは、これから述べる２つの内、いずれか１つがあれば、無意味さのイメージを、有意味なものに変換できるだろう、と考えています。テイラーが提案する１番目の変更と２番目の変更を順番にみていきましょう。

1)　１番目の変更：シーシュポスが、彼の運んだ石で、例えば、山頂に美しい

寺院を建てることができた場合。この場合確かに彼の労働は到達点を与えられたわけで、無意味さのイメージは消え失せるでしょう。つまり、達成されるべき「目的」が与えられた場合ですね。

2) 2番目の変更：ゼウス様が邪悪さと表裏一体と言えるような憐れみをシーシュポスに示し、シーシュポスの本能に否応なしに石を転がし続ける奇妙で非理性的な衝動を植えつけた場合。この場合、確かにシーシュポスは、相変わらず何事も成し得ないでしょう。その衝動に従って、ただただ石を転がし続けるわけですからね。にもかかわらず、もし石を転がし続けることが唯一のシーシュポスのオブセッション（執念）であるのならば、彼は少なくとも自分のしたいことをしていることになるでしょう。そうであれば、たとえ繰り返しのイメージがこの場合も付きまとおうが、彼が好んでしていることゆえ、最初のイメージにあった運命の苛酷さのイメージは少なくとも消え失せるでしょう。シーシュポスが、「俺は岩を転がすのが好きで好きでしょうがないんだ、本当にやめられないぜ！」と言っているとしたら、第三者が何を言おうがお構いなしでしょう。この変更では、彼が好んでしているということが重要なのです。この2番目の変更では、シーシュポス自身の内に、石を転がす意志があれば、あるいは興味や関心があれば、無意味さのイメージは消え去るだろう、ということを言っているわけです。

　まとめますと、1)「目的」を持つ、ということ、2) 意志や興味、関心がある、ということ、これらのいずれかがあれば、無意味さのイメージは有意味なものに変わるのだ、というわけですね。

　このように考察を進めておいてから、テイラーはシーシュポスの神話によって鮮明に与えられた無意味さのイメージが、実際の生の営みにどれほど、類似しているかを見ていくのです。せっかく「無意味さのイメージ」を取り出しても、それが単なるフィクションではない、ということを示さないとしたら、ただの絵空事になってしまうからです。シーシュポスの神話から得られた無意味さのイメージとは、「方向性もなく、要領を得ないまま、到達点もなく繰り返されるだけの単調さ」でした。テイラーは人間の生活を後回しにすることを前置きしてから、まず動物たちのライフを観察していくのです。テイラーが、挙げ

ている3つの例を順番に見ていくことにしましょう。
1）ニュージーランドの洞窟にいる昆虫（「土蛍」）の例；
ニュージーランドやオーストラリアにはGlow worm（土蛍）という名の昆虫が生息している。土蛍は主として洞窟のように暗く湿った場所を好む。土蛍の幼虫たちは、発光帯を持った尻尾で他の昆虫を誘き寄せ、粘着性の糸のカーテンに引っ掛けて補食するのである。こうしたことが、何か月も続いていく。結局、最後には成虫になり、卵を産むが、そうした成虫自体も肉食の幼虫の餌食になるのである。こうしたことが何世代も何世代も繰り返される。
2）ある蝉の幼虫；
ある蝉の幼虫は、17年もの間地中にいるが、ほんの単期間地上にあって成虫になると、やはり卵を産んで死んでいく。このことがまた次の世代でも繰り返されていく。
3）ある渡り鳥；
旅立ちのための準備、長い辛い旅、長旅の後、生き残ったものが行う番い、巣作り、また新たな世代の旅の繰り返し。

　私は、テイラーの挙げている例の中に出てきた「土蛍」なる昆虫が、学生時代からずっと気にかかっていて、20世紀最後の春休みに、とうとうオーストラリアの洞窟に土蛍を見に出かけました。青白い光が、真っ暗な洞窟の壁面を覆う様は、そこで繰り返し起きているとされるドラマとは裏腹に、おとぎの世界にやってきたような錯覚を覚えました。そうした錯覚と対照して考えると、この洞窟でずっと続いてきたドラマの虚しさが実感されてきました。湿気を含んだ冷気の中に佇んで、しばし瞑想に我を忘れ、洞窟を後にしたことを今でもはっきりと思い出します。
　さて、確かに、こうした動物界に見られる現象は、まさにシーシュポス的な無意味な繰り返しを反映しているように思われます。人間もこうした動物たちの一部であることには変わりないのです。では、動物や私たち人間の生の一体どこがシーシュポスに似ているというのでしょうか。私たちも何世代にわたって、唯々家庭を維持し、同様なことを繰り返す子孫を生み続けてきたに過ぎないという点において似ているのです。つまり、シーシュポスの場合は、大岩を

運ぶため、再び引き返してくるのがシーシュポス自身であるけれど、人間や動物の場合は、その仕事をするために戻ってくるのは子孫たちなのです。子々孫々と続く生の単調なサイクルの繰り返しが、無意味さのイメージを紡ぎ出している、と感じられるのですね。私たちが距離をおいて傍観者の視点から、人生を見るならば、確かに人生はシーシュポスの神話のイメージを持っているように見えます。

§2　西岡兄妹の『この世の終りへの旅』に見られる「繰り返し」のイメージ

　テイラーは、動物界には、シーシュポス的な「繰り返し」のイメージが存在し、人間も動物である以上、そうした「繰り返し」から逃れられないのだ、という結論を出しています。人間界に存在している「繰り返し」のイメージを強烈に印象づけてくれる漫画があります。それは西岡兄妹の『この世の終りへの旅』という作品です。繊細なまでに美しいイラスト風の絵によって物語が描かれているため、私の要約から感じられるようなおぞましさを微塵も感じることなく読み進めていくことのできる作品です。私の要約もあくまで1つの解釈ですので、そのつもりでお読みいただければと思います。

　西岡兄妹の『この世の終りへの旅』には、「前に進むことのできない旅」のモチーフがあります。前に進むことができない理由は、「ドアを開ける、ドアを閉める、仕事に行く、家に帰る」という具合に、文明社会が、同じことの繰り返しを強いるからなのです。ある朝、この主人公は、靴の紐の結び方が分からなくなったがゆえに、日常的な繰り返しの中に素直に入っていくことができなくなるのです。その途端、駅まで続く道が一本道であったはずなのに、いくつにも分岐してしまうのです。こうして彼の「旅」は始まるのです。昨日までは近所にあるはずがなかった川に辿り着いた彼は、船着場の船に飛び乗って上流を目指すのですが、その船はどんなに努力しても前には進まず、彼は、「同じ場所に留まり続ける人生を思って」眠りについてしまうのです。「ドアを開ける、ドアを閉める、仕事に行く、家に帰る」といった「繰り返し」は、「同じ場所に留まり続ける」ことと、結局は違いはないのだ、というのです。

　この旅立ちの話の後、眠りについた男が見る夢の話が続きます。それは「起

源の忘却」とでも題したいような寓話的な物語になっています。夢の中で男は海賊船の船長で、船足を早くするために、漕ぎ手の奴隷を増やしていくのですが、それに伴い船そのものが巨大化し、1つの都市になってしまい、男の存在も忘れられ、御伽噺になっていく、といった話です。奴隷の増加に伴い、奴隷が奴隷を管理するようになり、やがては奴隷であることが忘れられ、一つの民主国家ができあがっている。そしてそれが船であることを忘れて、さらなる進化を遂げようとする時、巨大都市と化した船は沈没してしまう、という寓話です。それでは、海賊船に喩えられている起源とは何で、なぜ私たちはその起源を忘れてしまったのでしょうか。次に語られる「食人（カニバリズム）」の物語は、「社会性」の起源を明かしてくれています。

　その後、男は、ある島に漂着します。その島の村では、元々食人の風習があったのだけれども、その村の太祖に当たる男が、死んだ人間の肉を与えると人間そっくりに成長する「虫」を見つけてからというものの、食人の風習はなくなったのだ、というのです。人肉食の風習のあったこの村の「人肉食的なもてなし」を受け入れられずに逃げ出した主人公の男性は、村の長が自分のための特別なもてなし用に用意していた、美しい女の形を取った「虫」を連れてジャングルに逃げ込むのです。この村の人たちが、「虫」などと言って自分たちを欺いて食人をしているのではないのかという可能性が、男の脳裏をよぎります。女は甲斐甲斐しく男の世話をし、「食べ物を求めてジャングルを歩き、吹き矢で猿を捕り、野生の芋を掘り、ご飯を食べて、泉の水を飲み、夜にはセックスし、眠る」という生活が始まります。けれども、「同じことを同じ場所で繰り返し繰り返ししているだけではないか、ぼくが死ぬまで」という不安に襲われた主人公は、共に暮らしていた女を殺して、その女を食べることにしてしまうのです。

　ここには、「人肉食の禁忌」が社会性を生み出し、それが人間に「社会的日常性という名の反復を強いるもの」として登場するのだ、という、考え抜くのが恐くなるようなモチーフが登場しています。結局、社会性のヴェールに覆われていようがいまいが、人間は、「ご飯を食べて、水を飲み、夜にはセックスし、眠る」といった動物的反復から逃れられるわけではないのです。実際に、人間が「人間性」という名において、動物性との連続性を断ち切るために設けた禁忌、「食人の禁止」「近親相姦の禁止」などを嫌悪する際の、理由なき嫌悪感は、

むしろその理由の無さゆえに、動物性との連続性を感じさせてしまうようなものなのです。主人公の目の前には、女を殺し、食人を経験した瞬間、道が開けます。彼は砂漠に通じるその道を行くために、女を皮袋にして、水を蓄え、女の乾肉で餓えをしのぐのです。そして食人を経験したがゆえに開けたその道の先で、彼は「駱駝」と間違えられてしまうわけで、動物性との「連続性」に「社会性」という名の「非連続性」の楔を入れていた「禁忌」を犯した瞬間に、動物性へ回帰するというモチーフがあるのです。この男が経験したように、「社会性」を身につけることによって、忘却したと思っていた、人間の「動物性」という起源にも、実は「繰り返し」のモチーフがあったのでした──「ご飯を食べて、水を飲み、夜にはセックスし、眠る」という、あの動物的反復です。社会的日常の「繰り返し」から逃れる「旅」において、「禁忌」を犯すことで、動物性へと突き抜けた男は、結局そこでも「繰り返し」のモチーフに出会ったのでした。

　そんな主人公の前に、カフカの小品『掟の門』のように、門番が、待っているのです。その門は文明社会への入り口ですので、動物との「連続性／非連続性」の境界に、門番が立っているようなものなのです。門番は2人います。「だめだ、と言うのがわしらの仕事だ」という門番は、まさに「禁忌」「社会の掟」を象徴しています。2人いるのは、どの社会でも「社会の掟」の代弁者は、社会への新参者である子どもにとって、まず自分自身の両親だからなのでしょう。西岡兄妹のこの作品の冒頭で、「見送りとも監視ともつかない」感じで、主人公の旅立ちを見守っている、2人の人影も、「なぜか見知った人間のように思えなくもなかった」とあるように、両親なのかもしれません。門番たちが「だめだ、と言うのがわしらの仕事だ」と言うように、私たちも両親から「してはいけない」「だめだ」という否定の命令形で「社会の掟」を擦り込まれてきたわけです──「落ちているものを拾って食べてはいけません」「うんちなんだから、ばっちいでしょう、触ってはいけません」「人前で裸になってはいけません、恥ずかしいでしょう」「おちんちんを弄ってはいけません」「いつまでもお母さんと一緒に寝るなんて恥ずかしいでしょう」「女の子なんだから静かにしていなさい」「男だろう、泣いてはだめだ」など、私たちの心に社会性を記すのは、こうした「否定の命令」を通してなのです。

さて、門番は、2人とも老人で、主人公が門をくぐったら、死んでしまう、と言うのですが、結局は、主人公が門をくぐると、小さな子どもになってしまい、砂漠に開けるように出現した海に向って、浮き輪を使って泳ぎ出すのです。この門番は、実際の両親ではなく、両親自身も本当はわけが分からずに従ってしまった「社会の掟」を象徴しているわけで、人間社会を支配し続けてきた「社会の掟」を象徴しているがゆえに「老人」の姿を取っているのです。「掟の門」をくぐって「社会性」を身につけてしまえば、「だめだ」という否定の命令を投げ続けることによって、あれほど威厳ある存在であった両親も、「社会の掟」という「プロンプター」がいなくなれば「同じ人間」「等身大のただの人」に見えてしまうわけで、それが「おまえがこの門をくぐるとわしらは死ぬことになる」という言葉が象徴していることなのでしょう。「死ぬ」ということは、もちろん「社会の掟」の代弁者たるプロンプターの役割を終えるということで、実際は、プロンプターの役割から解放された途端に「老人たちは子どものように水辺ではしゃぎまわって」海へ向けて泳いでいくわけなのです。子育てが終わって解放された、というわけです。気になった主人公が振り返って見ると、海原には、「浮き輪」が浮かんでいます。「浮き輪」という象徴によって、子ども時代が想起されているわけで、私たちも私たちの両親たちも、子ども時代、自分の両親から「だめだ」と言われつつ、「社会性」へ至る「門」をくぐったはずなのです。

さて、「門」をくぐった後、女の皮袋をフェティッシュのように持ち歩く彼は、食人という禁忌を犯した者として法廷に立たされるのです。けれども、一旦、「門」の向こう側に行って帰ってきた主人公には、この文明社会の中でも「人が人を貪り食う」食人の光景が見えてきてしまうのです。つまり、社会の成り立ちの原光景が透けて見えてしまうのです。再び「ドアを開ける、ドアを閉める」という、社会的な日常の繰り返しが、戻ってきます。けれどもこの「繰り返し」も、「掟の門」をくぐる以前を垣間見た主人公にとって、今回はちょっと違ってきます。彼は、肌身離さず持ち歩いていた女の皮袋の腹部に入り、胎内回帰を図り、例の門番が暗示していた子どもに帰ることで、今度は、子ども時代とは違って、「門」の意味を分かった上で意識的に「門」をくぐり、社会的日常の「繰り返し」を引き受け得る立場に身を置くのです。だからもう「物

語」はいらない、と言うのです。

§3 ショーペンハウエル（Arthur Schopenhauer）と人生のイメージ

　人生がシーシュポスの神話のイメージを持っていることを主張するために、哲学者、ショーペンハウエルを後ろ盾にしたら、より説得的でしょう。そこで、このテイラーの見解をバックアップするために、ここでショーペンハウエルの説を紹介しておきたいと思います。

　ショーペンハウエルはこの世に生きることの苦悩を説きます。彼によれば、一切の生は苦悩だ、というのです。彼は物事の本質を「盲目的な意志」と呼んでいます。「盲目的な意志」とは、いかなる事態を指して言われているのでしょうか。ショーペンハウエルの言っている「意志」は、今風に言えば「無意識の欲望」のようなものなのです。「盲目的な意志」が「欲望」である限りにおいて、常に現在被っている欠乏状態から始まる上（何かを欲望する人は、現在その何かが欠けているから欲望するのだ、ということです）、それが盲目である限りにおいて──「無意識の欲望」ですから、何が欠乏しているかが常に定まらないゆえ、常時欠乏状態に置かれている、という事態を指しているのです。人は誰もが、自分がこれこそ幸福だと思い込んでいることを目指して努力するのですが、単なる思い込みである場合がほとんどなので、本当に幸福な状態に到達することはめったになく、あったとしても、結局幻滅を味わうだけだというのです。なぜ幻滅を味わうだけだ、と言うのでしょうか。私たちの欲望のもたらす苦悩の無限さに比較したら、満足感など無きに等しいほど短いからなのです。苦悩には限りがありません：欠乏、困窮、生の維持に伴う憂慮、性欲、飢餓感、憎悪、嫉妬、不安、野心、支配欲、病気、などが人生に満ち溢れている上、おまけに死が必ず待ち受けているのです。苦しみを追放しようとしても苦しみが形を変えることしかできず、本来の苦しみである生存を保つための憂慮は常に人間に付きまとうことになるのです。ショーペンハウエルはこのように言っています。欲望を充足させるとたちまち、飽きが来ることから、欲望そのものの本性は苦痛なのだ、と。そして、たとえ、これらの苦悩のすべてから解放されたとしても、後に残るものは、結局退屈だけだ、と。即ち、欲望の一時

的充足感の後、まったく新しい欲望が沸き起こってこない時、私たちは、荒涼とした空虚な気分、つまり退屈に襲われるだけなのだ、というわけなのです。これを撃退することは困窮と戦う以上にむずかしいと彼は言っています。人間は生存のために苦悩し、いざ生存が確保された時には、己の生存をどうしてよいものやら分からなくなってしまうというわけです。だから、人間は時間をつぶすことを考えるようになる、つまり、退屈から逃れようとするのです。

　確かにこの「退屈」ということは現代の病になっています。現代文明のお陰で、せっかく労働などの苦役から解放されて、自由な時間を過ごせるようになっても、日々時間をつぶしている自分に気づき、「明日も、そしてまた明日もだ」という空虚さに襲われるのです。寝食足りて退屈を知る、そういう状態ですね。さらに、苦悩から解放された状態は、苦痛がない状態というだけであって、決して快楽や心地良さといったような積極的な働きかけをもたないゆえに、人はそうした状態に有難味すら感じないのです。言い換えれば、苦痛のない状態イコール快楽という式が成り立たないと言うのですね。だからこそ、むしろ苦痛のない状態は退屈に陥ってしまうのです。そして恐ろしく虚無なまでの退屈がかえって私たちを責めさいなむようになるというのです。退屈が私たちに教えてくれることは、つまり、苦痛の無い状態も無意味なのだ、ということなのです。言い換えれば、苦痛から解放されてある一時が、退屈にしか過ぎないということは、そうした苦痛のない状態に対しても私たちが積極的な価値を見いだすことができないということを意味しており、それは裏を返せば、人生それ自体が何の価値もないということの証拠であるとショーペンハウエルは言うのですね。結局、退屈と苦悶だけが人生を彩るわけなのです。人間の生は、生命の消耗という名の時を刻みながら、退屈と苦痛の間を揺れ動くメトロノームだ、といった具合にイメージしてみてください。

　さらに、彼は私たちの注意を快楽と苦痛の間の不均衡に向けるのです。経験から私たちは、「楽しく過ごした時間」ほど早く過ぎ去るように感じるのですが、苦痛は時間の経過そのものを意識させるほど、時間を長く感じさせるのです。皆さんも、歯痛の経験を思い浮かべてみてください。疼くような痛みが時を刻んでいるように思えてきて、何も手につかなくなる、そんな状態を想像してみてください。あるいは、恋人同士になれるような歯ごたえのあった相手と

楽しいおしゃべりをして過ごしたパーティがお開きになった時に感じる、時間への執着を想像してみてください。おまけに快楽は度合いを越すと即苦痛に変化してしまいますが、その逆は言えません。

　例えば、おいしいものでも食べ続けるわけにはいかず、限度がありますし、本当かどうかは知りませんが、猿に自慰行為を教えると死に至るまで続けるという象徴的な話まであります。さらに健康や自由、あるいは若さのようなものは、私たちがそれを所有している間はまったく気がつかずにいますが、それらを失ってしまった時初めてそれらが実は「幸福」の要因だったと気がつくような類のものであるということを考えてみてください。こうして快と苦のみから人生の価値を決定しようとするならば、私たちはいやが上にも両者の不均衡に気づかされるのです。快の状態が比較的少ない上に、それが苦の不在という消極的な定義づけしか許さないのであれば、確かに人生は苦悶に溢れているということになってしまいます。おまけにそうした苦痛を人間固有の反省能力が増幅させてしまうのです。苦痛の影響力は人間においてのみ、まさに憂慮や心配という形を取るのです。実際に何も苦痛がない時も、明日は何かが起きるのではないだろうか、という形の不安を人間は抱きます。聞いている内に、皆さんも、人生に対して悲観的になってきたのではないでしょうか。実際に、かつては日本でも、ショーペンハウエルを読んで、自殺する人たちが多くいたわけなのです。

　ショーペンハウエルの見解は極端なものですけれども、彼が人生に対して抱いているであろうイメージを取り出してみると、それが確かに一面的なものではありますが、ある真理を突いていることは認めてよいように思います。ショーペンハウエルの人生観を根底で支配している隠喩は「人生はサイクルである」という、サイクルつまり周期のイメージに基づいたものでしょう。ショーペンハウエルによれば、「欲求――行為――充足――退屈――新たな欲求の芽生え」というサイクルが人生を支配しているわけですから。このサイクルを円運動とイメージしてみますと、円は永遠の象徴として利用されるだけではなく、単調な繰り返しをも同時に表象しますので、永遠に繰り返される無意味さのイメージが出てくることになります。「人生はサイクルである」という円運動のイメージを、私たち人間も動物も子々孫々と紡ぎ出していくという

わけですね。さらに、こうした子々孫々と続くサイクルを、テイラーが提示したイメージに合わせて「生誕する――子どもを作る――死ぬ――生誕する――子どもを作る――死ぬ」というサイクルで表現することもできるわけです。ここには、確かに、シーシュポスの神話の提供してくれた、あの「無意味さのイメージ」があります。

　私たちはショーペンハウエルの見解を考察することによって、人生も見方によっては、終点を持たぬ単調な繰り返しのイメージを鮮明に伝える円運動のイメージで捉えられ得るということを見てきました。そこで今度は、再びテイラーの見解に戻り、シーシュポスの神話に意味が生じるように彼が加えた2つの変更を私たちの人生の場合に応用して、「人生に意味が生じる」ということがどういった要素によるのかを見ていくことにしましょう。

§4　テイラー再び

　さて、ここで、テイラーが、シーシュポスの労働を有意味なものにするために、提起した2つの条件を思い出しましょう。1)「目的」を持つ、ということ、あるいは、2) 意志や興味、関心がある、ということ、これらのいずれかがあれば、無意味さのイメージは有意味なものに変わるわけですね。これら条件を1つずつ検討してみましょう。

　それでは、まず、1)「目的」を持つ、ということ、から検討していきましょう。私たちは、もしシーシュポスの労働が何らかの到達点を持つならば、彼の人生は意味を持つことであろうということを見ました。確かに、人間の行為がシーシュポスの労働に似ていないと言い得る点があるとしたら、この点でしょう。つまり、人間は確かに目的を抱き、何事かを達成しようとします。けれども、人間の成就したことどもは、実にはかなく、年月とともに忘れられるでしょうし、消え去ってしまう可能性すらあるわけです。

　フランスの哲学者ガブリエル・マルセルが、かつてアメリカを訪れた時の印象を記して、こんなことを言っていました。

アメリカでよく見られる町は、「車で通り過ぎるため」というだけの、車がもし

なくなったら、たちどころに廃虚と化してしまうであろう＜バラックの町＞であった。

　まさしくその通りで、私が留学していた中西部を旅してみれば、しばしばゴーストタウンと化した町を見かけることができます。そんな時、「一体、ここにどんな人々が住んでいて、どんな生活をしていたのだろうか？」という疑問が自然に浮かんできます。この疑問を引き金にして、「結局、私たちのこうした生活もいずれは意味を失い、誰かが、今、こうして私がこのゴーストタウンを見て感じているように、私たちの送っている生活が残すであろう跡を眺めて、同じことを考える時が来るかもしれない。だとしたら、私たちの生活に一体どんな意味があるというのだろう？」などと考え込んでしまいます。私たちが、ピラミッドや万里の長城を見て感じるように、いずれ遠くない将来、私たちの成就したものを、廃虚のように眺める人々があることだろうし、またその人々の成就したものも、いずれは廃虚のように眺められる視点が生じ、こうして無限に意味の無いことが繰り返されるだけだとしたら、人間のしていることに、何の意味があるのだろうか、というような究極的な疑問がわいてきます。それなら、人間が成就したことが永遠のものであり、それをまた人間が永遠に楽しむことができたとしてみたらどうでしょうか。テイラーは、例えば、シーシュポスが、彼の目的を成就した結果として、建てた美しい寺院を永久に眺めることができた場合を考えてみるように私たちに促します。そんな場合、もはや活動することから解放されてしまったシーシュポスには退屈しか残らないだろうとテイラーは言うのです。

　「目的」という変更点を加えることに伴う難点は、これだけではありません。問題は、1つの目的が達成した後、達成後の満足感に入れ替わってやってくる空虚感を埋めるべく直ちに新しい目的を設定し直さねばならない、ということが延々と続くだろう、ということなのです。このように一旦目的が達成したら、次の目的を、それが達成されたら、またさらに新しい目的を、という風に続いていく「目的の連鎖」を考えねばならないわけなのです。加えて、一旦目的が達成されたら、次を探さねばならない、という焦燥感があります。もし次を探し得なければたちまち、空虚感に襲われることになるでしょう。

ドイツロマン派を代表する偉大な作曲家、ローベルト・シューマンは、若き日、「1つの目標に到達した時、次にさらに到達困難な新しい目標を打ち立て、それに向って努力していくのだ」といった内容の書簡を残しています。母親宛ての手紙の中で18歳のシューマンはこのように言っているのです──「つまり人の一生とはこうしたものです：目標は、一旦到達してしまえば、目標ではなくなります。だから僕たちは目的を持ち、懸命に努力し、より高みへ達することを願うのです。やがてわれわれの目が閉ざされ、われわれの疲れ果てた魂がまどろみつつ墓に横たわるときまで……」。実際にこの言葉通り、ピアノ曲に始まって、歌曲、室内楽、協奏曲、交響曲、オラトリオ、オペラ、そして晩年の傑作『ミサ』『レクイエム』それから『ファウストのための音楽』に至るまで、前の目標よりもさらに大きな目標が立てられ、シューマンの飛翔は、さらなる高みを目指して続けられ、創造の翼の休まる時はなかったのです。娘の回想にもあるように、創作に熱中したシューマンはまさに燃え尽きていきました。そして最後は、狂気に襲われた彼はライン川へ投身自殺を図り、それは未遂に終わるのですが、その後、精神病院で彼の疲れ果てた魂はまどろみの時を迎えるのです。シューマンは、己の魂を燃焼させ続けたわけで、ロマン主義の化身のような生き方です。けれども、シューマンのような激しい情熱を誰もが持ち合わせているわけではありません。

　こうして考えていくと、1番目の変更、つまり、「目的を持つこと」ということでは、無意味さのイメージは拭い切れない感じがします。

　けれども、私たちが2番目に加えた変更がまだ考察されずに残っています。活動に対する、「私たち自身の意志と興味や関心」に焦点を当てるという変更です。そこで先のゴーストタウンの例にもう一度戻って考えてみることにしましょう。今度は、このように問い掛けてみるとしましょう。「今は雨晒しになって、破れてスプリングの出てしまった、この安楽椅子も、かつてそこに腰をかけた老人にとっては意味を持つものであったに違いない」そのように言えないだろうか、と。確かにその通りで、今は破れて、スプリングが飛び出してしまっている、この安楽椅子も、かつて、この椅子に腰掛けて憩いの時を過ごした老人にとっては、意味を持っていたことでしょう。してみると、次のように言えないでしょうか。「外部より傍観者の視点で眺められると、無意味に見

えることでも、生活を実際に送っている人々の内部より、参加者の視点で捉えるならば、外部からどんなに些細に見えることでも、眩いばかりの意味を帯びてくるのだ」と。生活する人々が興味を持ち、それを遂行することを意志するのなら、そういう人々の行為に他にどんな正当化が必要であろうか、とテイラーは、私たちに問い掛けます。シーシュポスが、もし彼の繰り返しの行為でも、興味を持ち、それを意志するのなら、第三者が、彼の行為を無意味であるとは言えないでしょう。それを無意味であると言いたい哲学者がまだいるとしたら、その哲学者の視点は傍観者の視点として外部に置かれているからだとテイラーは結論するのです。テイラーの結論は「傍観者が外側から見て、何を言おうが、その営みに参加している人々にとってその営みが有意義ならば、他に何もその行為に対する正当化などいらないんだ」ということなのです。

　私たちは、第2章で、カミュの見解を扱いましたが、カミュも、シーシュポスに関心を示していました。カミュは、転がり去った岩を求めて、麓に歩を進めるシーシュポスに関心を示していた、ということを思い出してください。「よし、再びやるぞ、俺はこの労働を引き受ける」とシーシュポスが呟きながら、転げ落ちた岩を求めて、山麓に向けて歩んで行くような場面を、皆さんも想像してみてください。これこそ、自分に課せられた刑罰を、自分の運命に変えようとする、シーシュポスの意志が輝く瞬間なのです。このような見方で見れば、カミュも、実は、テイラーが示したこの2番目の道に救いを見いだしていたのではないのだろうか、ということが見えてくるのです。

　第1章で検討したように、私たちは、「人生」を理解しようとする時、メタファー（比喩）に頼ります。人生を「物語」に喩えて理解したり、人生を「道」に喩えて理解したりしています。人生を「道」に喩える場合でも、「物語」に喩える場合でも、「物語」には、「筋」があるように、イメージとしては、「線分」のイメージで、私たちは「人生」を象徴します。生誕という出発点と、死という終着点を持った「線分」のイメージで人生を考えているわけですね。そして、私たちが、「人生の意味を考えなさい」と問われると、ついつい、あたかも神様か何かになったかのように、「人生」を象徴する線分の外側に立って、「神様の視点」から、人生という線分全体を、第三者的な傍観者のように、鳥瞰できるかのように錯覚してしまうのです。その時、忘れられてしまうのは、私たちは、

人生というこの「線分」上を旅しつつある旅行者であるということなのです。私たちは、人生の線分を離れて、線分の外部の「神様の視点（God's eye view）」から、自分の人生全体の意味を見いだそうとする、何てことは、絶対にできないはずなのです。

　ですから、重要なことは、人生の意味は、傍観者の立場からではなく、参加している人たちの視点から、つまり人生の線分の内側にいる旅行者の視点から生じるのだということなのです。これはちょうど「電話ボックス」に入れ替わり立ち替わり入って話をする人たちを、外側から観察する時に感じることと同じでしょう。外側から傍観者の立場で眺めれば、同じことをするためにいろいろな人たちが電話ボックスに入ってきて、大口を開けて、歯を剥き出しにし、滑稽なしぐさをしては、また出ていくだけに過ぎないわけですが、一旦ボックス内に入り、電話で話をしている人々の立場に立って、参加者の視点で見れば、それはもはや滑稽なことであることを止めてしまうでしょう。

　テイラーが下したのと同じ結論をチャップリンが、有名な『ライムライト』の中で彼流に述べているように思われます。"Life is a desire, not a meaning. Desire is the theme of all life. It's what makes a rose want to be rose, want to grow like that, and a rock want to contain itself and remain like that."（人生とは欲求のことさ、意味何かじゃないんだ。欲求するってことが人生の究極の主題なんですよ。欲求することこそ薔薇が薔薇になりたい、そしてそのように成長したいって思うようにさせているものなのですし、岩が岩たる本質を内に秘めておきたい、そしてそのようであり続けたいって思うようにさせているものなんですよ）。「人生の意味」を求める時、人は傍観者の立場から外側より人生を捉えようと企ててしまう傾向にあることはいく度か強調してきました。そうではなく内側で参加している人々の欲求や意志や興味、あるいは関心に直に触れることが大切なのです。「薔薇が薔薇になりたい」という言葉に表現されている、この純粋な欲求の他に、何も外側からの意味づけや正当化など必要としないのだ、というわけです。チャップリンの言葉は簡潔ですが、こうしたことを考えさせてくれます。

　さて、テイラーは、「人生を外側から傍観する見方」からでは、同じ単調な繰り返しが人類の終わる日が来るまで子々孫々にわたってずっと続いていくとい

うサイクルのイメージが得られるだけであるということを教えてくれています。参加している人々の欲求や意志や興味、あるいは関心に焦点を当てることに気づいたテイラーの結論は力強く、感動的です。「人生の意味は私たちの内側から生じる。それは決して外部より与えられる類のものではない。そのことは、美しさや永遠さという点では、人間達がかつて夢見、また待ち焦れた、いかなる天国にもはるかに勝っている」。外側から第三者として、傍観者として、眺める態度を止めれば、私たちの興味と意志は、参加者の視点より人生を捉えた場合、私たちの行為を十分に正当化してくれるものなのです。

§5 ノージック（Robert Nozick）風の批判

さてこうしたテイラーの見解にどのような批判を加えることができるでしょうか。ロバート・ノージックは次に述べるような有名な思考実験を利用して、「私たちの人生が内部からどのように感じられるかということ以外に、私たちにとって重要なものとは何か」を問うています。ノージックが利用している有名な思考実験とはこのようなものです：

私たちが眠っている間に、ある気の狂った科学者が私たちの大脳を取り出し、大脳が生存していくのに必要な栄養素のいっぱい詰まった大樽の中に入れて飼育し始める。その大樽は高性能の大型コンピュータに繋がれており、そのコンピュータのせいで私たちは自分たちがまだ生身の身体を持ちあたかも外界の事物を今まで通り経験していると思い込んでいる。私たちは実は身体を失った大樽の中の大脳に過ぎないというのに、コンピュータによる操作によって、あたかも何事もなかったように私たちは平常と変わらない経験をし続けるわけである。コンピュータが外界の経験を初めとして、私たちが希望している一連の出来事をすべてインプットしてくれるのである。実際このような状態に置かれた場合、私たちは自分たちが大樽の中の大脳に過ぎないのか、それとも実際に身体を持って活動しているのか見分ける手段がない。私たちが大樽の中の大脳に過ぎない場合でも、「人生というものを内側から有意義だと感じる」ことはできるわけである。それならば、確実に私たちに満足感を与えてくれるこの大型コ

ンピュータに、私たちは積極的に繋がれてみたいと願うだろうか。
このようにノージックは問い掛けるのです。

　これは、キアヌ・リーヴスが主演していた、映画『マトリックス』の状況と似ていますね。『マトリックス』の中で、人類は、身体を保育器のようなものに格納されてしまって、大脳に取り付けられたコードを通してコンピュータからインプットされてくるヴァーチャル・リアリティを真実であると信じて、生活を送っているのです。キアヌ・リーヴス扮する主人公は、そうした状況から、現実に向けて「覚醒」する薬を飲むことを選んだのでした。今、あなたが、このような状況にあるとして、コンピュータから比較的平和なヴァーチャル・リアリティが与えられているとしましょう。それでも「現実」に向けて覚醒しなければならない理由があるとしたら、それは一体何なのでしょうか。このように問い掛けても、先ほどの思考実験による問いのエッセンスは変わらないでしょう。ただし、『マトリックス』の場合のように、擬似身体まで与えられてある場合は、ただ単に、幸福感を大脳にインプットされるという「大樽の中の大脳」の場合とは、後で述べるように、決定的な点で違ってきます。

　さて、ノージックは、コンピュータによってもたらされるそのような疑似体験だけでは足りないのだと主張しています。ノージックによれば、「私たちは何事かを実際に行いたいのであって、ただ単に、それらをしているという感覚だけが欲しいわけではない」のです。

　私たちが大型コンピュータに繋がれてみたいか、と問い掛けられている時点で、私たちは既にある活動を行いその実践の中に喜びを見いだしているのですね。こうして活動と喜びの関連性が既に確立してしまっているからこそ、このような問い掛けの誘惑が可能なのであって、私たちが、生まれた時から大樽の中の大脳であると考えたら、身体を初めから奪われてしまっているゆえ、活動ということの意味すら分からなかったでしょう。ですから、私の結論はこうです。私たちは「実際に何事かを行ったから」その活動特有の善（その活動を通して初めて分かる喜び）が存在しているのを知るのであって、その活動特有の善が予め存在しているから、その活動をしてみたわけではないのです。しかもこの活動を行えば、必ずこれこれしかじかの善や喜びを得るという保証はないのです。例えば、私にとって、こうしてワープロを打って何かを文章にするこ

とは、喜びを与えてくれますが、ある人にとっては、文章を書くことは、苦痛以外の何物でもないかもしれません。つまり、ある活動を実際に行ってみないとそれがその人にとって良いかどうかは分からないということです。やってみて初めて、他ならぬあなたがその行為から喜びが得られるかどうかが分かるわけで、初めからその行為特有の喜びが分かっていて、それによってその行為をやってみたいと思うというのではないのです。このようなことを理解すれば、ノージック的な誘惑者の悪魔的な誘いに乗せられてしまうことはないでしょう。『マトリックス』的誘惑者の怖さは、擬似身体とはいえ、まず身体活動をしてみることができるという自由が与えられてしまうところにあるわけで、この点が、単なる「大樽の中の大脳」の場合と決定的に違うのです。

§6 結語

さて、再び話をテイラーに戻しましょう。テイラーは、人生という線分の外部に設定してしまうような「神様の視点」から「参加者の視点」へと重点を移行させています。この外部に置かれた神の視点より、人生全体を意味づけようと試み、私たちはかえって沈黙する神や宇宙の前で震え戦くという事態を招くことになるのです。神の眼からすべてを鳥瞰し意味に還元し尽くそうとするようなタイプの超越をハイデガーは「上昇的超越」と呼んでいますが、上昇的超越によって得られる視点は私たちに空しさしかもたらさないのです。

次に紹介するラッチスの「人生論」では、参加者の立場で「実際に何事かを行う」ということがどういうことなのかが説明されています。さらに、私たちは、ラッチスの考察の中に、「道」のイメージに人生を喩える際に、私たちが陥りがちな「効率主義」というものへの批判を見いだすでしょう。彼の人生論によって、私たちは「道」のイメージを違った角度で見る仕方を学ぶでしょうし、近代が陥ってしまっている罠の所在に気づかされることでしょう。

第5章　エネルゲイア——ラッチス
（John Lachs）の見解

　前章で検討したように、無意味な人生の典型として捉えられた「シーシュポスの人生」ですが、この無意味さを有意味なものに転換するために、テイラーが、1)「目的」を持つ、ということ、2) 意志や興味、関心がある、ということ、これらのいずれかがあれば、無意味さのイメージは有意味なものに変わる、とした時、読者の皆さんは、「やっぱり目的か」と思われたに違いありません。けれども意外なことに、テイラーは、目的を持つ、という解決法には批判的でした。テイラーは、行為者の意志や興味、関心に視点を移しました。こうして「内側から人生を捉える」という重要な観点を示してくれました。「内側から人生を捉える」ための、テイラーのキーワードは、意志や興味、関心ということでしたが、この章においては、もっと強力な別のキーワードが登場します。それは「エネルゲイア」ということです。この章では、ジョン・ラッチスの見解を手引きに、「エネルゲイア」という考え方に至る道を、一緒に歩んでいくことにしましょう。

§1　ラッチス風イソップ物語

　ラッチスは彼の論文をイソップの寓話めいた話から始めています。その話には３匹の動物たち、つまり、豚君、驢馬君、狐君が登場しています。彼ら３匹は、それぞれ自分の運命を嘆いているのです。それをいつもながら残酷なユーモアのセンスの持ち主であるオリンポスの主神ゼウス様が小耳に挟み、彼ら３匹の願い事を聞いてやることにしたわけなのです。
　それでは最初にこのイソップめいた寓話の部分を読んでいくことにしましょう。

イソップが収録しなかったエピソードの中で、3匹の動物たちが彼らの運命を嘆いていました。「もっと食べるものがありさえすればなあ」。豚君が言いました。そして芳しい食物の雪崩の下に埋まっている自分を想像しました。「勤務時間が短縮されて仕事が減りさえすればなあ」。痛む背中を撫でながら、驢馬君が不平をこぼしました。「人間どもがもっと家畜を飼っていて、俺様がもっと盗むのが上手でありさえしたらなあ」。人間に見つかりたくなかったから、狐君が囁きました。

さて、豚君、驢馬君、狐君の願い事を、残酷なユーモアのセンスの持ち主として知られているギリシア神話の主神、ゼウス様が聞いており、彼らが望んでいることをかなえてやることにしたのです。こうしてせっかく願い事が聞き届けられたのだから、この3匹は、幸せになってもよさそうなのですが、果たしてどうでしょうか。この3匹のその後の運命を順に追って見ていきましょう。

　まずは豚君の運命です：「豚君の食料置き場には食物が溢れました。彼が狐君に食料の一部を蓄えておいて欲しいと頼むほどいっぱいの食料でした。けれどもすぐに豚君はもはや食物を楽しむことができなくなってしまったのでした。たくさん食べ過ぎて消化不良を起こし、豚君は料理することや食物のことを考えることさえできなくなってしまったのです」。
　次に驢馬君：「驢馬君の労働時間は減らされました。彼のご主人様が重労働用の小型トラックを買ったのです。けれどもすぐに、彼がやるだろうと言っていた大事なことに集中する代わりに、驢馬君は眠り込んでしまい、一日中、ぼおっと過ごすようになってしまったのです」。
　最後に狐君の運命です：「狐君は眠り込むようなことはしませんでした。けれども、ひと度無防備なにわとりの羽をむしる最初の栄光に満ちた興奮が止んでしまうと、略奪の魅力に対して無関心になってしまったのでした。彼は退屈になりました」。

この3匹、ご覧のように、願い事を叶えてもらったのにもかかわらず、なぜか不幸になってしまいました。さてこれが寓話である限りにおいて、この寓話か

ら読み取らねばならない教訓、即ち、モラル（金言）があるはずです。この寓話のモラルを知るために、このように自問してみたらいいかと思います。「一体、この寓話の動物たちの落ち度は何だろうか？」と。ラッチスによれば、私たち現代人もこれら3匹の動物君たちの落ち度である誤った人生観を共有しているというのです。現代人特有の誤った人生観の根底には2つの「ファラシー」、つまり、「誤った考え方（詭弁）」が潜んでいるというのです。

§2　寓話のモラル、その1

　最初のファラシーはラッチスが「The Consumer's Fallacy（コンシューマーズ・ファラシー）」と呼んでいるものです。強いて訳せば、「消費者の詭弁」という感じでしょうか。このファラシーを要約してくれているモットーはこうです。「To live is to make a living」（生きるということは、生計を立てること、つまり、暮らし向きを良くすることだ）というモットーです。これだけではまだ問題ではないのですが、この「暮らし向きを良くする」ということで、私たち、現代人にとって何が暗示されているかといいますと、「良い人生とは良い商品を所有していることである」ということなのです。良い製品や物品を所有するまでは、良き人生は決して始まらないというわけなのです。「コンシューマーズ・ファラシーの根底には、人間は彼の所有しているところのものである、という仮定がある、つまり、幸福というものは人間が消費する物や所有する商品の1つの機能なのであり、（物品の所有によって）満足させられた衝動の結果なのであるという仮定なのだ」。ですから、このファラシーによりますと、人間とは彼の所有する物品とイコールであり、幸福とは彼の所有する製品や物品の機能がもたらしてくれるものである、というわけです。挙げ句の果てには、人間の感情や人間自身でさえ、商品や物品のように扱われるようになってしまうのです。コンシューマーズ・ファラシーによって培われた所有者あるいは利用者としての態度が、物品だけでなく人間関係や世界観にまで影響していくのだというのです。実際、愛情や安全のようなものさえが商品のように売買されるようになっているのです。こうして、かの3匹の動物君たちは、幸福は所有できる何かだ、という風に、消費者として、所有者の態度で、幸福

を考えてしまっているのです。初めから、3匹は「幸福を手に入れよう」と考えてしまっているのですね。私たち、現代人も、「消費者」としての思考を強制させられてしまうようなシステムの中で「消費者の詭弁」に毒されてしまっており、この大量消費時代にあって、多くを所有すれば、それだけ人は幸福になるという考えに乗せられて、ひっきりなしに所有することに駆り立てられているのです。

「大量生産方式」を発明したホイットニー

　それでは、ここでコンシューマーズ・ファラシーが現れる歴史的土壌を探っておくことにしましょう。アメリカには「アメリカン・インヴェンター」あるいは「ヤンキー・ジーニアス」と称されているような、発明家の伝統があります。トーマス・エジソンはあまりにも有名です。1965年生まれのイーライ・ホイットニーもこうした発明家の系譜の中に輝かしい名前を残しています。

　1801年、2年前にホイットニーに銃の製造を申し込んだアメリカ政府は、2年経っても、1挺の銃も送ってよこさないホイットニーに不信を感じ、監督官を派遣し視察をします。ホイットニーは製造の遅延を説明するために、当時の大統領、ジェファーソン大統領に会い、大統領の前で、彼が考案した新方式の製造法を試したのでした。彼は、用意してきた100挺の銃を大統領の眼の前でばらばらに分解し、そこから適当に部品を集めて、組み立て直したのでした。すると再び百挺の銃が組み上げられたのです。この当時、これは驚嘆に値することだったのです。

　イギリスには優秀な鉄砲職人がいましたが、当時後進国であったアメリカには銃職人はほとんどいませんでした。けれども結果としては、アメリカの後進性が幸いして技術革新がもたらされたのです。ホイットニーの発明は現在では「規格大量生産方式」と呼ばれている技術革新と結びついているのです。

　アメリカ政府から、銃の製造依頼のあった1799年から、ホイットニーは、アメリカ政府からサンプルとして預けられた銃を解体し、部品一つひとつを吟味した上で、銃の各部品を作るための機械を発明しようと苦心してきたのでした。彼は、今では「互換部品制度」として知られている、部品の規格品化を試みたのです。規格品を正確に製造できる機械の発明に年月を費やしてきたわけ

なのです。部品が規格化されて、互換可能になれば、大量生産への道が開けるわけです。そして確かに、規格化が進めば、例えば銃の故障があっても、新しい部品とすぐに交換が可能なのです。しかも、同じ規格品が大量に生産できれば、後は部品を組み上げるだけの仕事ですので、銃を生産するのに、もはや高度な職人技は必要がなくなります。ある程度熟練すれば、誰でも組み立てることができるようになっていくのです。職人制度そのものがこうして新しい技術革新によって消えていくわけです。トクヴィルは、技術革新に「平等化への前進」を見て取ったわけですが、銃の製造に限って言えば、まさに職人という特権階級が無くなることになったわけです。こうして職人制度の時代のように、人々は高度な熟練を要求されないようになり、煩瑣な仕事から解放されていくのです。職人の時代に、身体的模倣によって、時間をかけて身体能力に刻み込まれていった技術は、ホイットニーによる技術革新によって、こうして誰にでもできるものになってしまったのです。人は単純な流れ作業に従事するのに十分な熟練度を備えていればそれでいいことになるからです。こうして誰もが雇ってもらえるという平等が達成されるようになります。

　アメリカの人気番組の１つに *Twilight Zone* があります。これは日本では『ミステリー・ゾーン』というタイトルで紹介されたテレビ・シリーズで、ホスト役が視聴者を世にも不思議な物語の世界へ誘うという設定になっています。このシリーズの一エピソードに、"The Brain Center at Whipple's" という題名のエピソードがありました。このエピソードの主人公はフィップル氏という名前の資本家です。彼は、株主総会用の映画を作製し、それを父親の代から仕えてきた工場長に見せるのです。その映画の内容は、工場の徹底した機械化による合理化を告げるものでした。生産システムを機械化し、機械に管理させることによって、労働者を排除してしまうのです。フィップル氏の父親が起こしたこの会社なのですが、父親の代から仕える工場長は、父親は情に厚く労働者を大切にした、ということを話して聞かせます。けれども、「君は過去に執着して、未来を見ていない」とフィップル氏は、逆に工場長を諭そうとするのです。フィップル氏は、工場長の警告には、耳を貸そうともしない上、「古きを捨て、新しきを招くのだ」という言葉通りに、労働者は、工場長以外は皆解雇してしまいます。愛想を尽かした工場長もフィップル氏を見捨てて辞職してしまいま

す。機械を管理していた技術主任も、誰も食事をしない社員食堂や大型駐車場、そして何よりも人の働いていないこの工場に非人間的な不気味さを感じ取り辞職してしまいます。一人残されたフィップル氏が機械の管理からすべてを行うことになるのです。話し相手も誰もいないこの工場で社長一人がただ独り言をこぼしながら残されるわけです。このお話の落ちは、合理化を徹底した挙句の果てに、社長のフィップル氏自身が、株主の満場一致で、もっと効率的な管理職ロボットに置き換えられてしまう、というものでした。このエピソードにおいて、戯画化されているのは、「Taylorism テーラーリズム（発明家 Frederick Winslow Taylor によって考案されたのでこの名前で呼ばれる）」という名前で知られている、作業の単純化と機械の導入による生産過程の徹底した合理化なのです。

　このようにホイットニーの技術革新によって可能性を見いだされたこうした生産過程の徹底した合理化は、テーラーリズムと呼ばれる、科学的経営管理を生み出したのです。テイラーは、「効率性」という価値を徹底して追求しました。彼は、仕事が迅速かつ正確にできるという意味で優秀な労働者の動作を基本的な動作に分割し、一つひとつの動作にかかる時間を計測することを発案しました。こうして、不要な動作や遅い動作を排除し、必要最低限な理想的動作を補助する機械と一体化させようと考えたのです。基本的動作に分割されて、一旦単純作業になってしまえば、熟練を要せず誰でもできる作業になるのだ、と彼は考えました。こうして彼の発想を契機に、生産過程における作業の単純化、合理化を徹底し、教育がなくても、技能を持たなくても、またたとえ英語が話せなくても、つまり、どのような労働者でも、合理的システムに適応させるようなシステムが目指されたのでした。このテーラーリズムの究極的な形態は、フィップル氏の工場にも見られた、コンピュータに管理されるロボット化という形態なのですが、皆さんにもよく知られているものでは、チャップリンの『モダンタイムズ』で戯画化されて描かれているあのシステムを挙げることができます。労働者の立場から見てみれば、流れ作業の時間に合わせた労働というわけで、時間軸に沿った必要最低限の動作が身体に強制されていきます。一旦時間軸に合わせた労働が定着してしまえば、後は効率性という問題だけになっていきます。チャップリンの『モダンタイムズ』で出てくるあの「もっと

スピードを上げろ」ということだけが問題になるのですね。この映画では、テーラーリズムが、モニターによって行われる、流れ作業の徹底した管理という形で表現されています。管理者である社長は、集中管理室でお茶を飲みながら、作業の遅れている部署に対して、モニターを通して、「もっとスピードを上げろ」と命令すればいいわけです。また『モダンタイムズ』の冒頭にある、家畜の群れに、工場へ出かける人間をスーパーインポーズしていく映像は象徴的です。人間が「群れ」即ち、「誰でもいい匿名の人、流れ作業の一部として交換可能なもの」になっていく様を印象的に表現しています。この映画の中では、両手にスパナーを持ったチャップリンは、ベルトコンベヤーの流れに合わせて、コンベヤー上の部品の「螺旋を巻く」という単純作業の繰り返しが課せられるのです。彼の身体は、やがて流れ作業の機械と一体化してしまい、最後には、身体が自分の意志に反して、休憩時間中だろうが何だろうが勝手に「螺旋を巻く動作」を繰り返す機械と化してしまい、例によって大変コミカルな大騒動を引き起こすわけです。彼は看護師に取り押さえられ精神病院に送られてしまいます。彼は流れ作業が強制する単純な身体動作を絶えず繰り返させられることによって、ノイローゼになってしまうのです。この映画のチャップリン扮する主人公のように、食べていくためには、テーラーリズム的な流れ作業の一部にならなければならないのだけれども、そんなものの一部になると、かえって「生きている意味」を失って不幸になってしまう、という「大量生産」社会の持つ逆説を、この映画は見事に描いているのです。

　こうした逆説的な状況が続けば、労働者が反乱を起こすでしょう。そこでホイットニーの開発した生産システムの発明に加え、流れ作業に縛られることになる労働者を高賃金で雇うという、フォーディズム（Fordism）が誕生するわけです。ヘンリー・フォードは、その自伝 *Today and Tomorrow*（邦題：『藁のハンドル』）の中で述べているように、「小型で、丈夫で、シンプルな自動車を安価に作り、しかも、その製造に当たって高賃金を支払おうというアイディア」を思いつきました。この考え方に基づき、1908年、10月1日、ヘンリー・フォードは、標準化された互換部品を流れ作業に乗せる「自動車作業ライン」と呼ばれる方法によって、有名なT型モデルを大量生産しました。「自動車作業ライン」には、電動式ベルトコンベヤーが使われるようになってい

き、1回の動作で1つの作業を済ますという単純化された労働が要求されました。フォード自身は、頭を使わないでもいいような仕事を欲している人々が、世の中には実際に存在しており、そうした人々は単純作業をむしろ好んで引き受けると考えていました。たとえ、このようなフォードの考えの通りでなくとも、高賃金を約束されているので、単純作業を強制されている労働者の不満を解消できるのです。『雇用・利子および貨幣の一般理論』の中で、ケインズが言うには、企業は、技術革新によって、労働者の労働をテクノロジーに置き換えることで、労働者を解雇し、賃金の抑制とコスト削減をすることで収益を上げていきます。けれども、労働者を解雇すれば、製品を購入してくれる消費者の購買力が落ちるので、需要が落ち込み、従って、販売にも影響するようになるのです。こうなると企業側ももっと労働者を解雇せざるを得なくなり、まさに悪循環の「下降スパイラル」が始まってしまう、というのです。フォードの発想は単純ですが、「下降スパイラル」に陥らない工夫にもなっています。

　フォードは、自伝の中で、労働者の賃金引上げの結果、「私たちは自社の従業員の購買力を高め、彼らがまた、その他の人たちの購買力を高めるといった風に、その影響がアメリカ社会全般に波及していった」と言っています。こうして頑丈かつ操縦が簡単、しかも安価である大衆車の誕生したのです。「効率性」を追求する動きは、もはや不可逆の動きとなりました。

　1948年、マクドナルド兄弟は、料理の品数を以前の3分の1に減らして、工場の組み立てラインのシステムを取り込んだ調理場を作り、調理の工程を分けました。1人の従業員が1つの動作を覚えればよくなったのです。このシステムの導入によって、ちょうど、ホイットニーの規格大量生産の発明で鉄砲職人が不要となったように、熟練した料理人を雇う必要がなくなったのです。マクドナルド兄弟はさらに、皿洗いを不要にするように、使い捨て可能な容器を採用し、しかも、「セルフサービス」を徹底して、客がゴミの後始末をするようにしたのです。自分がゴミ捨てなど何でもさせられることに抵抗を示したり、当惑したりした客もあったのですが、スピーディーなサービスという「効率性」には変えられないということで客達も次第にこのシステムに慣れていったのです。このように、「食生活」という人間にとって、最も基本的な生活の中に、テーラーリズム的要素が浸透してしまうようになりました。私の師のガース・

ギラン教授は、「食生活」に、一種の区切りを与えていた儀式的要素が、合理化によって押しのけられ、人間は、今や食事をするのではなく、ギランの言葉を借りれば効率よく「詰め込む」だけとなってしまったと言っています。アメリカの食卓には、神に祈りを捧げることによって、これから食事をするのだ、という構えを与えるような儀式があったわけです。日本でも「いただきます」「ごちそうさまでした」という言葉を発することによって、食事時間を他の活動時間と区切るような「儀式」が存在しています。ギランはそうした儀式の喪失を嘆いているのです。

　ギランは、ファースト・フード店に、フットボール選手のような体格の男たちが、数十名やって来て、その男たちが、席に着くや否や、一斉にほとんど一口でハンバーガーを詰め込んでいった、異様な光景について話してくれたことがあります。マクドナルドでは、客足を回転させるために、わざと硬めの座り心地の悪い椅子が用意されているだけではなく、あまり長く座っていたいと思わなくなるような、落ち着かない赤を基調とした室内装飾や、混雑し始めると大きくなるBGMによって、人は食べたら自動的に店を出て行くようになっているのだ、という話は有名です。おそらく、一口でハンバーガーを平らげて店を出て行った客たちは、彼らの身体が、マクドナルド的な効率性に馴致されてしまった結果、「詰め込んだらさっさと店を出る」という生活様式を、何か当たり前のことのように受け入れてしまうようになったからなのでしょう。そしてその結果、食事をすることは、人間生活の中で、何かつまらないこと、あるいは、どうでもいいことのような錯覚を与えられるようになり、マイナーな活動に貶められてしまったのです。さらに、食事などのようにつまらないことは、身体維持に関する最低限の条件が満たされればいいのであるという錯覚の中、人間身体を、もっと生産的な経済活動に従事させるような、自発的な規制が生まれていくのです。こうして日々の生活のあらゆる場面にテーラー的要素が浸透してくるようになったのです。

　さらに、マクドナルド型のファースト・フード店の出現で、労働者階級も安価な食品を求めて気軽に外食できるようになりました。実は、こうしたことも、フォードの考えのお陰で可能となったのです。つまり、高賃金を得た工場労働者が、この最初の大衆車の消費者でもあったからなのです。フォード自身

も彼の自伝の中で「労働者は、売り手である以上に買い手である。車輪の回転にはずみをつけるのは買い手である」と述べて、自分の新方式が何をもたらしたのか、自慢げに語っています。この、「労働者は、消費者でもある」という発見は重要です。事実、「消費者」という新しいカテゴリーが、これを契機に誕生したと言っても言い過ぎではないでしょう。労働者は、「消費者」になり得るということで、「労働に対するモティヴェーション（動機付け）」が与えられ、勤労意欲を持つことができるようになるのです。誰か他のお客さんのために、日々汗を流すというのではなく、自分たちも「客」の立場で、製品を消費できる、という、今でこそ当たり前のことがこうして始まったのです。こうして大量生産と大量消費をそのままセットにしてしまうフォーディズムが完成します。労働者の賃金を上げることによって、労働者をそのまま消費者にして需要を増やす、というフォーディズムの形式が確立したのです。

「労働に対するモティヴェーション（動機づけ）」が与えられることによって、自らが自分の意志で、進んで単純な労働にコミットメントしていき、流れ作業の一部になっていくのです。外的な強制手段を講じなくても、労働者は、自分の身体をテーラー的なシステムに役立つように自ら馴致してしまうことになるわけです。「見ろ、あいつらを、労働者でありながら、車を所有しているぞ」。こうした羨望の声は、「人が持っているから欲しい」という人間的な欲望を煽り立てます。「アメリカはいいな、労働者が車を持てるような社会だぜ」という声が、ヨーロッパ各国に住む普通の人たちから上がりました。アメリカの労働者たちは、生産システムの改良によって労働時間が短縮され、煩瑣な仕事からは解放された上、高賃金によって財布は潤っています。労働時間が短縮されれば、単調な流れ作業に疲れた労働者は余暇を待ち望むようになります。余暇のできた人々は、今度は、余暇をターゲットにした、レジャー産業のような産業に取り込まれていくことになり、消費する平等を楽しむようになっていくことでしょう。余暇のできた人々は、消費する平等を楽しむ、ということは重要です。職人の時代には、すべて注文生産でした。注文を依頼するのは、特定の王侯貴族や国家でした。けれども、ホイットニーが生み出した生産システムは、安価な上、製品によって違うといった癖が無く誰でもが扱える商品を大量生産することによって、大衆一般を「消費者」という新しいカテゴリーで括ること

になったのです。このように、「規格品」を生産する機械を導入することによって、生産過程を徹底的に合理化し、こうして生産された安価で可能な限りたくさんのものを、なるべく多くの人たちに供給していくので、大量生産は、当然ながら大量消費に結びついていくのです。大量生産・大量消費というセットはこのようにして出き上がったのですね。

　先ほど紹介した『ミステリー・ゾーン』のフィップル氏のエピソードでは、労働者たちに対しても父親のごとく接してきた、先代の社長の温情主義を懐かしむ工場長が登場します。フィップル氏は、この工場長の考え方を新時代に相応しくないものとして切り捨て、古いとか、後れているとかいう言い方で批判するのです。「古い」とか「後れている」と言い得ることから分かるように、技術革新は、新時代、つまり、未来を先取りしてしまうのです。こうした技術革新によって手に入れることのできる「先に進んでいること」は、まさに「進歩」の名で呼ばれました。こうした風潮は、いろいろなところに反映しています。

　例えば、ウォルト・ディズニーは、「より良い生活」を追及し続けることが「進歩」だと考えていました。ディズニーランドの入り口には、「今日を脱け出して、きのうの、あしたの、ファンタジーの世界に入ろう」と謳われていました。「今日を脱け出す」こと、行く先は美化された「きのう」であろうが「あす」であろうが、一口で言ったら「ファンタジーの世界」なのだ、という風に、ともかく「今日を脱け出す」ことでより良い世界に至るのだ、という、アメリカの「進歩」への夢が語られているのです。技術革新のもたらした効率的な大量生産によって価格を落とし、こうして安価に生産した製品を大量生産の可能でない「古く、後れている」地域に売りつけるわけなのです。銃を製造する職人がいなかった、というアメリカの後進性は、かえって、ホイットニーによる「技術革新」をもたらし、「技術革新」を達成したアメリカは、アメリカ以外のあらゆる地域を逆に「古く、後れている」と言い得る、優位な地位を築き上げたのです。

　1949年、当時のアメリカ大統領のトルーマンが、「世界は、先進国（advanced nation）と発展途上国とに分けられる」と述べました。自分たちは「advanced（前進している、進んでいる）」国なのだ、という立場を維持するためには、「技術革新」の点で常に先を進んでいなければなりません。「技術革

新」のために「応用科学」の重要性が叫ばれ、アメリカは、自分の国に、頭脳を集めることを重視するようになっていくのです。

　アメリカが常に優位に立つためには、「技術革新」による「進歩」が、「進歩のための進歩」というように自己目的化し、ともかく常に他の国々より、技術的に一歩先に進んでいなければならない、という風に、開拓時代から培ってきた「フロンティア精神」に新しい意味が与えられねばならなかったのでした。けれども、「技術革新」のフロンティアを常に他に先んじて突き進むということは、その影として必ず後進性を伴うということでもあり、「南北問題」のような構図を常に必要としている、ということでもあるということを忘れてはなりません。

　さて、「フォーディズム」の本家のフォード社は、消費者が一度購入したら永久に使用できるような自動車作りをスローガンにしていましたが、天才と称された男、アルフレッド・スローン率いるGM（ジェネラル・モーターズ）は、フォードに対抗するために、製品のグレード化とモデル・チェンジ方式を導入しました。もともと、小さい自動車会社を買収して大きくなっていった、「小さい自動車会社の寄せ集め」的なGMは、会社組織のそうした性格をそのまま生かしたような恰好で、グレード化に踏み切ったのでしょう。高級車のキャデラックから大衆車のシボレーまでの5段階に、車種を分けて、しかも定期的にモデル・チェンジがされたのです。さらにアメリカ全土にディーラーを配置し、販売網を広げるという戦術によって、「消費者が何を欲しがっているのか」を読み取るという風に、マーケティングに力を入れたのです。さらに一歩進んで、グレード化やモデル・チェンジ方式によって、GMは、こう言ってよければ、消費者を誘惑して、新しい欲望を植えつける、という新しいマーケティング戦術を生み出したのです。大衆の欲望をマーケティング戦術で自由に操作し「消費者」に仕立て上げることができることに気づいたGMこそが、大量消費時代を完成させたのです。市場（マーケット）は、空間的な場所である必要はないのだ、むしろ「人の心」こそが、マーケットのフロンティアなのだ、と気づいたGMは、大衆の欲望を煽り、操作していくことこそ、マーケティングなのだ、と戦術の変換をなし遂げたのです。

　さらにグレード化やモデル・チェンジといった方式は、「ステータス・シンボ

第5章　エネルゲイア――ラッチス（John Lachs）の見解　209

ル」としての商品という形で、商品がシンボルになり得るという可能性を教えたのです。「シンボル／記号」としての商品という可能性が開けたことで、アメリカでは、誰でも成功することが可能な自由な国、機会均等の国であるアメリカでの成功物語を、商品をして語らせることができるようになったのです。「見ろ、俺は今ではキャデラックに乗れる身分になったぞ」という風に。そしてそれは誰でもが可能なのですね。「お前が持っているものは、お前の成功物語を象徴するシンボルなのだ」という具合に、商品はただ使用されるものというだけではなく、「記号」として物語るもの、象徴するものにもなっていくのです。「自分とは何か？」ということを「所有」を通して知ることになっていくのですね。こうして、商品が、民主主義や自由主義のシンボルにもなってしまうわけで、アメリカ製品は、こうした付帯価値を持つことによって、世界中の人々の憧れの感情までをも引き付けることになっていくのです。こうしてアメリカでは、技術革新のもたらした平等性や自由を、当の商品が、まさにアメリカのシンボルとして象徴することになっていくわけなのです。

　テーラーリズム的な、オートメーション・システムのお陰で、1940年代に比べ、1950年代は、アメリカの国民総生産は、4倍以上に跳ね上がりました。この頃、急に勢いを得てきた広告業界が、心理学者を雇って、消費者に購買意欲を植え付けるための研究を始めました。広告は、地位への欲求や周りの人に遅れはしないか、という欲求を植え付けました。これから、お話ししますが、この「周りの人々から遅れているのではないのか」という感覚を植え付けること、昔あった宣伝文句で言うと「おっくれてる～！」という感覚をもたせること、は、なぜこうまで「技術革新」と騒ぐのか、という謎を解くための鍵になります。50年代、アメリカでは、巧妙な広告のせいで、人々は、2、3年も前の車に乗っていることが、「時代に遅れている、何か恥ずかしいこと」のように思うようになったのです。新車を買う理由は、そんなわけで、「時代に遅れていない」ことのシンボルとして、「人より一歩進んでいることのシンボル」として、でした。そんなわけで、この当時のアメリカ車は、安全性など問題にさえしていなかったのです。

　ピーター・シンガーの挙げている例を見てみましょう。例えば、GMの悪名高い、「コルベール」、この車は、急カーブで曲がろうとするとひっくり返ると

いう構造上の欠陥を持っていました。社会改革運動家として有名なラルフ・ネイダー弁護士が、この欠陥車を巡って、GM を追求しようとしました。GM は、何と、魅惑的な若い美人を雇って、ネイダーを誘惑させ、スキャンダルをでっち上げようとしたのです。けれども、このスキャンダルでっち上げ戦術が世間にばれてしまい、そのお陰で、ネイダーが問題にし始めた「安全性」という問題が、脚光を浴びるようになったのです。このネイダー事件が起きるまで、アメリカの消費者は、車の安全性など二の次で、ともかく、時代に先んじて新しいモデルを購入することに夢中になっていたのです。また、1973 年のオイルショックの時に、中東の産油国が、アメリカへの供給を抑え始め、日本から燃費のよい車が輸入されるまでは、アメリカの車産業は、燃料の効率性ということすら、関心を持ったことがなかったのです。ともかく、新しいデザインの車を、広告に載せて、「私は進んでいるのだ」という欲望を満足させるようにしてきたのです。この「時代に先んじたい」という欲望の正体は一体何なのでしょうか。

　ホイットニーの「鉄砲」の例で考えてみましょう。ホイットニーの「規格大量生産」という技術革新によって、アメリカでは、鉄砲の大量生産が可能になりました。けれども、アメリカ以外の他の国々は、未だ従来通り職人さんが時間をかけて鉄砲を一丁ずつ作っているとしましょう。「鉄砲」に関して言えば、アメリカは他の国より一歩先に進んだと言えるでしょう。つまり「鉄砲先進国」になったということですね。なぜなら他の国々は、未だ「鉄砲」を大量生産する技術を持っていないからです。この「未だ」という副詞が大切です。「技術を持っている国」と「未だ持っていない国」という風に分けて考えれば、アメリカは、まさに「鉄砲」に関して、文字通り、「一歩先に進んでいる」という意味の「先進国」になったのです。「進んでいる」「後れている」という言葉使いに注意してください。つまり、アメリカは「鉄砲」に関しては、他の国が未だ到達していない「可能な未来」——そこでは、鉄砲が多く生産できる技術があるゆえ安価である——を先取りしてしまったことになります。

　このように、技術革新をすることによって、その技術革新によってもたらされる生産物が、安くなるだろう可能的未来に一足先に進み、今度は、消費者たちにそれが単に企業が用意した可能的な未来ではなく、実際に消費者の皆さん

が欲している未来なのだ、ということを信じ込ませていけばいいわけですね。そのために、宣伝・広告によって、欲望を植え付けていけばいいわけです。「皆さんの未来はこうです。どうです？なかなかいいでしょう」と誘惑するわけですね。

　経済学者のヨゼフ・シュンペーターは、ビジネスによる利潤の飽くことなき追求こそが資本主義経済の原動力である、と考えました。経済の循環運動が行われているだけでは、そこには利潤は生まれません。産業資本が未来を先取りして成長するように、現行の循環システムから、先取りされたまったく新しい循環システムへの非連続的発展が無ければ、利潤は生じないと言うのです。技術革新によって未来の循環システムを先取りし、現行の循環システムを過去のものにしてしまう、そうした動態的な発展形態を持っているのです。

　ホイットニーの発明は、生産システムの合理化を科学的に追及するテーラーリズムの発想を経て、フォーディズムを生み出し、大量生産時代の幕開けに貢献したのです。そのことは、今まで見てきたように、同時に大量消費時代の到来を予言していたのでした。そしてこの予言はGMの新しいマーケティング戦略が登場することによって、現実のものとなり、こうして大衆に欲望を植え付け、大量消費を操作した上で大量生産をするシステムが完成するのです。これはまさに「一般消費者」と呼ばれる「普通の人々」の時代の到来でした。

　こうして産業資本のメカニズムが、拡張していくにつれて、人々は、皆「消費者」という立場を受け入れていくのです。こうして、1962年、ジョン・F.ケネディが、下院に向けて行った特別教書演説にて、「そもそも消費者とは、われわれ全員のことだ。この国最大の経済集団なのだ。それゆえ、どんな経済的決定にも影響を与えるだろう。消費者は、重要視すべき唯一の集団である。しかし、その意見はないがしろにされがちだ」と言っているのです。今までは、民主政治の主体としての「People（人民）」であったのに、経済発展とともに、「消費者」という立場を認めざるを得ない状況になっていったのです。こうして、政治という公の場で、「消費者」という立場が問題にされ、その存在意義が認められたのです。それゆえ、ケネディは、この特別教書演説の中で、「重要視すべき唯一の集団である」と言い切っているのです。そうした上で、消費者に与えられるべき権利を問題にし、ここで、歴史上初めて、消費者の権利が4つ

に区分されて、規定されることになるのです。ケネディは、政府は、いかなる時も、消費者の①知らされる権利、②選ぶ権利、③意見を聞いてもらう権利、④安全を求める権利、を擁護しなければならない、と述べているのです。ケネディが、このように述べざるを得ないほど、財界の勢力はあなどり難いものになっていたわけです。こうして、このケネディの演説が、まさに、消費者運動に端緒を開くことになったのです。これは、もはや市場の外に存在することがあり得ないのだ、という宣言にもなっているわけです。市場のシステムの中に取り込まれた消費者として、市場システムの中で抵抗するしかない、ということを認めてしまっているわけですから。

人間のあらゆる活動が「商品」として扱われる時代

今までお話ししてきましたように、19世紀から20世紀の初頭にかけて、労働者の物を作る能力を、どうやってコントロールしていくのか、ということが資本家の最大の関心事だったのです。その目的のため、技術革新によって、労働者の労働を機械によって置き換えるとともに、テーラーリズムに見られるように、機械によって置き換えられない労働も、最大限にマニュアル化してしまうことが追求されたのです。例えば、アメリカのコンバインド生命保険会社は、売り込みの口上をマニュアル化し、効率性を追求しました。動作や身のこなし、言葉の抑揚のつけ方に始まり、会社が用意したジョークに至るまで、マニュアル化されたのです。ある時、マニュアルによる外交販売員の訓練の際に、英語を母国語としない外国人がいました。彼は、そのマニュアルを文章通り、発音訓練し、丸暗記しましたが、どういう意味のことを伝えているのかさえ分からなかったのです。にもかかわらず、初日で何と20件もの契約を取ってきて、今では経営陣のトップになっているということなのです。

けれども、20世紀後半に入り、今や、ビジネスの標的は、肉体的な労働から知的労働に変わりました。ポスト・フォーディズムと呼ばれている時代の到来です。今度は、知的労働を、資本の成長に役立ち得るようにするためのシステム作りをビジネスは追求し始めたのです。もちろん、この文脈では、コンピュータの情報処理能力の迅速性、確実性が、人間の知的労働力に置き換わりました。

しかし、コンピュータの能力の限界点に、人間の想像力ということが位置します。つまり、「アイディアを生み出す能力」ですね。これだけは、どうしてもコンピュータでは置き換えができません。ビジネスは、コンピュータで置き換え不可能な、聖域ともいえる、最も人間的な領域をもコントロールしようとしているのです。人間の想像力による創造性をコントロールする方策として、最も重要なことは、既存の「特許制度」を有形な「発明品」から無形な「アイディア」に拡張する、ということです。利潤を生み出すことのできるアイディアを手早く囲い込む方法として「特許制度」に目をつけたわけです。発明家の伝統を持つアメリカはこうした変換をたやすくなし遂げました。

　1624年、イギリス議会は、発明者に一定期間の市場独占の権利を与え、この権利を侵害する者に対して賠償請求権を認める「専売条例（Statute of Monopolies）」を制定しました。これが、特許制度の原型に当たる制度なのです。これが発明家に金儲けをしたいという「モーティベーション」を与えることになり、産業革命を引き起こす、1つの要因にもなっていくのです。アメリカも建国当初から、発明家にインセンティヴを与え、産業化を促すために、特許権に強い関心を示しました。そんなわけで、早くも1790年に、特許法を制定していたのです。

　実際に、WTOのTRIPS協定が促進している「知的所有権」は、アメリカの特許制度を世界的に適応するための道具になり果ててしまっている、というのが実情です。アメリカは、GATTなどの国際会議において、「知的財産権」をなぜ保護するのか、という、まさに根本的な問い掛けに対して、「知的財産権を保護すれば、産業技術が促進される」という、「特許法」以来のお決まりのドグマを持ち出しています。「知的財産」と一般的な「有体財産」を同一視してくる、そんな論法が、アメリカ流なのです。この論法の中に「知識」や「情報」がいかに「資本主義」に取り込まれていくのか、を見ることができます。

　米国特許法はその第261条において、「特許は、私的財産の性質を有する」と規定しています。その理由を探ってみましょう。その理由は、「特許権は他人を排除する権利に他ならず、定義によって財産である」というわけです。なぜ「他人を排除する」ことになるのか、ということはお分かりですね。そう、「金儲けのために、アイディアの独占をしたいから」です。確かに「産業資本」

発展のメカニズムという文脈の中で考えれば、単なるアイディアではなく、「お金になるアイディア」を独占すれば、「金儲け」ができるわけです。「アイディアが金儲けになる」という前提があるからこそ、それを独占したい、即ち、「他人を排除する権利」として打ち立てたい、ということになるわけなのです。「アイディアを金儲けのために、独占したい」という考え方が一般的ではない、そうした伝統的共同体が、地球上至るところにあるわけですが、WTOのTRIPS協定が、グローバル・スタンダードになるとしたら、そのような伝統共同体の考え方は、初めから、排除されてしまうことになるわけです。

　こうして、既存の「特許権制度」を基盤としたアメリカ流の論法がまかり通るのなら、利潤目的以外の目的のための知的創造、ということを成立し難くさせてしまうのです。知識の独占が、企業の利潤をバックアップするという、考え方が根底にあるわけなのです。「知的所有権」が利潤をバックアップするための手段になったことで、どのような変化がもたらされたのでしょうか。

　まず、第1に、従来は通用していたはずの「知識の共有」という考え方が、知的所有権というアイディアの導入とともに、所有され得る「有体な財産」との類比によって、「排他的に独占され得るもの」としてのみ認識されるようになってしまいました。こうして一旦、知識や情報が「有体な財産」との類比で語られ始めると、知識や情報も独占され得るものと考えられるようになります。

　第2に、知識や発明が利潤を生む時にのみ、知的所有権が言われているのだ、ということが挙げられます。利潤と資本の蓄積への貢献ということのみが、人間の創造の目標ということにされてしまうのです。こうなれば、ビジネスによる知識、情報の独占状態は当然のことであるように、私たちは考えてしまうでしょう。そして商業的価値のある研究やアイディアのみが優先されてしまい、援助されることになってしまうでしょう。

　第3に、短期的に収益を上げられなければ意味がありませんので、長期的な展望を視野に入れたアイディアよりも、即戦力的にマーケットにおいて評価が得られるアイディアが重んじられるようになってしまったことが挙げられます。

　第4に、科学者間のコミュニケーションが阻害されてしまうことになりまし

た。知的所有権の発達は、科学に秘密主義を導入してしまったからです。自分が開発したアイディアを誰か他の者が盗んで「特許」を取ってしまわないだろうか、という不安のため、コミュニケーションの開放性、情報の自由な交換が犠牲になるのです。他者から批判されるまでは、とりあえず「真理」というステータスを与えておこう、という自由科学の伝統は、消え去ることになります。なぜなら、自分の開発したアイディアを、開発当初から他者の目に触れないように、秘密主義を守り通そうとしてしまうからです。こうした不安から、とりあえず何でも「特許」を取っておこう、という風潮になってしまいました。

　最後に、知識の独占が、貧富の格差をますます広げていく結果になった、というだけではなく、途上国の伝統文化・社会を破壊してしまったことを挙げておきましょう。例えば、ヴァンダナ・シヴァさんが指摘しているように、現在、「植物の品種保護」という名目で、アメリカの最高裁判所は、「生物を対象とした実用特許を拡張する」ということに同意したため、巨大な多国籍、石油化学・製薬企業が、種子市場に参入し、種子に対する特許を取り、第三世界の資源がそうした多国籍企業の制定した「所有権」に脅かされつつあります。こうして一旦「特許権」によって守られてしまうと、第三世界の伝統文化社会において当たり前のようになされていた「種子の交換」ができなくなってしまうのです。こうして、「知的所有権」の問題は、第三世界の伝統文化社会の崩壊をもたらすような波紋を広げる結果になってしまいました。発展途上国には、世界の生物多様性の大部分が集中しています。大企業は、野生生物や薬草などの使用法を収集するために「探索者」を派遣しているのです。こうして「探索者」が探し当てた使用法をことごとく「知的所有権」で縛っていくのです。「使用法」を記述した、というだけで、特許に必要な Innovation（革新・刷新・新機軸）がなされたと見なされてしまうのです。原生種の植物や動物から、将来何が発見されるか分からないから、早い内に特許を取ってしまっておこう、という動きすら見られるようになっています。このような大企業の行為を「バイオ・パイラシー Bio-piracy（生物学的資源の略奪行為）」と呼んでいます。薬草となる原生植物を大企業のバイオ・パイラシーから守るために、ナンビアの非政府組織は、英国の本拠地を持つ環境グループの「ガイア（Gaia）財団」に特許申請の助力を願い出ました。ガイア財団が調べたところ、1つの発明に関

して、52 か国で特許を取得するためにかかる費用は 50 万ドルもかかり、ナンビアの 1 共同体の人たちには遠く手の届かない申請費用になっているということが判明しました。こうした巨額な費用のせいで、ガイア財団の報告書にあるように、「特許は金持ちと強者のものになっている」のです。

　こうして人間のあらゆる活動が消費され得る「商品」になってしまうようになりました。人間が伝統文化・社会の遺産として受け継いできたものや、公共の領域に属していると当然考えられてきたものまで、「所有」の対象にされてしまう、そんな時代なのです。そんな時代に私たちは生きているのだ、ということを自覚しておかなければならないでしょう。

大量生産、大量消費の時代

　Aaron Copland（アーロン・コープランド）というアメリカを代表する作曲家が「FANFARE FOR THE COMMON MAN（普通の人々のためのファンファーレ）」という曲を作曲したのが 1942 年のことです。この曲は、民主主義の担い手である Common Man（一般の、普通の人）であることに捧げられた賛歌なのです。民主主義がある程度軌道に乗ると、アメリカはまさに Common Man（一般の、普通の人）であることを誇りに思うことのできる文化の建築に乗り出したわけです。それは今まで見てきたように、大量消費文化という形をとりました。Common Man（一般の、普通の人）が消費者足り得る文化を、衣食住に渡り、大量生産していくことに成功したアメリカは、今でも、そのような大量消費文化の発信国として、世界中に影響を与えています。アメリカ型の大量消費文化以前は、ほんの一握りの貴族あるいは、エリートや裕福な階級のみが楽しむことのできる文化だったのです。

　さて皆さん、アメリカ文化の影響を挙げてみてください。マックドナルドのハンバーガーを食べ、カルビンクラインのジーンズを穿き、セントラルヒーティングのシステムのある部屋で、コカコーラを飲みながら、MTVの発表したヒット曲を聞く、あるいはハリウッド映画を観るといった具合に、アメリカ文化は、完全に浸透してしまっています。町に出れば、英語の看板やネオンサインに溢れ、アメリカからの留学生がアメリカの街角に立っているような錯覚を覚えるほどです。もともと Common Man（一般の、普通の人）をターゲット

にした文化ですので、これは全世界に広がりました。こうしたアメリカ文化のグローバル化を「文化帝国主義」と呼んだりしています。これが「帝国主義」に喩えられる理由は、アメリカが文化の発信国としての確固たる地位を築き上げてしまっているからです。アメリカ国内はもちろん、アメリカの影響化にある他の国々も、アメリカの発信する大衆文化を喜んで消費していくわけですね。ですから、グローバリゼーションとはアメリカナイゼーションのことだ、とも言われているのです。

　前の章でも、引用したフランスの哲学者カブリエル・マルセルの、アメリカを訪れた時の印象を綴った文章をもう一度読んでみましょう：

アメリカでよく見られる町は、「車で通り過ぎるため」というだけの、車がもしなくなったら、たちどころに廃虚と化してしまうであろう＜バラックの町＞であった。

マルセルの回想録にあるように、「バラックの町」という形容の通り、どこでも同じような町があるということが、アメリカの特色なのです。どの町を車で通っても、「ここは来たことがある」というディジャヴを感じさせてしまうほど、どこへ行ってもあまり変わりがない、機能的にはすべて同じようになっているのです。大型モールがあり、マクドナルドがあり、ケンタッキー・フライドチキンがあり、ウォルマートがあり、シアーズがあり、ファイアーストーンがあり、コンビニやドラッグ・ストアがある。こうした一揃いの店舗が、あたかもバラック建築の部品のように集まって1つの町ができているのです。そしてこれらすべてが、ドライヴ・スルーできるようになっていたり、マンモス駐車場を完備したりしていて、車社会に適した効率のよいサーヴィスを提供しているのです。グレッグ・パラストは、このような事態を「アメリカ自身のアメリカナイゼーションという恐るべき事態」と呼んでいます。アメリカでも、ニューオーリンズのジャンバラヤ、ハーレムの豚足の燻製、ニューイングランドのゆで蟹など、その地方やその町独特のものが追いやられてしまったのです。日本もここ数十年の間に、日本中のあらゆる場所が、見事に「バラックの町」と化してしまいました。「どこでも変わりがない」「どこでも同じ」という

この感覚、これはまさに交換可能ということです。固有名詞で呼ばれることのないバラックの町がこうして各地に乱立していくことになるのです。

ピーター・シンガーの報告によれば、1970年から、多くのアメリカ人にとって、2台以上車を持ち、数台のカラーテレビがあり、電子レンジや乾燥機があり、1人1部屋ずつ自分の部屋がある、といったことはむしろ当たり前で、標準的なものとなってしまっているのです。アメリカでも、このような1970年過ぎ頃から当たり前とされている一揃いも1950年には未だそうではありませんでした。1970年以降、平均的なアメリカ人は、かつての贅沢品を標準的で当たり前であると見なすようになり、そういったものを手に入れてももはや大して嬉しくないというわけです。こうして1970年以降、アメリカ人たちは、基本的なレベルの物質的な快適さに順応してしまうと、そのようなものからはもはや何の満足も感じなくなってしまっているのです。こうして、標準的で当たり前となってしまった水準以上であって初めて人は満足するようになってしまい、ひっきりなしに所有に駆り立てられていくのです。快適さを求めて、これもあれもといった具合に、刺激を求めていくと、そのような刺激に繰り返し晒されることで、かえって人は、刺激に対する無感覚状態に陥ってしまうのです。快適な刺激、贅沢な刺激を受けたとしても、以前に経験した時に比べて段々刺激に対して無感覚になってくるのです。

日本でも高度成長期に「3種の神器」と呼ばれた「テレビ、洗濯機、冷蔵庫」が売り出された頃は、「あれば便利だから」という気持ちがまだ存在していました。アメリカ並みの生活に憧れていた当時の人々は、こうした商品の提供する「便利さ」を進歩の象徴と感じ、有り難がっていたのです。けれども現在では、開発された商品が、便利さを提供するのは、むしろ当たり前となってしまって、それに対していちいち「有り難がる」ということはなくなってしまいました。以前に経験した時に比べて段々刺激に対して無感覚になる、ということがこうした点に関しても現象しているわけですね。こうなりますと、大きな満足感を長期にわたって味わうことはなくなってしまいます。満足感を得られなくなっているにもかかわらず、むしろ満足感を得られない不安から平均以上を求めて所有に駆り立てられていくのです。便利だ、という満足感ではなく、とりあえず皆の持っているものは持っておこう、というわけで、「人並み」であろうとす

第5章　エネルゲイア――ラッチス（John Lachs）の見解　219

るのです。むしろ「アメリカ並みに」とか「人並みに」などのように、国民の間で共有されてきた幻想それ自体が、消費戦略に利用されるようになっていったのです。そしてこの幻想こそが物のもたらす便利さにプラスアルファされる何かの正体なのです。このようにして、私たちはマスメディアに踊らされ、皆が所有しているものを持ちさえすれば、何か幸福が約束されたように感じ安心できるようになってしまっているのではないでしょうか。最近では、一応「アメリカ並み」を達成した日本では、この幻想がもはや広く共有される類のものではなくなってしまいましたが、「分衆」と呼ばれるターゲットのオタク化による消費戦略が展開しています。つまり、「この商品はあなただけのために用意されました」という感じになってきているのです。こうなると、消費戦略に巻き込まれることのない場所は、もはやなくなってしまうのです。これほどまでに、所有によって自己表現をし、自分探しをする、というアメリカ型の文化が浸透してしまっているわけなのです。コンシューマーズ・ファラシーの土壌はこうして出き上がったのです。

　環境問題に積極的に取り組んでいる欧州の緑の党は、「needs ニーズ（必要）」と「wants ウォンツ（欲望）」を区別した上で、「我々が消費し、必要であると考えているモノの多くは、実際は強力な説得の要請によって、ニーズへと転化されたウォンツである」と指摘しています。ここでいう強力な説得とは、マスメディアによる「アドヴァタイジング（Advertising）宣伝、広告」のことを指すわけです。アドヴァタイジングは、「他人と差をつけたい」という「差異化の欲求」と「人並みでありたい」という「水準化、平均化への欲求」を巧みに利用し、人々の所有欲を煽り立て、人を消費に駆り立てていきますので、まさにコンシューマーズ・ファラシーの仕掛け人的役割を担っているのです。大量消費時代は、マスメディアによる強力なアドヴァタイジングの中で、所有欲たるウォンツを煽り立てることによって成立していました。自然を征服し、自然の上に君臨した人間は、シンボルの世界の王となったわけなのですが、マスメディアによってシンボルの世界の操作が行われ、所有欲に駆られて、大量消費時代に突入することになったのです。

　アドヴァタイジングの目的は、「wants ウォンツ（欲望）」を作り上げ、消費を組織化することです。そのせいで、アメリカでは、ちょうど豚君が狐君に溢

れかえった食料の保管をお願いしたように、「needs ニーズ（必要）」を超えた大量消費の結果、モノが溢れ、貸し倉庫産業が絶好調にあるといいます。アドヴァタイジングは、「needs ニーズ（必要）」が無いにもかかわらず「wants ウォンツ（欲望）」を作り上げるのです。そして「wants ウォンツ（欲望）」であるにもかかわらず「needs ニーズ（必要）」であるかのような幻想を与えてしまうのです。「wants ウォンツ（欲望）」があるから生産活動が始まるというのではなくて、まさに「wants ウォンツ（欲望）」を生産するのです。高度情報化時代である現代とは、情報を駆使して、消費者の欲望を煽り、市場を創出していく、そんな時代なのです。アドヴァタイジングによって「wants ウォンツ（欲望）」するように誘惑されるわけで、初めから「wants ウォンツ（欲望）」があるわけではありません。そしてこれが「Mode モード、流行」という形で現象するのです。GMが先駆者となって開拓したマーケティング戦術ですね。アドヴァタイジングが毎年のように「モード」を作り上げるので、まだ使えるものでも、流行後れになれば、廃棄処分されることになってしまうわけです。消費される商品が記号となり、意味を持たされるようになった、ということですね。つまり、モードとしての商品は、単にその製品としての機能だけではなく、イメージや象徴的な意味を持たされるようになってきた、ということです。製品としての機能だけが問題ならば、いいモノを最後まで使い切ればいいのです。けれども、イメージや象徴的な意味を持たされた記号と化してしまったからこそ、流行後れになると「ダサいと人から見られてしまうので」という理由で、1年も使わない内に、最新のモードを追い求めて、「モードとして古くなったもの」は廃棄されてしまうのです。「製品として古くなくても、モードとして古い」ということが起きるようになったのは、まさに、商品が「記号」として消費されるようになったからなのです。こうしてアドヴァタイジングによって、毎年のようにモードを作り出し、本当に必要が存在しないところにも、需要を作り出してしまうようになっていったのです。

　日本を代表する評論家の柄谷行人さんは、「欲望とは、他者が欲するものを欲することである」と言っています。他の人たちが「欲しがっているから、私の中にも欲しいという欲望が芽生える」と言うのですね。皆さんも、皆が欲しがっているものを持っていなければ、取り残された気持ちになるから、ついつ

い手を出すのでしょう。実際、一旦流行が去ると、誰もその商品を見向きもしなくなります。「皆が欲しくなくなれば、あきる」わけですね。企業の側も、巧みなアドヴァタイジングによって、「皆が欲しがっているという幻想」を煽らないと、商品が売れませんので、多額なお金をコマーシャル戦術にかけるわけです。日本の場合、1989年の段階で、広告費は、既に5兆円を超えているというのです。このように、アドヴァタイジングのような「情報戦術」によって、消費に駆り立てる欲望を際限なく生み続けていくのが大量消費時代なのです。こうして、情報に煽られて「皆が欲しがっているから」という理由によって、欲しがるところに、大量消費が始まるのです。情報に煽られてしまうから、欠如感が生じ、欲望することになり、欲望の対象を手に入れなければ落ち着かないという構造が出き上がってしまったのです。こうして「モード」を追ってただだた消費をしていく、という傾向が生み出されました。こうした傾向を、「Affluent（飽和した）」と「Influenza（インフルエンザ）」を掛け合わせて作った合成語である「Affluenza（消費熱病）」と呼んでいます。「何のために買うのか？」という機能的な意味はほとんどどうでもよくなってしまい、「皆が買っているから買う」という風になっていき、知らない内に本当は必要のないものが溢れていく、これが「Affluenza（消費熱病）」なのです。特に、80年代は、「分衆」と呼ばれるマーケット戦術が、オタク的に多様化する個性をそのままターゲットにしました。多品種を少量生産するという、高度情報化時代だからこそ可能になったマーケティング戦略です。持ち物の少しずつの違いによって「個性」を表現させようというわけです。人々は、消費することによって「本当の自分」を探そう、という「モード」に乗せられて、消費に駆り立てられていきました。「本当の自分」なんて本当は何だか分からないような、神話に過ぎないようなものだからこそ、いくら多くの物を所有しても、「本当の自分」なんか出てくるはずがないのです。ともかく所有ということが自己のアイデンティティを形作る中心になってしまったことこそが問題なのです。こうして「自分探し」をして、「自分の個性」を表現する人たちが、「所有物」からアイデンティティを得ようとして、「Affluenza（消費熱病）」に感染していったのでした。「良き人生」は所有によって達成される、「本当の自分」は所有することで表現できる、――こうして、コンシューマーズ・ファラシーに人々は陥っていくことに

なるのです。

コンシューマーズ・ファラシーと伝統的行動モデル

　さて、コンシューマーズ・ファラシーが何をもたらしたのかということを考えていくことにしましょう。結論から言いますと、コンシューマーズ・ファラシーは、伝統的な行動モデルとは異なる行動モデルを提示しました。伝統的な行動モデルによれば、私たちがまず目的を設定し、その目的に見合った手段を選択するというものなのです。これは私たちにとってお馴染みの考え方です。このモデルにおいては、人間が主体的な選択を、目的の選択の時と手段の選択の時と、違った段階で2回行使することになります。ところがコンシューマーズ・ファラシーの場合、情報戦略によって売り出される物品の方が人間に欲望の可能性を提供するのです。特に「消費熱病」に浮かされる時代においては、無くてもいいような便利さを押し売りするように、商品が開拓されていくのです。つまり、「これが手に入れば、こういうことができるぞ」といった調子で、可能な欲望を物品の方から教えられていくわけです。ここでは人間はまず商品に対して受け身であり、欲望の可能性を商品から吹き込まれた後、欲求を満足させるという形になるのです。それゆえ、ある物品Gによって与えられる欲望の可能性の範囲内でしか選択を許されないという事態になってくるわけなのです。

　そんなわけで、例えば、ある自動車会社がオフロード車の宣伝をするとしましょう。するとその車を所有することで可能となる欲望が同時に与えられるわけです。例えば、「この車で川の中ほどまで乗り込んで釣りを楽しみたい」とか「誰もいない森林地帯にこいつで乗り込んでいけば、彼女とおおっぴらにカーセックスが楽しめるぞ」とかいった風に、その車を所有することによって可能となる欲望の範囲内でものを考えるようになるわけです。同様に、冷蔵庫ができれば、買いだめができるようになりますのでいちいち足りないものがある都度買い物に行かずに済むわけですし、「真夏でもアイスクリームが食べられる」とか「ビールは冷えていなければいけない」という欲望が当たり前になってくるわけです。このように欲望と欲望の満足というサイクルを所有されることになる物品の方が約束してくれるわけです。しかも都合の良いことに、「こんな

ものを作るから、こんな不都合なことになったんだ」というように責任を物に押しつけてしまうことによって、回避できるのです。「原爆なんか造ったから、あんなことになったんだ。悪いのは原爆だ」あるいは「こんな車を造るから彼女、妊娠しちゃったじゃない」というわけです。

「物品を所有することが、幸せを約束してくれる」という考え方は、ともかく所有しておこう、という考え方を生み出します。物品が幸福を可能にしてくれるということは、幸福ということに関して、完全に受け身の態度を促し、ともかく幸せを約束してくれる物品を所有しておこう、と「所有者の態度」で考えるようになってしまうのです。3匹の動物君たちは、幸福は所有できる何かであると勘違いしてしまいました。3匹の動物君たちの与えてくれる最初の教訓は、人間は所有物から幸福を得ようとするような受け身の態度でいる限りにおいて、決して幸福にはなれないということです。

物品から、欲望を吹き込まれ、欲望の可能性の範囲内から、選択していく、という思考法の出現は、伝統的な行動モデルとは違う行動モデルをもたらしました。特に「お金」は、「金さえあれば何でもできる」というように、「力」「名声」「幸福」「知性」などの記号になっています。

けれども、ラッチスは、伝統的な行動モデルと私が仮に名前を付けた行動モデルも批判していくのです。「まず目的を設定し、次にその目的に見合った手段を選択する」という伝統的行動モデルに従って行動することに慣れきってしまっている私たちには意外なことに、伝統的行動モデルは、ラッチスが「Fallacy of Separation（ファラシー・オブ・セパレーション）」と呼んでいる「誤った考え方」に根差しているのだ、というのです。これは強いて訳せば、「離れていることの詭弁」と訳せますが、今後、「ファラシー・オブ・セパレーション」とカタカナ書きにします。

§3 寓話のモラル、その2

ラッチスの挙げているもう1つのファラシー（詭弁、誤った考え方）こそ、「ファラシー・オブ・セパレーション」と呼ばれているものなのです。これは、「手段と目的は異なるものであり、時間によって隔てられていなければならな

い」という、私たちが通常あまりにも当たり前だと考えている考え方なのです。まさに伝統的行動モデルはこの考え方に従っているわけです。このファラシーは、「手段と目的はきわだって異なるものであり、両者は時間によって隔てられていなければならない」という偏見なのだ、と言われても、私たちは、「何でこれが偏見なのだ」と訝しく思ってしまうことでしょう。実際に、何かをしようと考える時、私たちは、まず、無数に考えられる可能的な目的の中から、自分が欲する目的を選択します。例えば、良い企業に就職しよう、という目的を掲げるのです。この目的を実現するために手段を選ぶわけですが、これもまた多くの手段が考えられるでしょう。例えば、「就職率のよい大学で勉強する」とか、「その会社に勤務している知人にお願いしてコネを作っておく」とか、「その会社の社長のぼんぼんを誘惑して人脈を作っておく」とか、多様な手段がでてくるわけです。そうした手段の中から、あなたは一番、自分の現状に合っていて、行動に移すことが可能なものを選択していくわけです。ですから、このような伝統的行動モデルが、ファラシー（詭弁）だ、と言われても、「そんなことはないだろう。皆がこのように行動しているのだから、どこに誤りがあると言うのだ」と考えてしまうでしょう。

　さて、「手段と目的はきわだって異なるものであり、両者は時間によって隔てられていなければならない」という言い方は抽象的過ぎるという方は、まあ、このように考えてみてください。目的は未来のある時点に達成されるだろうものとして、未来に投射されます。確かに、目的が実現されるのは、未来のことなのです。そして、その未来に達成されるべき目的を目指して、現在、手段に当たる行為をするわけです。手段に当たる行為の実行は現在という時制においてなされるわけです。ですから、「目的は未来、手段は現在」という風に図式化できますので、「手段と目的は、時間によって隔てられている」のは、当たり前ですよね。しかも、手段と目的は、手段は目的達成のための、言わば「道具」ですから、当然別個のものですので、「手段と目的は異なるもの」と考えられるわけです。目的が達成されることを期待して、未来のある時点に向けて目的を設定します。そしてその目的達成の手段は、目的達成のための「道具的価値」を帯びるわけなのです。現在行っている手段となる行為の外に目的が立てられているわけですから、「手段と目的は異なるもの」であるのは当然でしょう。で

すから、「手段と目的は異なるものであり、時間によって隔てられていなければならない」という考え方は、私たちにとって、むしろ当たり前の考え方で、それが偏見だと言われても、私たちは、狐につままれたような感じがしてしまいます。ですから、この考え方がもたらす弊害をまず考えてみることにして、この考え方が、私たちが思っている以上に危険な考え方なのだ、ということを理解してみましょう。そうした上で、この考え方が偏見だと、いう証拠に、この考え方に代わる別の考え方を提示してみようと思います。

「恐怖の部屋」と化す現在

　このファラシーは、人生の意味とは、目的が達成される未来の時点に存するという人間特有の思い込みを養うことになります。これは目標の達成こそが真の幸福をもたらしてくれる当のもので、それに至るあらゆる手段は我慢して耐えていくべきものだという考え方なのです。言い換えれば、今ある人物が手段として行っている行為そのものは、幸福をもたらしてくれるものではなく、目標が達成されぬ限りまったく無意味も同然だという考え方なのです。手段と目標の徹底した分離は、達成された目標こそが初めて手段を正当化し意味を与えてくれるという考えを生むのです。けれども目標のための激しい努力のために目標を達成しきれず過労により心臓発作を起こして倒れた人がいるとしたら、しかも、もはや回復の見込すらないとしたら、この時、彼の人生はまったく無意味だったと判断して構わないのでしょうか。なぜならその人は幸福を彼の人生の意味と共に約束してくれるはずの目標を達成していないのだから、ファラシー・オブ・セパレーションに毒されている限り、彼の人生は無意味と判定せざるを得ないでしょう。未来こそが夢を約束する、という考え方に窺えるように、目的が達成されると信じられる未来という時点が決定的に重要な役割を果たすからです。未来の目的のために、現行のあらゆる手段となるべきものは耐えられなければならないとされるのです。現在は、未来の目的に捧げられる「犠牲」なのですね。

　この未来を重視する考え方は、「進歩」を崇拝して、未来にすべてを賭けようと考えるような、そんな考え方にも根を下ろしているのです。それ自身で自然

に価値があるような進歩というものはありません。進歩の向う目標のみが何らかの価値を持つのです。そしてある変化が進歩と呼ばれてもよいのは、この目標を参照することによってのみなのです。ですから、進歩というものの価値は進歩が目指している、ある一定の目標の持つ価値によっているのです。このように進歩には目標があるわけですが、その目標に到達した状態ではもはや進歩ということが言えなくなってしまうのです。ですから、より熱烈に、私たちが目標の達成を望めば、それだけますます進歩が止ってしまうだろう時を楽しみにするという皮肉な結果になるわけです。

　こうして考えてみた結果、私たちは、進歩というものが無条件の称賛に値するような言葉ではないという事実を見落としがちだ、とラッチスは言います。進歩は私たちがまだ達成していないものへ向けての、そして同時に達成することが良いことであろうようなものへ向けての、運動だ、と考えられています。進歩というものがあるということは、未来の、ある時点における達成への期待とともに、現在においては、その達成すべきことが欠如していることを暗示しているのです。つまり、現在はまだ進歩の目標が達成していないわけですから、達成されていないという点で何かが欠如しているように感じられるということです。こうしたわけで、進歩することに賭けているどんな社会は、同時に未来にも賭けているということになります。けれども、未来に賭けている人は、誰でも現在を生きるのを止めてしまっているのだ、とラッチスは警告しています。もちろん、本当は現在の他に、生きるということを実現できる時制を求めることは不可能なのです。ですから、未来に賭けて、未来に生きようとする人は、結局まったく生きていないということになってしまうでしょう。いつか来るべきものに専心することは今満足させることが可能なものを覆い隠してしまうことになるからです。そんなわけで、目標に近づきたいという欲求は、現在を「恐怖の部屋（chamber of horrors）」にしてしまうと彼は言います。なぜならば、目標に近づくことを焦るあまり、日々の経過を速めようと考えることによって、結局、今しか生きられない私たちは、人生が消え去るのを望んでいるのに等しい馬鹿げた考えを持つことになるのです。目標つまり未来ある時点に向けて駆り立てられることによって、今を生きることができなくなってしまうということです。本来は今を生きるしかないのに、未来ばかりに期待を抱

き今が生きられなくなってしまっているということは、人生を生きていないということにならないだろうか、というわけです。しかも目標達成とともに正当化されるのは、今となっては「過去」のことなのですから。

　目標に至るのを切望するということが、その目標を望む人を苦悶させるだけでなく、そのような、目標達成に関する激しい欲求の後では、目標の達成もあっけないものになってしまうことでしょう。つまり、目標を達成して初めて目標達成までに積み重ねてきた諸々の苦労に意味が与えられるわけですから、私たちは目標が達成される未来の時点を美化し過ぎてしまうわけです。こうしてあまりにも期待し過ぎたあまり、実際に目標が達成された状態が、目標達成を夢見て期待に満ちていた時分に想像していたようにはならず、むしろ期待の大きさに反比例するようにみすぼらしく感じられてしまう、というのです。あの驢馬君が、結局一日中ボーッと過ごしてしまったように、驢馬君の夢に反比例するかのごとき現実が待ち受けていたのでした。つまり、まだ目的を現実のものとしていない人、すなわち、目的の達成を欲求している状態にある人は、目標が達成する未来の時点を、現実にはありえないほど、美化して描くのだと言っているのです。たとえ目標に辿り着いたとしても、欲望が勝手に描き続けていた理想と実現された目標は違っていて、重労働の割には報われた感じがしないのです。こうして、ラッチスは、結論を下します。「人生の意味は未来に求められるべきであるようなものではない、そしてそれを未来に求めようという特有の人間的病弊は、失望や絶望という結果に導くのだ」と。

効率という考え方

　目的に到達するまでは、私たちの行っている行為は不完全だ、という考え方は、先のセクションでも見たように、「目的に至るまでいかに能率よくことを進めるか」という効率中心の考え方を生むでしょう。事実、資本主義社会の中心原理こそまさに「効率」という考え方なのです。目的地までいかに最短距離をとり、費用や時間を節約できるか、ということが中心課題になっているのです。目的によって正当化されるまではまったく無意味なものに過ぎぬ諸手段などはさっさと片付けられるものならそうしたいと考えるのは誠に自然なことです。それゆえ、目的までの最短距離を人々は確実に計算するようになります。最短

距離を道に迷うことなく誰もが確実に、という考え方が支配的になるにつれて、人生という旅の道行きそのものを楽しむという側面が見失われ、個性なき画一化された旅が良い世渡りの見本のように見なされていくのです。それはちょうど、旅行者であるべき私たちが人生という線分を目標に向けてできるだけ迅速に移動する物体のようになってしまったかのようです。こうしてただだだ要領よく効率的に物事をなす能力だけが偏重されてしまうのです。皆さんに考えていただきたい、具体的な社会問題としては、「現在は、未来の目的に捧げられる犠牲なのだ」という考え方が、経済成長期に、環境汚染のような問題を野放しにしてきたのだ、ということがあります。

「コンシューマーズ・ファラシー」について説明した際に、私たちは、『ミステリー・ゾーン』のフィップル氏のエピソードを紹介しました。それは、「技術革新」によって未来を先取りし、常に、他者たちに対して、「お前たちは後れている」と言い得る優位な位置に向けて歩を進めていかねばならないのだ、という考えでした。資本主義を採用する以上、「技術革新」によってともかく進歩しなければならない、という風に、「進歩」ということが自己目的化してしまうのです。私たちの置かれている時代が、こうした時代だからこそ、ラッチスの言葉は傾聴に値するのです。

さて、ここで強調すべきは手段と目標の分離による欲望の充足の延期という図式は、「wants ウォンツ（欲望）」に毒されている資本主義社会特有のものであって、人類の全歴史を支配してきた原則ではない、ということです。またそれと関連して、予告しておきますが、欲望の充足は延期できるけれども、次の節で述べるようなアリストテレス的な「幸福」は、それとは違うものなのだ、ということです。

§4　エネルゲイア

ラッチスはアリストテレスの「activity」（「アクティヴィティー」ですが、ギリシア語の「エネルゲイア」の英訳です）の概念を重視しています。アリストテレスは、彼の形而上学の中でその活動や行為それ自体が同時にその目的であるところの「自己充足的な行為（アクティヴィティー）」について述べていま

す。しかもそうした充足的行為のみが幸福をもたらすとしているのです。この英語でアクティヴィティーと翻訳されているギリシア語は「energeia（エネルゲイア）」なのです。

　アリストテレスは物体の運動を調べ、場所の運動、性質上の変化あるいは増大や減少など物体の運動に特徴的な現象を一括して「kinesis（キネーシス）」と呼んでいます。人間の行為を分析した際、人間の行為は単なる物体の場所的移動のような運動とは違うということを顕著に示した概念こそがエネルゲイアの概念でしょう。そこで両者の相異を列挙してみましょう。エネルゲイアの場合は現在進行している行為自体が目的だけれど、キネーシスの場合、運動の目的はそれが完了した状態にのみ見いだされるのです。ここからエネルゲイアの場合、現在進行形がそのまま完了形であるということがいえるとアリストテレスは定義しています。さらにキネーシスの場合、目的に到達するまではその運動は未完の状態であるということがいえます。エネルゲイアの場合、目的が外にあってそれに向けて運動していくというのではなくって、その行為を行っているということ自体が既にもう目的なのです。「旅のメタファー」で言えば、キネーシスの場合は、旅行者が物理的な物体に過ぎず、ただひたすら目的に向けて運動していくだけのように描かれるわけなのですが、エネルゲイアの場合は、旅行者はあくまでも旅行者であり、しかもその旅行者は、目的地に到達できるかどうかとは無関係に、旅の道行きそのものを楽しむことを目的にできる人なのです。簡単に言うと、目的地に到達して初めてその旅が完成する、という考え方ではなくて、旅をしていることそのものが目的であると感じられるような旅がまさにエネルゲイアの本質を表しているのです。しかもアリストテレスはエネルゲイアに伴う充足感を幸福の基礎に据えているのです。時間的に隔てられた目標に達成して初めて幸福であるというのではありません。それは単に欲求あるいは願望の満足に過ぎないのです。欲求の満足と幸福はアリストテレスにおいてまったく別のものでしょう。伝統的行動モデルに従って生きる時、私たちは、目標が達成されることになる未来に向けて、欲望の満足を延期します。目標が達成された時、「ああ、俺は目標を達成したぞ」という風に、今まで我慢してきた欲望に満足感が与えられるわけです。けれども、エネルゲイアによる充足感は、欲望の延期に伴うものとは異なるのです。

もう一度「旅のメタファー」で考えるならば、「旅をしていること自体が楽しいな」というのがエネルゲイアで、その楽しさがアリストテレスの言う「幸福」。そして「目的地に着くまで我慢だ。目的地に着けば、すべての苦労が報われる」というのがファラシー・オブ・セパレーションで、目的地に到着した際に感じる「苦労が報われた」というのが、「今まで我慢してきた欲望の満足感」なのです。アリストテレスによれば、その活動を生きているあなたがその活動ゆえに即幸福であると感じられるそうした活動が確かにあるのです。そしてそのような活動こそがエネルゲイアなのです。逆に言えば、そうした幸福感、充実感を伴った活動こそが、彼が「エネルゲイア」と呼ぶものなのです。自分の行っている行為に充実感を感じられれば、少なくともあなた自身にとって「あなたは何のためにそれをしているのか」という問い掛けにこれ以上正当化を与える必要はないのです；「私にとってこの行為を成すことそのこと自体が幸福なのです。なぜなら私はこれをすることによって、自分の能力を発揮できますし、この活動自体が私の目的であるかのように、本当に活動し生きていると感じるからです。」活動自身が目的であるエネルゲイアの場合、確かにこれ以上の正当化は必要ないのです。エネルゲイアはこうした意味で「自己充足的行為」と訳しておくことにします。

　アリストテレスが正しいとしたら、私たちはそれを行っているということ自体が同時に目的であるエネルゲイアによって生きるべきではないでしょうか。例えば、あなたが小説を書いている、しかもその小説を書くという営み自身にあなたが満足を感じ書いている間中疲れを知ることなく幸福だったとしましょう。この場合、たとえ、発作で倒れ小説が完成しなかったとしても、あなたは幸福であったししかもあなたの人生の意味を誰も外側から見て判断する権利はないわけなのです。「小説の完成こそが幸福をもたらしてくれるんだ、だからこの書くというおぞましき行為をじっと耐えて耐えて耐え抜くんだ」という考え方から、その時あなたは完全に自由だったのです。言い換えれば、書くということが自己充足的行為としてあなたを幸福にしてくれていたのです。

　皆さんも子ども時代を思い起こしてください。私たちは、学校に在学中は、好きなことは卒業後にするように言われ、好きなこと、やってみたいことを延期してしまいます。けれども就職が決まった時も、好きなことややりたいこと

は退職してからやるように、と言われ、再び延期を余儀なくされるのです。ところがいざ老後を迎える時になると、情熱は色褪せ、せっかく充実するはずだった暇な時間はゲートボールをしたり、日向で碁を打ったりして過ごすようになってしまうのです。このように、目的の達成ということで、すべてを未来に賭けている人は誰でも現在を生きるのを止めてしまっているのです。けれども、本当は現在の他に生きることを許されている時間は存在しないのです。人はこの「今」を生きていくことしかできません。ですから未来に生きようとする人は、結局まったく生きていないということになってしまうのです。未来に好きなこと、やりたいことを延期していくことによって、現在のこの「今」がはかなさ、価値の無さ、そして明日への切望といった重苦しい感じに浸透されてしまうことになるのです。いつか来るべきものに専心することは、今満足させることが可能なものを覆い隠してしまうでしょう。目標に近づきたいという欲求によって、日々の迅速な経過を願うことは、人生が消え去るのを望むことと同じことを意味するのです。目標、つまり未来のある時点に向けて駆り立てられることによって、今を生きることができなくなってしまうのです。本来は今を生きるしかないのに、未来ばかりに期待を抱き、今が生きられなくなってしまっているということは、人生を生きていないということにならないだろうか、というわけです。あの3匹の動物君たちが目標の達成される未来の時点に、あまりにも美しい夢を重ねてしまったように、目標に達成して初めて目標達成までに積み重ねてきた諸々の苦労に意味が与えられるわけですから、私たちは目標が達成される未来の時点を美化し過ぎてしまうのです。こうしてあまりにも期待し過ぎたあまり、実際に目標が達成された状態が、期待に満ちていた時分に想像していたようにはならず、むしろ期待の大きさに反比例するようにみすぼらしく感じられてしまうのです。つまり、まだ目的を現実のものとしていない人、すなわち、目的の達成を欲求している状態にある人は、目標が達成する未来の時点を、現実にはあり得ないほど、美化して描いてしまうのだと言っているのです。

　そんなわけで、人生の意味は未来に求められるべきであるようなものではありません。それを未来に求めようとすると、かの動物君たちがゼウス様の残酷なユーモアの犠牲となり、夢の実現と同時に味わうことになった失望や絶望と

いう結果が私たちをも待ち受けていることになるのです。

トルストイ再考
　さて、ここで第2章で取り扱ったトルストイの探求の意味をもう一度ここで考えてみましょう。私は、その章で以下のように書き、最終章で再びこの問題を扱うことを予告しました。

　トルストイは、「神をもとめていきている」時だけ、本当に生きている、という実感を持っていたことを悟った、ということを告白しています。そこで、探求を続ける彼にとって、探求の結果として「神秘的、秘儀的な事実」を得ることができるかということは、実はどうでもよいことで、この探求の過程そのものが彼に充実感をもたらしたのではないのか、という別の見方ができるかもしれません。言い換えれば、「神秘的、秘儀的な事実」を得るという目的のために、探求という手段を経ている内に、手段であったはずの探求そのものが目的と化し、それが彼に充実感をもたらすようになったのだ、ということなのです。もしそうであるのならば、探求することから来る充実感を説明するために、無限というコンテキストはもはや不必要になるでしょう。つまり、こうして探求に浸っている時、彼は「一体何のために」という正当化から解放されて、まさに、これ以上の正当化を必要としない充実した生を生きていたのではないのでしょうか。

　トルストイは、探求をしていること自体がそのまま目的となるような、そんなエネルゲイアを生きていたのです。彼の安心は本当はエネルゲイアを体験していたことにあったのではないのでしょうか。決して、信仰によって、「神秘的、秘儀的な事実」に通じる道を見いだしたからではありません。彼の妻、ソフィアとの一件が、彼が決して悟りの境地に達したわけでも安心を得たわけでもないことを物語っているのです。『ざんげ』において、「神の真理は一人ひとりの個人には理解できない。その啓示を受けるのは、愛によって1つに結ばれたすべての人々の集合体だけである」(p. 219)と書き、悟りに到達したと思われたトルストイには、1つだけ秘密がありました。その苦悩は、妻、ソフィアと

の関係がモデルになっているとされている『クロイツェル・ソナタ』に表現されています。そこでは、夫婦間の愛がテーマにされています。「理想の一致？……そうなると一緒に寝るのは無意味になりますね。理想の一致した結果、一緒に寝るってことですか、と彼は言って神経質に笑い出した」この小説の妻殺しの男のこの神経的な高笑いを伴った叫びはそのままトルストイの叫びなのです。信仰に目覚めたはずの男、トルストイは、未だ衰えぬ性欲に激しい嫌悪感を抱いていたのです。アメリカのフェミニスト、アンドレア・ドゥオーキンが、彼女の著書『インターコース』の中で、トルストイの日記から引用しています。「悪魔が私にとり憑いた……熟睡できない。それは、犯罪の後のように、とても忌まわしい。なのに、まさに事を行ったその日に、私はなおもっと強く情欲に捕われる状態に陥っている始末だ」(p. 18)。死の1年前の81歳の年まで、こうした状態が彼を悩ませ続けたのでした。妻、ソフィアとの間も完全に冷め切った状態になっていたのです。「彼の伝記を書く人々は、彼がいかに労働者の水運びを手伝ったかという話は書くでしょう。しかし、彼が妻に休息をまったく与えなかったことや……労苦の疲れから回復するだけの機会さえも、与えてくれることは皆無だったなどとは、誰一人知りはしないでしょう」(p. 16)とソフィアは日記に記しています。「彼の冷たさ、恐ろしいほどの冷たさ」、自分の欲する時だけ、セックスを求め、後はまったく無関心を示す、という夫の態度を、ソフィアはそのように表現しているのです。こんな状態で、彼女は13回妊娠し、13人子どもを出産したのでした。『ざんげ』に見られる人類愛への芽生えと実生活における夫婦間の愛の冷え切った様子。この2つの愛の断絶は、今お話しした通りなのです。こうした葛藤に苦しみ、トルストイは家出をし、家出先の駅で病死してしまうのです。こんなわけで、トルストイは、『ざんげ』において彼が見いだしたと言っている境地に安住し、そこから安心を得ていたわけでは、決してありませんでした。かといって、『ざんげ』で描かれている充実感が偽りだというわけでもないでしょう。彼の充実感は、そのような悟りによるのではなく、むしろ、逆説的ですが、「人生の意味」を探求するという、手段となる行為そのものが、そのまま目的と化すような、そんなエネルゲイアをトルストイは生きることによって、生の充実感を体現したのだ、と言えましょう。このことから得ることのできる教訓は、たいていの皆さんは、まさ

に「生きる手段として」労働しているわけですが、その労働自体が単なる一手段ではなく、そのまま目的と化すような、エネルゲイアになり得るのだ、ということです。

　第1章において、「人生」を「旅」に喩えるメタファーを検討した際に、「人生」における「苦難」を「旅」における「障害物」に喩える考え方を取り出しました。「人生」において「障害物」に喩えられるものの除去そのものが「目的」となる場合が出てくるかもしれませんし、除去そのものが困難である場合も出てくることでしょう。例えば、第2章で検討したカミュのシーシュポスの場合です。シーシュポスは、自分の力をはるかに超える不条理という「障害物」との格闘を自己の運命に変換していくことこそ、「不条理」に挑むということだと悟り、この「挑む」という姿勢の中にこそ、生きるに値する人生を見いだしました。この場合、「挑む」という生き方がそのままエネルゲイアになったのでしょう。同様に、「障害物」が、例えば、「不治の病」のようなものである時、人は「思い残すことがないように生きよう」と決意し、自分がやってみたいことに集中します。それが功を奏して、エネルゲイアを見いだし、充実した「今、ここ」を実現する場合もあるのです。そんなわけで、エネルゲイアという観点から考えれば、「障害物」であるからと言って、特に忌み嫌う必要がない場合ですら出てくるのです。このようにラッチスの解釈したアリストテレスのエネルゲイアという立場に立てば、「目的」を中心に据えた人生観とは、異なる観点から「人生」を考えることができるのです。

§5　禅の世界

　このセクションでは、仏教の禅宗において、「禅問答」として知られている問答をいくつか紹介し、それを考えるヒントにして、エネルゲイアについての思索を深めていきたいと思います。このセクションで紹介する「禅問答」は、私たちに、どのような行為でもエネルゲイアになり得る、ということを教えてくれることでしょう。

　そこで、まず、これからお話しする「禅問答」に耳を傾けてください。ある人が、禅宗の悟りを開いた和尚さんに、どのような心がけで生きるべきか、修

行の極意を尋ねました：

男：「和尚、あなたは、悟りを開かれた方ですので、お聞きしたいのですが、あなたは毎日、どのような規律によって修行されているのでしょうか？」。
和尚：「腹が減れば食い、疲れれば眠る」。
男：「それでは、私たち、凡人と何も変わらないではありませんか？私たちも和尚と同じように修行をしていることになってしまいますよ」。
和尚：「いいや、同じではない」。
男：「どこが違うとおっしゃるのですか？」。
和尚：「お前たちは、私のように、本当に食べてはいない。お前たちは、食べながら、雑念を心に宿しておる。だからわしと同じではないというのだ」。
（*Living by Zen*, Daisetsu, Suzuki, より和訳）

　この問答から窺い知ることができるように、東洋でも禅の修業者などは自分が行っている行為をそのまま生きることを実戦してきたのだと考えます。禅者にとって飯を食う、皿を洗うということもエネルゲイアになるのであって、悟りを開いた禅者は行為の最中に雑念に捕らわれたり、行為の外側に第三者的視点を設定してその行為の究極的意味づけをしようとしたりするような愚かなまねをまったくしないのです。禅の修行者は、飯を食うという行為そのものが目的であるように、飯を食うことに徹し切るのです。心から食べ、心から皿を洗い、心から眠ることで、この「今、ここ」を生きるわけです。このように行っている行為に徹し切ることによって、「今、ここ」が充実したものとなるのです。つまり、ここで強調して言いたいことは、どんな行為でもエネルゲイアになり得るのだ、ということなのです。和尚が言うように、凡人は飯を食うという行為に徹し切れず、常に雑念に捕らわれています。
　雪峯和尚の問答の中にも、似たような話があります：

僧：「虚心な人はどんなに日を送るのですか」。
和尚：「茶を喫し、飯を食う」。
僧：「怠惰に時を過ごすことになりはしませんか」。

和尚：「そうだ、怠惰に時を過ごすことになる」。
僧：「どうしたら怠惰に時を過ごさずにやってゆけますか」。
和尚：「あれは何だ」。

鈴木大拙によれば、「あれは何だ」という叫びは、雪峯和尚お得意の台詞だということで、「あれは何だ」という叫びによって、弟子たちが、言葉では言い表すことのできぬ「今、ここ」を生きる、ということを即刻悟ってくれれば、いいわけなのです。純粋に「今、ここ」を生きる、ということを悟ることができれば、「怠惰に時を過ごさずにやっていける」境地を知るのです。凡人は、悟った人と同じように「今、ここ」を生きているはずなのに、過去に捕われ、未来を思い煩うことで、「今、ここ」を自由自在に楽しむことができないのです。まさに、趙州和尚が、言うように、凡人は、「驢馬に乗っていながら驢馬を探す」ような愚かな真似をしているゆえ、「今、ここ」を純粋に生きられなくなってしまうのです。

　道悟禅師とその弟子、崇信の問答にも似たような話がありますので、これも紹介しておきましょう：

崇信：「私がここに来てからだいぶになりますが、まだ禅の心要について一言もお教えをうけませんが」。
道悟：「お前がここに来て以来、私は禅の心要については、朝から晩まで十分教えてやっているではないか」。
崇信：「いったいどんな教えでしたでしょうか」。
道悟：「お前が、朝、茶を運んで来れば、私はお前からそれを受け取る、食事を出せば、それを食べる。お前がお辞儀をすれば、私は頭をさげて礼を返しているではないか。このどこにお前に心要を指示しておらぬというのだ」。
崇信が師匠の言葉に当惑して、しばらく頭を垂れて考え込んでいると、和尚は言った、
道悟：「見るときはすなわち直下に見るのだ。ぐずぐず考えておれば間違えるぞよ」。

崇信は道悟の一句によってその意を了得した。

道悟和尚は、あらゆる行為をエネルゲイアとして生きており、純粋な「今、ここ」を生きる範例を、日常の何気ない行為を通して、自然と崇信にも示していたのでした。ぐずぐず考えておれば、「今、ここ」を純粋に生きる機会は去ってしまうのです。

　もう1つ禅のエピソードを紹介しておきましょう。鈴木大拙は、『禅による生活』の中で、馬祖の弟子、百丈が悟りを開いた時のことを紹介しています：

馬祖：「あれは何だ」。
百丈：「雁です」。
馬祖：「どこへ飛んで行くのだ」。
百丈：「みんな行ってしまいました」。
馬祖は、百丈の方へ向き直ると、彼の鼻をひねり上げた。百丈は思わず悲鳴を上げた。馬祖はすかさず、「飛び去ってはおらんわい」と。ここで百丈は省吾したのである。……

翌日……
百丈：「昨日和尚は私の鼻をいやっというほどひねられたので、痛くてたまりませんでした」。
馬祖：「昨日お前の心はどこをうろついていたのだ」。
百丈：「今日はもう鼻は痛くありません」。
馬祖：「なるほど、お前は『今日』の事を深く知ったわい」。
馬祖と会見して自分の部屋に戻って来ると、大声で泣いた。同門の僧が、どうしたのだ、と尋ねた。百丈は言った、
百丈：「お前、師匠のところへ行って、おれがどうしたのか自分で聞いてくれ」。
兄弟弟子は場祖のところへ行って、百丈のことを尋ねると、師の場祖が言った、
馬祖：「お前すぐ戻って直接彼からそれを聞くがよい」。
その弟子は百丈のところへ戻って、再び彼に尋ねた。しかし百丈は答えるかわりに大声で笑った。…

僧：「さっきお前は泣いていた、こんどはお前は笑っているとはどうしたことか」。
百丈：「おれはさっき泣いていたが今は笑っているよ」。

　この一見謎めいた問答を注釈して、鈴木は、このように言います。「悟らぬうちは彼の叫びも笑いも純粋な行為ではなかった。それはつねに何か他の物がまじりあっていた」と。それでは、一体何が混じりあっていたと言うのでしょう。
　私たちは、いつでも過去の、過ぎ去ってどうにもならない出来事に悔やみ、未来に起こるかもしれぬことを思い煩って生きています。こうした形で、時間概念に捕らわれて生きている内は、純粋な現在を見失ってしまい、現在を現在として生きることができなくなってしまうのです。「飛び去ってしまった雁」に心を奪われてしまっている時、百丈は、師の馬祖から鼻をひねられて、痛みとともに、この「今」に引き戻されるのです。その瞬間、百丈は、この時を逃したら二度と帰ってこない現在を生きるということを会得したのでした。それゆえ、悟りを開いた彼は、この現在を生きるように、純粋に笑い、純粋に泣くことができるようになったのです。雲門禅師の有名な言葉、「日日是好日」も過去や未来に捕われずに、純粋に「今、ここ」を享受できる者の言葉として読まねばならないでしょう。エネルゲイアを生きている人は、今見たように、通常の時間概念に捕らわれず、その行為そのものが、純粋な「今、ここ」を具現しており、「今、ここ」を生きる、その行為を、そのまま楽しむことができるからです。断片化した行為だから、無意味だ、という懸念もそこには、もはやありません。純粋な現在の中で笑い、純粋な現在の中で泣く、というように、純粋な現在の中であらゆる行為を楽しむことのできる人には、「目的」によって統制される生き方は不要なのです。ここまで徹底できれば、まさにどんな行為でも、エネルゲイアになり得るのです。ここまで徹底し切れば、諸行為が、目的によって一貫性を与えられている必要はなくなります。「目的」ということによって、諸行為に、「道具的価値」という意味を与えるような文脈は、もはや必要ではありません。
　「今行っているこの行為」を「道具的価値」を持つものに貶めないで、その行為をそのまま生きるというエネルゲイア的生き方を、「達磨さん」の呼び名でお

馴染みの、達磨大師も提唱しているのです。中国に禅をもたらしたゆえ、祖師と呼ばれる達磨大師は、梁の武帝から、「お経を読むと何の功徳があるのか」と尋ねられ、一言「無功徳」と答えたと言い伝えられています。お経を読むことの効用を期待した武帝は達磨大師の意図を測りかねたでしょうが、「無功徳」は、「何らかの功徳、つまり、報いを計算に入れて行為をしない」ような純粋な行為の基準なのです。達磨さんはまさに「今行っている行為の外に目的を立てない」そういうエネルゲイア的な行為を「無功徳」ということで言い表そうとしたのです。行為の効用を期待したり、報酬を待ち望んだりして行う行為は、未来志向の行為で、ファラシー・オブ・セパレーションに毒されてしまっているのです。行為のもたらす利害得失に捕われて、このような未来を偏重する考え方に毒されている限り、「今、ここ」を見失ってしまうのです。こうした人間的な悪い傾向を、達磨さんはたった一言「無功徳」と言うことで断ち切ろうとしたのです。

　悟りを開いた人の境地を、六祖である慧能禅師に語ってもらうことにしましょう。「この刹那に『生死』はない。ゆえに、われわれがこの現在の刹那に生きていて、その生滅を超越するなどということもない。これがすなわち絶対の寂滅が現前しているのである。この寂滅がそのまま現在の刹那にほかならない。現在の刹那の非時間性に至福があるのだ」(p. 87)。純粋に「今、ここ」を生きることのできる人には、その刹那には、慧能禅師の言うように、「生死」などというものは初めから無いゆえ、「生死」を超越したい、などと思う必要も無いのです。そうであるのならば、純粋に「今、ここ」を生きることに徹し切れば、それは自然と至福であるはずです。

　私たちは、「自分探し」に呪縛されて「自分はこうだ」という個性追及的な「意味づけ」を「自分＝セルフ」に与えようとしてしまいがちです。けれども禅師の面白いところは、「自分はこうだ」という個性追及的な「意味づけ」から解放されて、そんなセルフを捨ててしまって、そのまま日常の「今ここ」をすんなりと享受してしまうようなエネルゲイアに至っているということです。それは刹那的な生き方とは違います。刹那的な生き方は、「今が良ければいい」という風に「今ここ」を意味づけを通して正当化しようとしてしまうゆえ、「今ここ」に立ち止まってしまうわけです。禅師のように、「今ここ」を端的に享受し

て生きている、ということは、「今ここ」を意味づけることとは違うのです。

　まあ、凡人である私たちはここまで徹することができないにしろ、自分に合ったエネルゲイアを見いだすことが大切だと考えます。悟りを開いた人まではいかなくとも、『メザスヒカリノサキもしくはパラダイス』で松本大洋が書いているように、「すべてが生まれて初めて見る情景で、嗅いだ匂いで、聞いた音なの。今日沈む夕日には、二度と出会うことはないわ。賢明に、懸命に、今が今だけと自覚することが唯一彼（死）を受け入れる条件。彼は私の横へ列座して、私の肩を抱き、今は静かに目を閉じていてくれる。私は彼の手の上に自分の手を重ね、すべての存在に対して括目したいと思う」と言い切れるほど、すべてがこの私にとって一回限りの出来事なのだ、と感覚を開放し、「今、ここ」のこの行為に徹し切ることができたら、と思います。どんな行為でもエネルゲイアになり得るのですから、死によるその行為の中断ということでさえ、さほど意味をなさなくなるのです。「今、ここ」のこの行為にここまで徹しきれれば、死でさえ恐ろしくなくなり、確かに、悟りを得た、ということになるのでしょう。ここまで、徹し切れれば、第1章で検討したような「断片化した生」などというものはそもそも無くなってしまうわけですから、そこに「無意味さ」を感じることすら無くなることでしょう。すべての行為がエネルゲイアになり得るわけですからね。

§6　「遊ぶために遊ぶ」

　けれども、何も悟りを開いた禅の和尚さんを持ち出さなくても、行為すること自身が、即、目的になるという場合は、まさしく私たちが遊戯をする時に現われています。第1章で私は、「人生」を「ゲーム」に喩えるメタファーの中の、特殊な例として、「子どもは遊ぶために遊ぶ」ということがあると述べました。「ゲームを支配する規則」や「ゲームの目的である勝敗」も無いような、ただただ夢中になって「遊ぶことそのものを楽しむ」というだけの「ゲーム」、つまり、第1章で紹介したロジェ・カイヨワの言う、「イリンクス」に分類される「ゲーム」です。エネルゲイアとは、まさに「イリンクス」的な遊びの精神に満たされた行為なのだと言っていいと思います。子どもは、遊ぶ時、何のた

めに遊ぶのか、などといちいち目的を、遊ぶという行為の外に設定しません。子どもは、遊ぶこと自体を楽しむわけですね。

　名人や名匠と呼ばれるのに相応しい、物事に熟練した人の仕事ぶりは、遊んでいるかのごとくであると昔から言われていますが、まさにそうした巨匠にとって行為そのものが、子どものように、遊びの精神に満たされているのでしょう。アトリエで筆を動かすピカソの姿や、彫刻刀を振るう棟方志功の姿、あるいは人間国宝と呼ばれるような人たちの仕事振りを、テレビ画像を通して見ることができますが、「遊ぶために遊ぶ」そんな子どものように、巨匠の仕事は、まさにその仕事をするという、その行為のためにその行為をするかのようです。未来に切り離されて孤立した目的のために現在を犠牲にしてしまわないで、子どもたちのようにただただひたすらに物事それ自身を行うことのために物事を行うのです。この場合、「旅」のメタファーに従って考えるのならば、目的地に到達するかどうか、は問題にならず、むしろ人生の道のりそのものが「旅の楽しみ」となるのです。確かに、「旅」をしていることそのものを楽しむ「旅」があるように、行為そのものをそのまま楽しむ行為があるのです。「遊ぶ」ということを「それ自身を楽しむこと」と解釈した上で、ホイジンガが言うような、Homo ludens（ホモ・ルーデンス「遊ぶ人」）であるべきであり、これは、資本主義が生み出した「目的のために効率的に」という考え方から自由であるべき人間の姿を表していると考えます。ホイジンガその人は、まさに効率が重視されるような「理性中心」の時代に思索した人で、理性的人間に対抗する概念として、「ホモ・ファーベル（工作人間）」を打ち立てて、「ホモ・ファーベル」の根底に、「ホモ・ルーデンス」を垣間見たのでした。これは慧眼と言うべきで、名人芸にまで達した工作人の技は、エネルゲイアに通底しているからです。禅匠は、すべての行為がエネルゲイアになり得ることを私たちに教えてくれましたが、このように、子ども時代に誰もがしている「遊び」ということを通して、私たちは、何と、もう既にエネルゲイアを、身をもって体験して知っていたのです。もう一度、この「遊びの精神」に帰ること、そして、その行為自体から来る幸福をそのまま享受すること、このようなことができれば、あなたはエネルゲイアを体験していることになるのです。

ゾーエーとビオス

　私は、「意味を求めない生き方が、エネルゲイアを生きることで可能だ」ということをまさに言葉に表すことによって「意味」として、皆さんに提起しているわけです。「意味に頼らない生き方を求めよ」ということを意味として表現しているわけで、逆説のように聞こえます。けれども、私は、子ども時代に「遊び」を通して、既に皆さんが体験してしまっていることのリマインダー（思い出させるもの）として、「指示語」風に言葉を使っているわけなのです——「皆さんがもう既に遊びを通して知っているあれですよ」という風に。言い換えれば、「生き方」というより、本当は既に皆さんが子ども時代に遊びを通して知っていることなんですよ、と私は言いたいのです。

　第1章で、古代ギリシア人は、生物として、生あるもの一切に共通する「生きているという事実」を「ゾーエー」と名づけ、「生き方としての生」である「ビオス」と区別した、ということを紹介しました。子どもは、「生」のビオスの次元に呪縛されることなく、「ゾーエー」としての「生」を端的に生きることを許されている存在です。社会化を経て大人になるにつれて、「どうして生きていくのか」という「生き方」として、「生」に意味を与えようとする、「ビオス」の次元が表立ってきます。人間が社会的な存在である、ということは、「ビオス」としての「生」を人間である限り引き受けざるを得ないということです。けれどもゾーエーとしての人間は、「生を選ぶ理由」があるから生きているわけではなく、ただ事実として端的に生きているわけです。「ビオス」としての「生」を生きると同時に、つまり、「社会的存在」であると同時に、人間は「ゾーエー」としての「生」を生きているのだ、ということです。マーヴィン・ミンスキーは、人間の心が機能的に多様な次元から成立しており、それはあたかも社会を形成しているがごとくだ、と考えました。簡単に言えば、人間の心は、あたかもフーガのように複雑に進行するポリフォニックな「コーラス」で成立しているというわけです。しかも指揮者として全体を統括している部分があるわけでもないし、観客として全体の流れを見渡すことのできるわけでもないので全部の音が聞こえている部分が存在しているわけでもないような、そんな「コーラス」なのです。そうした「コーラス」の中にあって、人間のゾーエー的部分は、端的に生き続けているわけなのです。自己意識と呼ばれる部分が、ビ

オス、即ち「生き方」を考え、ハムレット的に「生きるべきか死ぬべきか」という問いに拘泥している間も、ゾーエー的部分はただ端的に生き続けているのです。そのゾーエー的次元では、スピノザが言うように、コナトゥス（自己存続の努力）を最大限に発揮させてくれるものは「喜び」であり「善い」のです。私は、そうした「ゾーエー」としての「生」を充実させることを「エネルゲイア」ということによってお話ししているのです。「何か正しい生き方があるはずだ」という風に、「意味」や「目的」を求め、「ビオス」としての「生」にすべてを還元してしまおうとする瞬間、ただ端的に生きている、という「生」のゾーエー的次元を見失ってしまうことになるのです。

　「ゾーエー」と「ビオス」の区別は、アリストテレスが人間に与えた定義、「理性的動物」の中にも表現されています。人間は人間を他の動物と区別する「理性」でもって「生き方」を考え、「生き方」を追求しやすい「社会」を築き、人生に意味を与えようとします。このように「理性的動物」の「理性」の方にアクセントを置くと、「生」の「ビオス」的側面が強調されることになります。けれども、「理性的動物」という定義中の「動物」の方にアクセントを置けば、「ゾーエー」的側面が浮き上がってきます。端的に生き、端的に死に至る、という「生」であるすべてのものが従う時間に人間も支配されているのです。最近、デリダが『Fichus』という本の中で、「真性の観念論は人間のなかの動物を罵るか、あるいは人間を動物扱いするかにあります」とアドルノの断章を敷衍しています。哲学は、「人間性」を賛美し、人間性の「尊厳」を際立たせるために、「動物」の概念を都合よく同質化してしまって、「人間」対「動物」という不毛な概念的対立を築き上げてきました。このような伝統哲学の考え方に対照させて、ソローの次の言葉を読んでみてください。「たいていの人と同じように、自分の内部により高い、いわゆる精神的な生活への本能と、原始的で下等で野蛮な生活への本能をあわせもっているが、私はそのどちらにも敬意を抱いている」。「原始的で下等」とされている生き物への連続性をソローは、強く感じ、精神的な生活の高みへ至る道も、そうした連続性無しにはあり得ないのだ、と考えていたことが、よく分かります。ソローは、別の箇所では、インドの立法者に敬意を表していますが、その理由は、インドの立法者達は、「自分の中の動物」にも正当な居場所を与えることに成功しているからです。つまり、

インドの立法者達は「飲食、同棲、糞尿の排泄の仕方に至るまで、卑俗なものを高めながら教えており、こうしたものをつまらないなどと言って、偽善的に避けて通ったりはしていない」からなのです。このように、人間に本来備わっている機能であるのならば、取るに足らないものなどは1つとして存在しないのだ、とソローは言うのです。「人間の尊厳」を謳うためにでっちあげられた「動物性」に対比させて「人間」を考えるのではなく、こうしたソロー的な見地に立って、「人間という動物」を直視し、私たちの「生」の「ゾーエー」的側面を見つめ直すことが必要でしょう。私たちも子ども時代は、「遊び」を通して、端的に生きているという、「生」の「ゾーエー」的側面を享受していたはずなのです。そして「遊び」から端的に充実感を覚えていたはずなのですから。

内的目的と外的目的

マッキンタイアは、「内的目的」と「外的目的」を区別しています。例えば、あなたが、チェスが好きで自分の息子にチェスの楽しみを教えたいと考えているとしましょう。やれば楽しい、ということを分かってくれることを期待して、教え始めるのですが、子どもにとって、チェスのルールは複雑すぎて、そんなものを暗記させられると考えただけで辟易してしまうようで、こちらの誘いにまったく乗ってこようとしない、という状況を考えてみてください。そこであなたは、一計を講じて、「チェスのゲームをつきあってくれたら、その都度、百円小遣いをあげよう。パパに勝つようになったら、千円あげてもいいぞ」と誘いかけるのです。子どもは、千円欲しさから、一生懸命、努力を重ねていきます。そうしている内に、チェスというゲームそのものが持つ独特の楽しみを味わうことができるようになっていきます。子どもは、この楽しみを味わうことができるようになった時点では、もう千円などどうでもよくなっているかもしれません。今までは、確かに、「千円欲しさ」に嫌々やっていたチェスでしたが、今やチェスという行為そのものが、喜びをもたらしてくれるエネルゲイアになったからです。さてこの場合、「外的目的」とは、「千円を得るために」という目的です。これに対して、「内的目的」とは、「チェスという行為自体が可能にしてくれる独特の楽しみを味わう」ということです。つまり一般化して言えば、「外的目的」は、その行為の外側に設置される目的のこと、と定義でき

第5章　エネルゲイア――ラッチス（John Lachs）の見解　*245*

るでしょう。また、「内的目的」は、その行為そのものがもたらしてくれる独特の味わいですので、「その行為そのものの良さ」即ち、「その行為の内在的価値」と定義することができるでしょう。エネルゲイアを通して私たちが獲得する目的は、マッキンタイアの用語を使えば、まさに「内的目的」の方であって、決して「外的目的」ではないのです。先のトルストイの場合も、探求という行為の「内的目的」を知るに至った、と言っていいのではないでしょうか。

遊戯するニーチェ

　ニーチェは、『権力への意志』の中で、「私たちは、過程から目的表象を取りのぞいて、それにもかかわらず過程を肯定するであろうか？」（p. 71）という問いを提起しています。私たちが生きているこの過程の一瞬一瞬を、「目的」という考え方を導入して正当化することなしに、この一瞬一瞬の過程として、そのまま肯定できるだろうか、とニーチェは問うているのです。「人間はだんだんに、他にどの動物よりも一つだけ余計な存在条件を充実せねばならない一個の空想的動物となった。人間はときどき自分が存在するのは何故だかを知っていると信じなければならない」。（第1書、§1）――ニーチェは『悦ばしき知識』の「生存の目的の教師」と題されたセクションの中で、このように説きました。「生存の目的」なるものは、人間の捏造した余計な存在条件であって、人間はそのせいで、「自分の存在理由」を問わねば生きていかれなくなってしまったのです。捏造された存在条件を絶えず気にしなければ生きていけない、哀れな「空想的動物」が、現代人なのだ、というわけです。けれども、生存するのに、本来はそのような捏造によって、自己を省みる必要はないのだ、と言うのです。ニーチェは、「生存の目的」を教えようとする人生の教師から私たちを解放しようとしているのです。彼の『偶像の黄昏』では、「『目的』という概念を捏造したのは私たちであって、実在性のうちでは目的は欠けている」（p. 67）と述べて、「目的」という考え方は、それ自体が、私たちの捏造なのだ、という理由によって、「目的」という考え方をはっきりと斥けていますので、私たちの生のこの瞬間瞬間を肯定できるのか、という問いは、今まで「目的」にすがってきた者にとっては深刻さを帯びてきます。これについて、ニーチェは、どのように考えているのでしょうか。

ニーチェは『この人を見よ』の中で、「生きることは私に容易となった、……私はこれほど愉しい気持ちで食事をしたことはなかった、これほど熟く睡ったこともなかった。――私は遊戯よりほかに大きな任務との交わり方を識らない、これは偉大な標示として本質的な一前提である」（p. 56）と書いています。この『この人を見よ』という本は、ニーチェが発狂する前の年に完成した自伝的な作品なのです。私は、そうした自伝的な作品から、晩年のニーチェの達した境地は「遊戯」であった、ということを教えてくれる一節を引用しました。この境地に達した彼は、この引用箇所からも窺い知ることができますように、食事や睡眠でさえ、まさにエネルゲイアにし得たのではないのでしょうか。「遊戯」と言えば、彼の主著とも言える『このようにツァラトゥストラは語った』の中で、ニーチェが最も賞賛する子どものあり方の最大の特徴として「遊戯」が描かれています。引用してみましょう。「子どもは無邪気そのものであり、忘却である。一つの新しい始まり、一つの遊戯、一つの自力でころがる車輪、一つの第一運動、一つの神聖な肯定である」（p. 52）。子どもの遊びは、「遊ぶために遊ぶ」という形で、手段と目的が分離していないエネルゲイアなのです。第1章で、「究極目的」であるための特徴として、アリストテレスの見解を紹介しました。つまり、手段が即、目的になる場合があるとしたら、それこそが究極目的なのだ、と述べました。手段と目的が分離していないあり方を、アリストテレスは、「第一運動」という概念で特色づけています。アリストテレスの場合は、「第一運動」ということで、「考えるために考える」そんな「神」を究極目的に据えたのですが、私たちはそのような観念的な解決ではなく、手段と目的が分離していないあり方として子どもの遊び、ということに注目しているのです。ニーチェは、明らかに、「第一運動」というアリストテレスの言い方を借りています。子どもは、「遊ぶために遊ぶ」わけですから、まさに「手段が即、目的」になっているのです。また、純粋に「遊ぶ」ということ以外に、まったく外に目的を持たない子どもの「遊び」は、外からの力で動く何かではなく、「自分で転がる車輪」に喩えられるわけです。そして、「遊ぶために遊ぶ」ということは「遊び」そのものをそのまま楽しむということですから、「遊び」の時間である「今、ここ」ということをそのまま受け入れ肯定していることになります。こうした特色をニーチェは、「神聖な肯定」と言っているのです。最

第5章　エネルゲイア——ラッチス（John Lachs）の見解　247

後に、「忘却」ということですが、これは、「過去や未来に捕われない」ということを表現しているのです。子どもは、「自分のやった」ことに意味を与えようと考えたり、「未来に目的を設定して、これから今行っている行為に意味を与えよう」としたりは決してしないのです。子どもは「過去や未来」に心奪われることなく、「遊ぶ」という行為の中で、まさに「無邪気」に、純粋に「今、ここ」を生き抜いているのです。目的を投射する未来にも、目的達成後に初めて意味が与えられる過去にも、心奪われることなく、次の瞬間には同じものではない、この「今、ここ」をその都度、そのまま「遊ぶ」という行為によって生きるわけですから、それは常に、瞬間ごとに「新しい始まり」である、と言えるでしょう。

　また、ニーチェは、『道徳の系譜』の中で、設定された目標や他者による評価などのように、自分の外側に置かれた評価基準に頼らなくとも、自分の生に充足感を感じ、十分に自己肯定的できることを「貴族的価値評価」と呼び、「貴族的価値評価」によって生きていくことのできる「生まれのよい人々」について、このように述べています。「彼らは充ち足りた、有り余る力をもった、従って必然的に能動的な人間として、幸福から行動を分離するすべを知らなかった——彼らにあっては、活動しているということは必然的に幸福の一部なのだ」と。ここでニーチェが語っている、「幸福と行動」が分離され得ないあり方は、括動そのものがそのまま目的であり、それが即座に幸福感をもたらしてくれる、エネルゲイアの特色なのです。こうしてニーチェは、「遊戯」の中に、「目的」や「意味」に捕われない、「エネルゲイア」による生き方を見いだし、晩年には、自分自身も「遊戯」の境地に至ったのです。

　第2章§1において、「生きる、ということに内在的価値を認めることが可能かどうか」という問題を提出しましたが、今こそこの問いに答えることができます。今まで見てきたように、行為がその行為の外に置かれた何かの目的のために、道具的価値を持っているかどうかは問題にならず、その行為がまさにその行為の持つ内在的価値ゆえに評価されるようであるのならば、あなたはエネルゲイアを見いだしたことになるのです。

§7 二人の学者の本より

　それでは、エネルゲイアへの理解を深めるために、いくつか考えるヒントとなる例を挙げて考えていくことにしましょう。ここでは、永井均という哲学者と宮台真司という社会学者の著した本の中で、表現されている「エネルゲイア」を見ていくことにしましょう。

　最初に、永井均さんの本を手掛かりに考えていきましょう。永井均さんの『子どものための哲学対話』は、近所の書店にて、何と、子ども向けの本を並べてある書棚で発見したのですが、挿絵とともに、考えるヒントが満載で、素直にいって、子どもよりも私の方が楽しく読ませていただきました。考えることを始めたい人には、お勧めの本です。この本の中に、エネルゲイアについて考える上で、実に面白い挿絵があります。

　まず、その挿絵を描写してみましょう。2人の人物が穴を掘るという行為を行っています。けれども、一方の男は、「ボクは今世の中のためにあなを掘っています」という看板を立て、しかも「へい！どう？ボクのあな！かんそうおまちしてます」と言って、見物人に感想を求めています。もう一方の人物は、ニコニコ笑いながら、「ああ、あなをほるのはたのしいな」と呟いています。

　もちろん、ラッチスの言う「Fallacy of Separation（ファラシー・オブ・セパレーション）」に毒されている人物は、看板を立てて、「世の中のために」という風に、自分の行為の外側に目的を立てて行為をしている男です。彼は、他人の感想が気になって仕方がないわけで、外から自分の行為がどのように見られているか、評価されているか、ということが気がかりなのですね。けれども、「あなをほるのはたのしいな」と言っている男は、まさに「穴を掘る」という行為そのものを楽しんでいるわけで、まさにエネルゲイアが表現されているのです。

　それでは、次に、宮台真司の『これが答えだ』という本の中に、「エネルゲイア」について考えるヒントを探ってみましょう。宮台さんは、「まったり革命」ということを唱えている学者です。この本は、いろいろな人たちから寄せられた質問に、宮台さんが答えるという形で構成されています。「Q92」では、「まっ

たり、とはどういうことなのか」ということが質問されています。彼によれば、「まったり」とは「意味」を追求する生き方、「意味」ある人生にこだわる態度の、ちょうど反対で、「意味」ではなく「強度」を享受する生き方のことだ、というのです。「ニーチェは、意味が見つからないから良き生が送れないのではなく、良き生を送れないから意味にすがるのだ、と喝破しました」(p. 160) と彼は書いています。先に見た、あの挿絵の人物が「へイ！どう？ボクのあな！かんそうおまちしてます」と言って、見物人に感想を求めていましたが、見物人の感想があるからこそ自分の行為に意味が出てくるのだと彼が考えているのであるのなら、まさにこれは「意味にすがろうとしている生き方」なのでしょう。「意味から強度へ」という考え方もニーチェに、その源泉を持っている考え方なのです。「強度」とは、意味にはとても還元し切れない、身体経験の持つ質的濃密さのことなのです。私たちが「身体」として生きている以上、身体経験の充実ということを言うことができますが、身体経験の充実性は、「量」として計測できるものではなく、むしろ「質」として生きられるのです。「強度」とは、意味では表現できないけれども、ただ体感することのできる身体経験の充実性の質であり、それが濃密であるのならば、「強度」が強いということになるわけです。「強度」は、量的な尺度では、決して計測し得ないような、そうした「質」のことを言うのです。それは、集合論的に捉えようとすると捉え損ねてしまうような質なのです。例えば、「遠足に行った」と、後知恵的に簡単に意味づけて、集合論的に括ってしまえば、誰の経験も「遠足」の集合の中の単なる一例として、同じであるように聞こえますが、その特定の遠足を経験したこの私の経験とあなたの経験では、まさに「経験の質」という点で違っているのが本当でしょう。「経験の濃密さ」という点では、あなたの経験と私の経験は質的に異なっていてもおかしくないのです。あなたの経験と私の経験は質的に違っているので、集合論的に1つに括って語ることができなくなりますので、それぞれの経験にそれぞれの固有名詞を与えるしかなくなるでしょう。

　ニーチェは、キリスト教以降、近代を通して、意味を追求する生き方が主流になっていった、ということを述べていますので、「強度」ということが、キリスト教以前にあった、アリストテレスの「エネルゲイア」と類縁性があったとしても不思議はないでしょう。実際に、「強度」と「エネルゲイア」は類縁性の

ある考え方なのです。例えば、宮台さんはこう書いています。「踊って気持ちがいいのも、踊りに意味があるからじゃなく、端的に楽しいわけです」(p. 212)と。踊りという身体経験の質的充実性をそのまま楽しむのですね。踊りを通して身体経験の充実性を楽しんでいる人は、「何のために踊っているのだ」とか「踊りに何の意味があるのだ」などとは問わないでしょう。この身体経験の充実性は、「意味」や「目的」によって、外から正当化される必要はないのです。なぜなら、まさにただただ端的に楽しい、からです。このように充実しているこの「今、ここ」を後知恵的に意味づけるのではなく、「今、ここ」をそのまま質として楽しむ生き方が、宮台さんの提唱している「まったり」した生き方ということになるのでしょう。これは、まさにその行為そのものを目的として、その行為から来る充実感をそのまま味わうエネルゲイアによる生き方ではないのでしょうか。このように、「エネルゲイア」という考え方は、アリストテレスから、ニーチェを介して、現在に大きな影響を与えているのです。

§8 松本大洋ワールドに表現されたエネルゲイア

ここでは、まさに天才と呼んでよい、漫画家、松本大洋の作品を介して、エネルゲイアについて考えてみたい、と思います。特に、『ピンポン』と『Zero』を取り上げようと思います。いずれも完成度が高く、緊密な構成を持っているという点では、優劣つけ難い傑作です。発表された順番からいえば、『Zero』から取り上げるのが妥当なのですが、『Zero』は、私が考えてもみなかったような角度から、エネルゲイアを考えるきっかけを与えてくれる、そんな作品ですので、まず、『ピンポン』から、考察していく、というようにします。

『ピンポン』に表現されたエネルゲイア

松本大洋による漫画『ピンポン』(全5巻) は、エネルゲイアということを考える上で恰好の材料を提供してくれています。小学校の頃より、学校をさぼってまで卓球の選手権という選手権を渡り歩き、「この星の一等賞に卓球でないたい」と望むペコこと星野裕は、才能がある上、卓球が好きでたまらないのです。同級生で、いじめられっ子のスマイル(笑わないからスマイル)こと

第5章　エネルゲイア——ラッチス（John Lachs）の見解　251

月下誠にとって、困ったときにいつも救いの手を差し伸べてくれるペコは、ヒーローでした。困った時には「ヒーロー見参」と3回唱えれば、ピンポン星からヒーローがやってくる、という言葉通り、ペコはスマイルを常に助けてきたのです。だからスマイルは、「ペコのようになれる」ことに憧れて、ペコと同じ高校に入り、卓球を続けているのです。けれども、ペコは上海ジュニア卓球チームから来た留学生のチャイナ（本名は孔文革）に完敗してしまいます。一方、スマイルは、高校卓球部のコーチ、小泉に才能を見いだされて、実力をつけていきます。高校1年のインターハイ地区予選で、ペコはもう1人の幼馴染で、やはりペコの中に自分のヒーローを見て、ペコ打倒に懸命の努力を重ねてきたアクマこと佐久間学に敗れてしまうのです。自分が1点も取ることができなかったチャイナと互角以上の戦いをし、自分を破ったアクマにストレート勝ちしたスマイルを見て、ペコは、才能だけではどうしようもない現実の壁にぶち当たるのです。インターハイ地区予選は、まさに激戦区で、インターハイ2連勝をなし遂げ、「勝利は自分の宿命」とまで考えている、まさに卓球の権化であるドラゴンこと風間竜一がいるのです。今まで努力無しに何とかなったペコも「血反吐吐くまで素振りしろ、そうすればちっとは楽になるぜ」というアクマの言葉に目覚め、半年後のインターハイ地区予選を目指して猛練習を始めるのでした。

　この漫画には、それぞれの選手の卓球への想いが描かれています。例えば、スマイルにとって、卓球とは何かを窺わせてくれるセリフを引用してみましょう。「卓球も、英単語を覚えるのも、どうせ死ぬまでの暇つぶしです」（第1巻、p. 106）。「強くなるとか、優勝するとか、そうゆう卓球をやりたくないんだ、楽しければいい。面白ければ十分。プレーすることで何かを犠牲にしたり、勝つために誰かを引きずり下ろしたくないんだ」（第1巻、p. 129）。「卓球に命かけるなんて気持ち悪い」（第2巻）。

　アクマにとって卓球とは何かが分かるシーンは、スマイルに挑戦して実力差を見せつけられた時に、ラケットを床に叩きつけながら吐き捨てるセリフです。「畜生、どうしてお前なんだよっ！？俺は努力したよっ！お前の10倍、いや100倍、1000倍したよっ！風間さんに認められるために！！ペコに勝つために！！それこそ、朝から晩まで卓球の事だけを考えて……。卓球に全てを捧

げてきたよ、なのにっ！」（第3巻、pp.70～71）。アクマが卓球をする理由は、「風間さんに認められるために！！ペコに勝つために！！」というわけですから、卓球という行為の外に目的を置いてしまう「Fallacy of Separation（ファラシー・オブ・セパレーション）」に毒されているわけですね。スマイルと試合の際に、少年時代のアクマが、乱視用のメガネをかけて、額に手を翳しながら、「そこから何が見える？」と父親の声を聞く回想シーンが印象的です。彼は明らかに、大切な何かを見失ってしまっているのです。

　チャイナは、中国ナショナルチームの選抜から外されてしまい、チームメートを見返すために、日本に来て、高校の卓球のコーチを兼任しながら、腕を磨いているのです。彼は、そんなわけで、深い挫折感を経験しており、自分の帰る場所は、中国しかない、と考えているのです。こうした挫折感ゆえに、彼の卓球に対する態度は真剣なものがありますが、その真剣さは、また、彼に自分の才能の限界を気づかせてもいるのです。「中国に帰るために」という目的は、明らかに「Fallacy of Separation（ファラシー・オブ・セパレーション）に毒された考え方なのです。けれども、前年、1点も与えずに完封勝ちした相手であるペコとの試合の際に、試合はストレートで負けてしまうのですが、ペコから言われた言葉、「あんたは飛び方を教えてくれた」という言葉、によって、コーチをする楽しさに目覚めていくのです。ペコに敗北したチャイナの様子を陰から見守るチームメートに気がついた彼は、「迷える雛鳥達に飛び方を教えてやんなくっちゃな」と呟くのです。チャイナが、初めの内は、まったく気にかけなかったチームメートをコーチすることに喜びを見いだした瞬間が巧みに描かれている場面です。こうしてチャイナは、コーチすることに、自分のエネルゲイアを見いだしたわけなのです。

　最後にドラゴンにとって、卓球は何を意味しているのかを見ておきましょう。彼が、ペコと試合する準決勝は、この漫画の中でも圧巻です。ペコとの準決勝が始まる前に、試合前に必ずトイレにこもるドラゴンを訪ねて、スマイルとの試合の後、才能の限界を悟り、今は卓球を止めてしまっているアクマがやってきます。「風間さん、あなたは何のために卓球をやっているのですか？」。アクマの質問に対する風間の返答は月並みなものでした。アクマはそれには納得しません。第5巻、第47話は、「カザマノココロ」と題されていて、

風間の心に響く彼の父親の言葉を聞くことができます。ドラゴンがなぜ卓球をしているのか、という答えをそこに見いだすことができるでしょう。引用してみましょう。「敗北は死を意味するものと思え、竜一。妥協は腕を切り落とすに等しい。勝利の中にこそ真実がある。勝て、竜一！自らの為、父の為、チームの為、日本の為……勝て！」「カザマノココロ」は、今度は対戦相手のペコに、そして誰よりも自分自身に向けて語りかけるのです。「いずれお前も知るだろう。常勝の憂い……称賛の苦痛……背負うものの重圧、孤立と苦悩……やがてお前は努力を無意味に……勝利をむなしく感じるだろう。何ゆえ闘うのかと悩むだろう。だが、お前は、決してその疑問に立ち止まってはならない。それは隙を生む。隙は敗北を呼ぶ！敗北は死……強く、ただ強く、勝利を望め！」ドラゴンも、アクマ同様「Fallacy of Separation（ファラシー・オブ・セパレーション）」に毒されています。なぜならば、「自らの為、父の為、チームの為、日本の為」そして「勝利のために」という理由で、卓球をしているのですから。ドラゴンのコーチは、彼をよく理解しており、ドラゴンにとって、卓球が苦痛以外の何物でもなく、ドラゴンの強さは、まさに苦痛を原動力としていることを分かっているのです。ドラゴンは、常勝の憂いを感じ、卓球が苦痛になってしまっているのです。そしてそんな自分自身と戦うために、試合前には必ずトイレにこもって精神統一をしていたのです。

　こんな風間と対戦し、ペコは、ファースト・ゲームを落してしまいます。セカンド・ゲームも、ファースト・ゲームのリプレイになりかけた時、ペコは「ヒーロー見参」を心の中で３回唱えるのです。するとスマイルの声が聞こえてきます；「ペコなら楽しめるさ。ペコいつも言っていた、遊ぶ相手が強いほど高く飛べるって…飛べる？」。ここから卓球を楽しむペコの本来の卓球が蘇るのです。「ピカピカ見えるっ！ピンピン動く！インパルス走るっ！！……反応！反射！音速！光速！……もっと速く！……見てくれスマイル！！オイラこんなにっ、ピンピン動く！」。こうしてペコは、セカンド・ゲームを逆転してものにするのです。サード・ゲームは、ラリーの応酬の激しい試合になります。２人の試合を観戦しているチャイナは、10オールとなった時に、「風間にはつらいな」とコメントした彼のコーチに対して、「どうかな？星野のプレーは型にはまっていないよ、コーチ。卓球が好きで仕方がないという感じさ。そういう相

手と一緒にプレーできるということは、少なくとも俺は……いい試合だ」。――「少なくとも俺は、好きだ」と言いたかったのでしょうか。『ピンポン』の映画版では、「そういう相手とプレーできるということは、幸せだ」とはっきりとチャイナに言わせていました。

　ペコは、楽しむことのできる卓球、エネルゲイアであるような卓球ができることをスマイルは分かっているのです。スマイルもペコのみが可能にしてくれる、そのような卓球こそが自分を救ってくれるということを何となく分かっているのです。実際に、ドラゴンのプレーもこれを境に変わっていくのです。チームメートの声援に対して、「邪魔するなっ！」と叫ぶ風間。「チームのために」と、戦ってきた風間は、今まで声援を送るチームメートに対してこんな態度を取ったことはありません。こんな風間は見たことがないので、チームメートも驚きます。しかも風間は試合中に笑いを浮かべている、「笑うとったぞ、今……」「何でや？」。チームメートは口々に驚きを表します。風間がなぜ笑っていたのか、解説はいらないでしょう。ペコとの対戦のお陰で、風間の全身の細胞が狂喜し、卓球そのものを心から楽しみ、もはや焦りもなく怯える必要もないような、そんな境地に達して、試合できるようになったからです。漫画では、風間が試合中に飛ぶ鳥を見る、という風に、風間の達した境地が描かれています。遠くそして高くまで飛ぶかのように、名人の遊びの境地で、まさにチャイナがコメントしているような「いい試合」が展開していきます。マッチポイントを迎え、敗北を目の前にしても、風間はこう言うのです。「私はここまでだ、ヒーロー。また連れてきてくれるか？……ここはいい……」。――そうです、「ここは、いい」と言い得るこの境地こそ、まさにエネルゲイアではないでしょうか。ペコのお陰で、あれほど苦痛だった卓球を、ドラゴンもエネルゲイアの境地で試合を楽しむことができるようになったわけなのです。

　ドラゴンを救ったエネルゲイアの境地は、決勝戦で、スマイルをも救うことになります。「勝ち負けとは関係のない、楽しめる卓球」を求めていながら決してその意味が分からなかっただろうスマイルに、ペコとの決勝戦は、エネルゲイアの境地を教えるのですね。漫画では、2人の試合が、子ども時代の2人が試合する姿にスーパー・インポーズされて描かれます。ヒーロー視してきたペコのお陰で、スマイルは、自分の求めていた卓球を初めて体験し、喜びの涙を

流しています。子どもの遊びの境地で、懸命に試合する２人の姿を通して、もはや勝ち負けはどうでもいい、そういう境地で、しかも全力で試合する２人が印象深く描かれています。「勝つため」というように、外に目的を立てずに、ひたすら遊ぶために遊ぶ子どものように、「卓球をする」という行為自体がそのまま目的になっているのです。こうした２人の様子をアクマが額に手を翳しながら見守っています。「そこから何が見える？」。今のアクマにはその答えがはっきりと分かっています。アクマは、子ども時代にペコに憧れて卓球を始めた、その原点を、子どものように卓球を続ける２人の中に見たのに違いありません。

　私は、これほど美しくエネルゲイアの境地を描き切った作品を他に知りません。松本大洋の『ピンポン』という傑作は、同じタイトルで映画化されました。「ヤフー」の映画コーナーに寄せられた一般の方による、この映画についてのコメントに、「気持ちよくさせてくれる映画」とか「何回も見たくなる映画」というものがありましたが、こうしたコメントを寄せた方々は、この作品で表現されている「エネルゲイア」に魅せられたのかもしれません。

『Zero』に表現されたエネルゲイア

　松本大洋の『Zero』（上下２巻）には、天才の持つ、狂気と紙一重のエネルゲイアが開放される瞬間が描かれています。主人公、五島雅は、不倒伝説を築き上げた、「Zero」と呼ばれて恐れられているボクサーで、世界チャンプの座を築き、30歳を迎える10年の間、自分の力を完全に開放して戦うことのできる相手に恵まれませんでした。「Zero」とは、いろいろ解釈が可能ですが、「何も失うものがなく、ボクシング以外には何もないゆえ、リングで死ぬことのできる男」ということなのでしょう。コーチの荒木は、五島の異能者として才能を理解し、身寄りのない彼を父親のように、面倒を見てきたのです。人間は誰しも、決められた枠の中で、限度に従って生きているのですが、五島は、その限度の外、つまり、限度を分きまえた普通の人から見るのならば、まさに狂気とも呼べるその高みに行くことのできる、そんな力を秘めていました。荒木の友人の医師は、少年時代の五島を前に、荒木にこうアドヴァイスをするのです。「特異な才能はバランスを崩すの、この子は危険過ぎるよ。……バランス

が崩れる。一人ぼっちになっちゃうよ」。

　荒木は、リングで生き、リングで死ぬことしかできないような、そんな男であることを、理解した上で、五島のコーチを続けてきたのです。それまでの対戦相手は、五島が、そんな高みに到達する前に、五島の言葉を借りるのならば、「壊れてしまう」のでした。「ちょっと力を入れるとね、壊れちゃうんだ。だからね、荒木、壊れない玩具を」。自分のみが知っている高みで戦っても、そこで遊ぶことのできる「壊れない玩具」を五島は求めるのでした。けれども、五島の対戦相手は皆、五島の狂気に触れて、「人間ではない」と言って怯え、対戦後は、引退してしまうのです。強過ぎるがゆえに、味わう孤独。「花がいい」と彼は言います。「春咲く花は、秋には散ることができるから」なのです。自分も花のようにあることができたら、どれだけいいか、今の自分は、まるで造花のようだ、と彼は感じていたに違いありません。「ここはいい眺めだ」、自分と同じ高みにまで、そこからの眺めを共有してくれるまで、付き合うことのできるような、自分と同じ異能者を求めていた彼は、メキシコ出身で19歳のトラヴィス・バルの中に自分と同じ異能者の臭いを嗅ぎつけるのです。16オンスのグラブを付け、スパーの相手を殺したという噂のあるこの男こそ、「壊れぬ玩具」なのだ、と彼は考えるのです。五島は、萎れる前の花のように、種をまこうと考え、彼の知っている高みに、トラヴィスを誘い、Zeroの称号を受け継ぐ者にしようとしました。種をまくためには、花は完全に開花しなければいけません。だから試合は壮絶を極めます。五島はトラヴィスを挑発し、トラヴィスの狂気を引き出すのです。事態は、今までトラヴィスを抑えようとしてきたコーチが、スパーの相手を殺した時と同じ形相を読み取り、トラヴィスの狂気に手綱をつけることを諦め、「殺せ、彼もそれを望んでいる」とトラヴィスに囁くまでに至るのです。不敵な笑みを浮かべて立ち尽くすトラヴィスの姿に、スパーの相手を殺してしまった当時の回想シーンが重なりますが、その時、トラヴィスが言うセリフは、五島と彼が、狂気を秘めているという点では同じなのだ、ということを表しています。「死んじゃったの、この人……人間って、もっと頑丈に出来ていると思ってたよ、簡単に壊れちゃうんだね。ハハハハ……。」

　こうして二人のボクサーの開放された力が、限度を超えて、まさに狂気の次元にまで、高まっていきます。たとえ相手を挑発していたにせよ、トラヴィス

のフィニッシュ・パンチを何発も受けて、五島も平気であるはずがありません。もはや、荒木の顔しか分からず、自分がこれに勝てば世界チャンプになる、と思い込むような、そんな錯乱状態に陥ってしまっているのです。こうした危険な状態で戦う五島をリング下から見守りながら、荒木は言います。「雅という男は、誰からも愛されずに、育ったんだよ。雅の拳は人々を尊敬させるには余りあり過ぎた。世間はしだいにあの子を恐れてな。日本タイトルを取った頃、ゼロなんてあだ名が付いた。本当に一人ぼっちになっちまってな。……ずっと一人だった。この10年間ずっとだ。そんな息子にもやっと友だちができてな。日が暮れるまで、思い切り遊んで来い。親ならそう思うだろう」。「親ならこんな危険なことさせねえよっ」。五島の後輩の高田が、五島の身を案じて荒木に抗議しますが、「確かに危険だ。いっそのこと死んでくれればいいと思うよ。息子はそれを望んでいる」と、誰よりも五島の気持ちを理解している荒木は答えるのです。リング上で、「もっと、もっと高く。俺のところに来いよ。一緒に行こう、素晴らしいところだ」と、悪魔の囁きのように、荒木の表現を借りれば、「やっとできた友だち」であるトラヴィスを、真の力の開放に向けて誘う五島。花のように、種を残したい、と考えた五島は、トラヴィスを挑発し、トラヴィスに自分の知っている高みを教えようと、まさに「種をまく」行為を続けるのでした。不倒伝説を誇った五島も何度かダウンを喫します。それでも立ち上がってくる五島を前に、「ダメだ、ここは高過ぎる、俺の来る場所じゃなかった。ここは地獄だ。……あなたの所までは、遠すぎる。ここは高過ぎる。ここからは何も見えない」とトラヴィスは呟くのです。恐怖を突き放そうと必死で放った渾身の一撃に、五島はマットに沈みます。「終わった」誰もがそう思った時、「立ちなさい、雅。私の声が聞こえたら立ちなさい。お前はリングの上でしか生きていけない男だ。だから立ちなさい。そして戦いなさい！……そうだ、立て！そして勝つんだゼロ！」と荒木の声が響きます。「ハイッ」。返事をして立ち上がる五島。「立て」という荒木を制して高田は言います、「まともじゃない……」と。それを受けて、荒木は、「そういう人間しか行けない所がある。雅は今、そこへ行く途中さ……」と答えるのでした。荒木は、息子のように思っている五島に、五島自身がずっと望み続けてきた、「力の完全な開放」の最後のチャンスを与えたのでした。死ぬほどパンチを食らって意識もろ

くにない状態で、まだ戦う五島を前に、「冗談だろう、とても付き合い切れない。もう嫌だ」と、トラヴィスは防戦一方になってしまうのです。あの医師の言葉通り、五島のバランスは完全に崩れます。「ハハハハ。楽しいね、とても楽しいね。ずっと一緒だね！……もっと遠くへ！！素晴らしい所だよ。誰も分かってくれない、みんなすぐ壊れちゃう。ずっと一人だった。ずっと……もっと遠くへ行こう！！」。あまりにも巨大な力が、人間の限度を超えて開放される瞬間。トラヴィスは気を失います。バランスを崩し、狂気の域の高みで一人吠える、五島の叫び声のみが、ドームに響きます。「うおおおおお！」。そうした一連の場面に、五島の孤独な叫びを解釈するかのように、「花がいい……次、生まれる時は花がいい……そうしたら荒木、お前は隣に咲いてくれ……」という言葉が重ねられるのです。もはやトラヴィスすら登って来られないような、孤独な境地で一人遊ぶ五島の姿が痛々しいと感じられるがゆえに、この物語のクライマックスにおいて、唯一の理解者である荒木に向けられるこれらの言葉は、感動の涙を誘うのです。

　禅の修行者の話が教えてくれているように、あらゆる行為がエネルゲイアになり得るわけですが、この漫画の孤高の天才ボクサー、五島雅のように、ある1つの行為がある一定以上の高みに達しない限り、エネルゲイアにならないような場合もあり得る、というわけです。彼が、彼の力を完全に開放し、エネルゲイアという遊びの境地に至るためには、同じような力を開放できる相手が必要であったわけで、そうした相手がいないところに、五島雅の孤独がある、というだけではありません。力が開放されても、それは常人には、狂気としてしか映らず、理解者のいない孤独も味わうことになるのです。もちろん、力が全開できれば、そんな孤独も理解者もどうでもよくなるわけですが、五島の場合は、彼のセリフにもあるように、「ずっと一人だった」わけですから、孤独を感じるような弱さを持っていたわけです。荒木は、五島のそんな弱さも理解していました。五島には、荒木がいた、ということはせめてもの救いなのです。「思い切り遊んで来い」という台詞からも窺い知ることができるように、荒木は、そうした至高の点でようやく五島の力が開放されて、「エネルゲイア」に至ることを理解していたのでした。先に見た『ピンポン』でもそうでしたが、松本大洋の漫画には、登場人物とペアのように描かれ、彼を理解し、エネルゲイアによる

救いに導いてくれるような人物が描かれているのです。禅の師匠が弟子を導くような、そんな「つながり」、エネルゲイアの共同体のようなものを考えさせてくれるような、そんな「つながり」、現代社会が必要としているものは、こうした「つながり」なのではないのか、と考えさせられてしまいます。

§9 「大きくなったら何になるのか？」

それでは、私たちが、「Fallacy of Separation（ファラシー・オブ・セパレーション）」に毒されてしまうのは、どうしてなのか、ということは考えてみましょう。どうも私たちは子どもの頃から、「大きくなったら何になるのか？」という質問に解答を与えることにより人生に目標を設定してその目標から逆に諸行為を照らし合わせることによって人生に意義を見いだそうとする傾向を、養わされてきたように思われます。この小学校時代から、疑問すら感じ得なかった傾向ゆえに目標と手段が時間を隔てて分離しているものだという憶見が生じてきたのではないでしょうか。いわゆる自我が芽生えた時期である高校時代になってさえ、私たちは「大きくなったら何になるのか？」というパラダイムに沿って人生設定しています。その弊害として、例えば、教育者になることを目指した学生がそのために大学時代もまあ普通の生徒より真面目に学習して過ごしたけれどもいざ教師に実際なってしまった時一体全体何を今からしたらよいものかまったく分からないなどという滑稽極まりない現象が世論を賑わせることになります。一端、その目的に辿り着いた時、本当はそれによって今までのあらゆる努力が報われてしかるべきなのに、何といざ目標に達した時何をしてよいのやら分からないという感じを持つのはどこに原因があるのでしょうか？この疑問に答える手始めとして当然、「大きくなったら何になるのか？」という質問、を検討してみたらどうかと思います。この質問の中で問題なのは、それが「何に成るのか」ということを尋ねていることだと思います。本当にこれが人生に意義を見いだすために私たちが解答せねばならぬ唯一の問いなのでしょうか。「何に成るのか」ということを問題にしないで「何をするのか」を問題にしてはなぜいけないのでしょうか。もちろん、いけないはずがないけれども、かの小学生時代よりお馴染みの問いは「何に成るのか」のみを初めから問題に

していて「何をするのか」という問いに従って考えていく可能性を初めから排除してしまっています。この可能性の排除ゆえに手段と目的の徹底した分離という先の「ファラシー・オブ・セパレーション」に捕われてしまうのではないでしょうか。この国の場合、目標こそがあらゆる手段を究極的に意味づけてくれる視点であり究極目標を見いだせばそれに照らし合わせることによって客観的に人生の意味が決定され得るという信念はこのようにして養われるのだと私は考えます。私たちはまず「大きくなったら何に成るのか？」という問いに導かれて未来のある時点に目標を投射し、それからこの目標の成就のために手段を選ぶわけですが、先に述べたように目標が成就されねば、これらの手段は意義を与えられないわけです。さらに悪いことには、あの寓話の中の動物君たちのように、目標が成就されるや否や、確かに諸手段は意義を帯びるわけですが、当の本人は一体これから何をしてよいものやら分からないという事態に直面させられ当惑してしまうのです。彼は再び「何に成るのか」というパラダイムで考えていくのでしょうか。先ほど、触れた「先生になりたい」と考えて勉強してきたけれども、いざ先生になってみると、何をしていいか分からない、といった話も、あの3匹の動物君たちの現代版パロディみたいですね。

　目的／手段という「ファラシー・オブ・セパレーション」の構造で、私たちの人生を囲い込もうとする時、私たちを待っているものは、動物君たちが経験したような、目的達成後の束の間の充実感を押しのけるようにやってくる空虚感だけではありません。目的を未来に投射し、効率的な手段を実行していくことで目的達成に励んでも、いざ目的が達成されてしまうと、次の目的を未来に投射しないと、生の意味が空虚化してしまうという焦燥感が待ち受けているのです。なぜなら、目的達成によって、正当化されるのは、過去に（この「過去」という言葉を強調します）自分の行った手段としての行為なのです。もう過ぎ去ってしまった「過去」にようやく意味が与えられるわけですね。人間は現在のこの時しか生きられないというのに、目的が達成して、ようやく、「やってしまったこと」に意味が与えられるわけです。目的が成就される未来に向けて、効率よく一気に突き進み、目的達成とともに取り返されるのは、「過去の意味」なのですね。ですから、目的／手段という構造の中では、今自分が生きているこの現在、は常に問題にならないわけです。

前の章でもお話ししましたように、作曲家のシューマンは、1つの目的が達成されたら、今度はより達成し難い目的に挑戦していかなければ、人生が空しくなるだろう、という内容の手紙を残しています。シューマンは熱中癖があり、常に努力を続け、最後には、消耗し尽くして狂気に陥るのですが、誰もが、シューマンのように、自分を狂気に追いやるまで、情熱をもって生きられるわけではありません。「目的／手段——目的達成、新しい目的／手段——目的達成」と延々と続く連鎖に、空しさを覚える時、人は「終末論」に魅せられてしまうようになるのでしょう。世に終わりがあれば、その時までには、これとこれを、といった具合に、「目的／手段——目的達成、再び新しい目的／手段——目的達成」の鎖を無理に断ち切ることができるわけですから。けれども、終末論的な人生観は、「人生という線分」の外に身を置いた、「神の目」からの理論づけなのです。
　こうして見ていきますと、どうも「何に成るのか？」という問いを主導的問いとして人生設計をしていく限り、「目的／手段——目的達成、新しい目的／手段——目的達成」と延々と続く連鎖の構造を肯定してしまうことになって、人生は何か常に虚しいものになってしまうのではないのでしょうか。小学生時代からの傾向に逆らって「何をするのか？」という問いを立てることによって、私がアリストテレスのエネルゲイアや禅者の行為の中に見いだした、かの自己充足的行為を見いだしていくことこそ人生を有意義なものにしていく手掛かりなのではないのでしょうか。私にはこの問いの変換、つまり「何に成るのか？」から「何をするのか？」への変換こそ、人生に不当にも押しつけられた虚しさのイメージから脱却する第一歩になると思われるのです。
　このような考え方の転換を経た後では、「目的」を設定した後で、自分の行為に「道具的価値」を見いだすことに、「人生の意味」を見いだすという考え方とは、別の考え方が存在していたことに気づかされます。もちろん、エネルゲイアによる生き方がそれです。カミュは、意味が無くとも価値を見いだすことができる、という可能性を考えていましたが、エネルゲイアこそは、まさに、カミュが求めていたような生き方なのです。行為の外に目的を置かず、行為そのものに「内在的価値」を見いだし、行為そのものを楽しむ、というあり方、これがエネルゲイアなのですから、目的を特に外に設定せずとも、行為そのもの

に価値を見いだしている、ということになります。

エネルゲイアを問う問いへ

「何が地球を支えているのか？」という質問は、現在では、まさにナンセンスな問いということになっていますが、この問いが意味をなした時代が、歴史上確かに存在していたわけです。実際に、ギリシア時代は、「何が地球を支えているのか？」と問われたら、「アトラスが地球を支えている」と答えていたわけです。現代では、「地球は支えられるような何か」とは考えられていません。物事を考える枠組み自体が変化していく場合があるゆえ、今、挙げた例のように、かつては意味をなした問いが、現在ではまったく意味を失ってしまっている、ということが起きるのです。今、例に挙げた問いの場合、この問いは、例えば、「何が苗木を支えているのか？」という、日頃私たちが問うている問いと同じ文法構造を持っています。「何が苗木を支えているのか？」と問われれば、例えば、「つっかえ棒で支えている」と答えることができます。「支え」が無いと倒れてしまう、というイメージから、「支え」は「重要なもの」という意味を帯びてくるわけです。こうした「支え」のイメージを、メタファーとして拡張していき、「一家を支える」といったような言い方が派生的に出てくるわけです。こうした物の考え方が、考え方の枠組みになっていくと、同様の発想法の下、「地球を支えるような何か」が類比的に存在しているのではないのか、という具合に、私たちは思索していくわけです。こうしたメタファーによる拡張は、多くの発見をもたらしてきましたが、反面、今挙げた例のように、拡張の限界に突き当たってしまうような場合もあるのです。

類比的に考えて、「人生の意味とは何か？」という問いは、目的を設定することで、初めて意味が生じるようになる、という方向に考え方を呪縛させてしまうような、疑問文であるのならば、その問いは乗り越えられてしかるべき問いなのでしょう。「意味」を問う、この問いに従って考えている限り、「エネルゲイア」という答えには決して突き当たらないからです。意味が無くとも価値について考えることができる、というカミュの言葉通りに、「目的によって初めて生じるような意味」が無くとも、行為そのものの「内在的価値」を生きる、——あるいは、別の言葉で言い換えれば、行為そのものの「強度」を生きる

――、エネルゲイアという生き方が可能なのです。私は、ニーチェは、意味が見つからないから良き生が送れないのではなく、良き生を送れないから意味にすがるのだ、と言ったということを紹介しました。エネルゲイアを見いだすことのできぬ者が、意味にすがろうとするのだ、と考えることができるのではないでしょうか。エネルゲイアによって、二度と帰ってこない「今、ここ」を誠実に生き抜く姿勢こそ、人生に空しさを感じない生き方に通じていくでしょう。

§10　結語

　さて、ラッチスのかの3匹の動物たちはコンシューマーズ・ファラシーによって、所有者の態度で人生を考えてしまっています。動物たちにとって余暇や幸福や人間的感情は所有されるものであるかのようです。しかも彼らは皆未来のある時点が彼らを解放してくれるかのように、おかしな期待を抱いているのだから、ファラシー・オブ・セパレーションにも毒されていることになります。ある未来の目的が幸福を授けてくれるだろうと信じているからこそ、そんな未来の時点に期待をしているわけだから。流行に寄り掛かって皆の持っている物を蓄積していけば安心できるというのも結局はある未来の一点に向けて幸福を延期していく考え方と表裏一体の感があります。幸福を約束してくれる物をどんどん所有していけば今にきっと幸せになれるのでしょうか。どの位所有したらよいのでしょうか。結局、所有し貯蓄し続ける段階が手段であり、きっと未来の或る日にやってくると信じるしかない所有化の飽和点みたいなものが目標なわけだから、この消費社会特有のモデルも、実の所、目標と手段の徹底した分離というファラシー・オブ・セパレーションに根ざしてしまっているのです。

　未来の目的を所有することも、物品をモデルにあらゆるものを所有しようとすることも、幸福には至らないのだということを、寓話はモラルとしているわけです。コンシューマーズ・ファラシーにしろ、ファラシー・オブ・セパレーションにしろ、「行為そのものを楽しむ」ことの代わりに、「行為の産物」を求めさせてしまうのですね。こうして、幸福を目的として求めることで、かえっ

て幸福が遠のいてしまいました。メーテルリンクの『青い鳥』の主人公のように、幸福を追いかけている内は、幸福を手に入れることができないのです。幸福をキーワードにする哲学に対して、古くから存在している批判の言葉を思い起こしてみましょう：幸福を求めている内に、直接には幸福とイコールでは結べない事柄に一生懸命になってしまうことがあるが、そのことがかえって幸福への近道である、という言葉です。『青い鳥』という物語は、身近に幸福があるのだ、ということを言いたいのだ、と解釈されますが、私は、主人公たちのあの探求の旅そのものが、本当は幸福をもたらしたのではないのか、と考えてしまいます。私は、探求そのものがエネルゲイアになってしまうような、そんな探求のことを考えているのです。エネルゲイアを求めて、一生懸命になっている内に、その探求そのものがエネルゲイアになってしまう、ということです。

そんなわけで、エネルゲイアを見いだす旅に出発してみてください。「汝自身を知れ」というソクラテス的アドヴァイスに従って、自分を知り、遊戯の精神をフルに活かすことのできる行為を見いだすこと、それこそ私たちの中の豚君、狐君、驢馬君を乗り越える方法でしょう。遊びの中でこそ、「目的／手段──目的達成、新しい目的／手段──目的達成」と延々と続く連鎖の構造によって、不当に押しつけられた脅迫観念から目覚めて、生き生きとした眩いばかりの自己を取り返すことができるのだろうと思います。

『リトル・ダンサー』という邦題で、上映された、映画 *Billy Elliot* に表現されているエネルゲイアを見ておきましょう。主人公のビリーは、イギリスの炭坑のある小さな町の労働者階級出身で、そんなものに興味を持とうものなら、「男らしくない」ということで仲間外れにされてしまう恐れすらあるゆえに、あまり11歳の男の子が興味を持つことのないクラシック・バレーに愛を感じます。そんな彼が、ロンドンに出て、バレー学校に入学するために、オーディションを受ける場面があります。そこで、審査員の一人から、「踊っている時、どのように感じるの？」と尋ねられ、ビリーは、"Once I get going, then I like to forget everything and sort of disappear...like I feel a change in me whole body...like there's fire in me whole body. I'm just there flying like a bird. Like electricity. Yeah, like electricity.（ひとたび踊り始めると、全てを忘れてしまいたいんだ、消えてしまったようになるんだよ。全身に変化を感じ

第5章　エネルゲイア——ラッチス（John Lachs）の見解　265

るみたいになるんだ。僕の身体の中に炎が点ったみたいに。僕はただそこにいるんだ、鳥のように空を飛んで。電気が走るみたいにね、そう、電気みたいに)"と答えるのです。この台詞からはっきり伝わってくるように、ビリーは、バレーの中に、彼のエネルゲイアを見いだしました。このビリーのように、自分が興味を持ち、遊びの精神を純粋に保ちつつ行為できるものを見いだすことこそが良く生きることに繋がるのだと私は思います。

　皆さんも「何をするのか」という問いこそが、良き人生を送る上で大切なのだと悟り、遊びの精神をもって現在を生き抜くことのできる行為を試行錯誤しつつ探っていってみてください。そうした試行錯誤こそ自分を知る上でも、現在のあなたたちの若さにもっとも相応しいのだと私は思います。禅の和尚さんのように、日々の行為が全て、エネルゲイアになるまでには徹し切れずとも、「今これをしていること自体が目的である」と言い切れるほど、あなたを遊びの精神で満たし、充実感を与えてくれるような、あなたのエネルゲイアと呼べるものを探してみてください。あなたが、エネルゲイアで充溢した生を生きているのなら、Carpe diem「今のこの時を、掴め／生きよ」という格言の通りの生き方をしているのだ、ということなのです。そして、エネルゲイアの探求こそが、「今、ここ」を生きることしかできない私たちにとっての「自己実現」への道なのです。

第6章　最終章——死について——

「全てが生まれて初めて見る情景で、嗅いだ匂いで、聞いた音なの。今日沈む夕日には、二度と出会うことはないわ。賢明に、懸命に、今が今だけと自覚することが唯一彼（死）を受け入れる条件。彼は私の横へ列座して、私の肩を抱き、今は静かに目を閉じていてくれる。私は彼の手の上に自分の手を重ね、全ての存在に対して括目したいと思う。やがて彼が目を覚まし、私の最初に見る光の先がパラダイスでありますように」『メザスヒカリノサキもしくはパラダイス』松本大洋作より。

「人生の意味とは何か？」という問いを考えるのに、「生」に対比される「死」を通して考える、という方法がとられることがあります。そこで、前章までの結論を参照しつつ、「死」ということをテーマに思索してみましょう。

「死」に対する恐怖を乗り越える、という課題は、多くの思想家によって、真剣に考えられてきました。ギリシア時代、死の恐怖から自由な「アタラクシア」と呼ばれる「安静の境地」を説いた哲学者、エピクロスの教説に耳を傾けてみましょう。「われわれが存するかぎり、死は存せず、死が現に存するときには、もはやわれわれは存しないからである」と結論した有名な議論によって、エピクロスは、「善いものと悪いものはすべて感覚に属するが、死は感覚の欠如だから」という理由で、死の体験ということはあり得ないということを論証しました。エピクロスの言うように、「死」を「体験」として語ることは決してできません。死の体験ということがあり得ないのなら、人はなぜそんなに死を忌み嫌うのでしょうか。

自己実現を阻害する死

　ノージックは、ルクレティウスの提出した問題を手掛かりに、死について考えています。ルクレティウスの問題とは、こうです：死後にも続いていく時間という文脈の中で、死後にも続く時間が自分の時間になり得ないことを嘆き、自分が死んだ時のことに恐怖を感じるような人でも、自分が受胎する以前にも時間があったということを思い悩まないのはどうしてであろうか。言い換えれば、生まれる前に、私たちが、未だ存在していなかった、ということは、誰でも抵抗なしに事実である、と認めるのに、死後、存在しなくなる、ということにどうしてこれほど思い悩むのであろうか、ということです。生まれる前の時間と死んだ後の時間の間には、私たちが、それぞれに対してとる態度によって、極端な非対称性ができてしまっているのです。人は早すぎる死は嘆くけれども、遅すぎる生誕については、嘆くことはありません。このような非対称性が生じるのは、未来に関しては、私たちが選択することによって実現し得る多くの可能性がある、と考えているからで、死はそうした可能性を限定してしまうゆえに、歓迎されないのだ、とノージックは言います。死は「自己実現を阻害する」と言うのです。

　これと関連して、マルキの議論を紹介しましょう。マルキは中絶問題を論じつつ、「何故、私たちのような成人を殺害することは道徳的に悪いことであるとされるのだろうか」と自問しています。彼によれば、ある人の死は、その人から彼が生きていたら、彼の未来を形成したであろうようなあらゆる経験や行動、計画、楽しみなどを奪ってしまう、というのです。人を殺害することは、従って、その人から未来の可能性を奪ってしまうという点で道徳的に許されぬものなのだとマルキは結論するのです。死に至る病を患っていることを告知された患者が、余命を「自分のしたいこと」に捧げるということからも、人間が未来に見いだす価値というものが分かるでしょう。マルキはかくて、断末魔の苦悶に襲われて、彼の未来が継続する苦悶と絶望の見込みしかない患者は、殺人を道徳的に許容しない条件であるとされる「未来の可能性」がその患者には欠けているゆえ、安楽死を選んでよいし、医師による安楽死の遂行も道徳的に許される行為である、としているのです。マルキは、「未来の可能性」という言葉を使っていますが、これは、「その人が生きていたら、彼の未来を形成したで

あろうようなあらゆる経験や行動、計画、楽しみなど」を意味していますので、一言で「自己実現の可能性」と言ってしまっていいでしょう。ですから、マルキも、ノージック同様に、未来において可能であるような「自己実現を阻害する」という観点から、「死」を考えているのです。ですから、おそらく、あなたは、「即死する場合」と回復し得ない脳死が原因で「30年近く植物人間状態で生き長らえてから死に至る場合」を区別して、「即死する場合」よりも「30年近く植物状態で生き長らえてから死に至る場合」の方が好ましい、とは決して言わないでしょう。なぜならば、いずれの場合も、「自己実現を阻害」しているという点では、変わりがないからです。もちろん、回復し得ない、という条件がつかねばなりませんが、「30年近く植物状態で生き長らえてから死に至る場合」を想像してみる時、「これは死んでいるのも同然だ」と考えるわけで、その根拠はやはり「自己実現の阻害」ということにあるのでしょう。

　このように、「死は自己実現を阻害する」という理由で、嫌われているというわけなのです。逆に言えば、マルキの例で見たように、未来に、自己実現する可能性を見いだせない人は、死んでもいいとまで考えるわけです。そんなわけで、肉体を冷凍保存してまで、未来の医療の進歩に賭けようとする人がいても不思議ではありません。ノージックは、こう書いています。「どの程度死にたくないかは、人がまだ未完成のままに残していること、また何かを成就する能力が残存していることにかかっている、とわたしは思う。自分でも重要だと考えていることが成就するにつれ、また残存する能力が少なくなるにつれて、人は喜んで死に直面するはずである。まだ多くの可能性が実現されずに人生を終えるとき、死は『時宜を得ない』と呼ばれる」（p. 29）。

ネーゲルの思考実験
　自己実現の可能性を妨げるから、死は忌み嫌われるのだ、という論点を強調するために、ネーゲルの思考実験を紹介しましょう。「聡明な人物が脳に損傷を受けて満ちたりた幼児のような精神状態に退行してしまった、と想定しよう」（p. 9）とネーゲルは私たちに1つの思考実験を展開してみるように勧めるのです。この後天性の痴呆状態に陥ってしまった人物は、その痴呆状態ゆえに、自分の置かれている状況をまったく分かっていないでしょうから、満腹し

ていて、オムツが乾いていれば、幼児のように幸福なのです。けれども、このように満腹してオムツが乾いている限り幸福である幼児のように、当人がどれほど幸福でも、私たちは、彼に同情を寄せるのです。幼児の時の彼には同情を寄せないのに、なぜ、今このような状態に陥ってしまった彼には同情を寄せるのでしょうか。これが、ネーゲルが私たちに提起した問題なのです。私たちが、彼に同情を寄せる理由は、実現されるかもしれない、またはされないかもしれない、そんな可能性を彼が持つがゆえに、なのです。この可能性ゆえに、「どのような死も、彼がそのときまだ死んでいなければ送っていたはずのなんらかの生の喪失を含意している」(p. 12) とネーゲルは言うのです。

　このネーゲルの思考実験でも分かるように、植物状態でも何でもよいからただ生きていればよい、というわけではなく、「生きる」ということが「自己実現の可能性」に結びついていなければならないのです。それがたとえ、幼児的な幸福感に満たされたものであろうともです。こうは言っても、植物状態の人間でも、周囲の親しい人たちの中に万が一の回復の望みがあるかもしれない、という思いが残っている限り、「自己実現の可能性」を閉ざすことはできない、と考えてしまうわけで、「脳死」を死と認め難い理由もここにあるのかもしれません。

　それでは、このような状況を想像してみてください。晩年に至るまで、ある化学合成物の研究に没頭していた男が、人類よりも数倍科学技術が発達しているが、悪戯好きの宇宙人の手によって、人類が未だ猿人の域を出ないような時代に単独で連れ去られてしまった、と想像してみてください。そんな時代では、研究を続けられるような技術も設備も揃っていないわけです。このようなことが起きれば、これは彼にとって確かに悪い状況ですが、私たちは、こうした状況を想像しても、「未だ最悪の状況ではない。生きていれば、可能性が開ける」と考えるかもしれません。「生きていればいいことがあるよ」という言い方も、「生きる」ということが、ともかく「自己実現の可能性」に至るための前提条件なのだ、ということを含意しているのでしょう。前の章で詳しく見てきたように、すべての行為がエネルゲイアになり得る上、「生きている」ことが「行為」の前提条件であるのならば――「人は常に何かをして生きている」――、「生きている」こと自体が、「自己実現の可能性」の前提条件なのです。

人生において、私たちは、私たちの「自己実現の可能性」を高めるような要素に「良さ」や「喜び」を感じます。経験が豊富になったり、技に熟練したりしていくこと、誰かあるいは何かに出会うという体験、何かをすることによって体験するエネルゲイアなどを私たちは望ましいものと感じるのです。いろいろなことを見聞きすることで、可能性の領域を広げ、技を熟練させていくことによって、名人のごとき遊びの境地を体験できるようになっていきます。人や事物との出会いによって、今まで知らなかった自分のある側面に気づかされ、それまでは未知であった「自己実現の可能性」に目を開かれるかもしれません。そして、実際に自分がある活動をエネルゲイアとして生き、そこから幸福感を感じることができるような体験を持つということは、自分が実際にエネルゲイアを体験し得るということを教えてくれます。おそらく、禅の悟りを開いた僧侶達のように、すべての行為がエネルゲイアになるのならば、すべての瞬間において自己実現が成就し、すべての瞬間が充実したものになるでしょうから、まさにその時こそ、「死」でさえも、忌み嫌われる理由がなくなってしまうのでしょう。

社会という虚構からの突破口を示す「死」への思索

　生の流れに淀みが生じた時に、私たちは、「人生の意味」を見いだそうと、「人生の意味とは何か」と問い始める、ということを「序章」において確認しました。その際に、私はこのように述べました。「捏造された存在条件」にうまく適応してしまっている人たちだからこそ、「人生の意味とは何か」という問いすら思い浮かびさえもしないのだ、と。
　「ある、ということはどういうことなのか」という問いは、形而上学の根本問題の1つです。「あるということ」即ち「存在」への思索が開始された、ギリシアという形而上学の黎明期に、ギリシアの思索家達が、"εον"（エオン）という言葉で考えたものに注意を向けてみましょう。エオンは、分詞であり、分詞が、「名詞」と「動詞」の二重の性格を秘めているように、エオンも分詞として二重の性格を付与されているのです。即ち、「存在する」という、その都度生成してくるような動的な意味合いと、「存在するもの」という、時間が捨象されて全体化されて一括的に眺められたような静的、名詞的意味合いの二重性に刻

印づけられているのです。分詞である"εον"は、動的な「存在する」ということと、静的な「存在するもの」という二重性において思索されたわけなのですが、ハイデガーはこの二重性を「二襞（Zweifalt）」と呼んでいます。「存在する」という絶えず生成する動的な次元は、絶えず変わり、移ろい行く捉え難い次元なので、捨象されてしまい、人間は、「存在するもの」という名詞的な次元にのみ注目して、それを集合論的に捉えたものに意味を対応させて、安心してしまうのです。それゆえ、ニーチェに言わせれば、「意味」ということそのものが虚構だ、ということになるのです。なぜならば、「意味」とは、絶えず変わり、移ろい行く、生成の次元を捨象した結果出き上がった、人間の意識の産物なのですから。そんなわけで、生成の次元は、決して意味には還元できない次元なのです。それは体験するしかないようなそんな次元なのです。それだから、ニーチェも、人間の捏造した余計な存在条件の基に成り立っている社会というものの虚構性を暴くのに、「生成」という現象に着目したのでした。日本語で「自然」と翻訳される"φυσιζ"（フュシス）というギリシア語も「絶えず立ち現われてくるもの」を名付けようとしているわけで、"φυσιζ"（フュシス）という言葉で、ギリシア人は、「二襞」の動的、生成の次元に眼差しを向けているのです。フュシスは、事物の「何であるのか」、即ち、「本質」を意味するのではなく、「何であるのか」という問い掛けを指針にしては捉えられない「二襞」の内の動的な生成の次元である「自ずから生成しているもの」のことなのです。生成の次元は、絶えず変化するゆえ、意味には還元できず、それぞれが名づけの原体験の場面に立ち返ることによって体験しなければならないような「名状し難きもの」なのです。重要なことは、「存在」の二重性は、それが名詞的次元だけが固定されてしまった場合、虚構の源泉にもなり得るし、動的生成の次元に着目すれば、虚構からの脱出口にもなり得るのだ、ということなのです。それでは、虚構からの突破口を考えてみましょう。

　ハイデガーは、虚構性からの突破口の１つとして、「死」を思索しています。「死」はまず、体験ができないゆえ、表象が不可能だから、「意味」には還元できないわけです。さらに、「死の代理不可能性」ということがあります。「代わりに死ぬ」ということがあったとしても、そのことで、相手の「死」を完全に取り除いてあげた、ということには決してならないのです。死は「代理不可

能」ですし、譲渡も不可能なのです。そんなわけで、死は、確実に自分１人に訪れる可能性ですから、自分自身が向き合わねばならないのです。死が、いつ訪れるか、いつやってくるか、は不確実ですが、この「訪れる」とか「やってくる」という言い方に見られる時間性は、どんな虚構によっても飼い慣らすことができません。死が訪れるという時間性を意識することで、虚構から自由になった生に至る道を垣間見ることができるかもしれません。

　トム・クルーズが殺し屋の役に扮したことで話題を呼んだ映画『コラテラル』の中に、「存在」に触れることで日々の生活の虚構性を脱し、死を覚悟した人間として甦る男の姿が描かれています。タクシーの運転手のマックスは、ある夜、ヴィンセントと名乗る男から、多額のチップを前金で渡されて一晩のドライヴァーを務めることになりましたが、その乗客は、殺し屋だったのです。ヴィンセントの命令を聞かざるを得ない状況に追い込まれたマックスは、ヴィンセントの話を聞く内に、彼は自分の中の何かが揺すぶられていくのを感じます。「お前は、この12年、本当にお前の夢をつかもうとしたのか？」。ヴィンセントに問い詰められ、言葉を失うマックスでしたが、そんな問答の最中、ロサンジェルスの町に忽然と姿を現し、道を横切るコヨーテを、二人の男が見つめる場面があります。このコヨーテの出現は、ヴィンセントの言葉に揺り動かされてきたマックスの心を必死の覚悟に向けて開いたのでした。平凡な毎日が繰り返されてきたこのロスの町に、突然迷い込んだ野性が、名状し難い「存在」の立ち現れのように機能し、マックスの中にあった日々の虚構に甘んじる心を粉砕してしまうのです。

　マックスのような極端な体験を経なくとも、私たちは、自分の生を、日々の虚構性から自由にすることができるのではないでしょうか。実は、虚構性から自由になった生とはどのような生なのか、という疑問の答えは、第５章で示しました。答えは「エネルゲイア」です。もう一度、違った角度から確認しておきましょう。

　アリストテレスの「エネルゲイア」は、「現在進行形の行為がそのまま目的である」という活動形態を意味していました。実は、ハイデガーは、このアリストテレスの「エネルゲイア」の中に、ギリシア語の"$\varphi \upsilon \sigma \iota \zeta$"（フュシス）が意味する「絶えず立ち現われてくるもの」あるいは「自ずから生成しているも

の」を見て取っていたのです。私たちが「エネルゲイア」を堪能できる時、「自ずから生成しているもの」である、ゾーエーとしての生を生きることになり、遊ぶ子どものような生の充足感を生きることができるわけです。今まで何度か確認してきましたように、「ゾーエー」は、「生きているという事実」を意味し、虚構である社会の中で、「生き方としての生」である「ビオス」に場を譲ってしまい、大人は、子どものように、エネルゲイアの根底を支えるゾーエーとしての生を体験することは難しくなってしまいました。私たちは、エネルゲイアを生きることで、社会に参入する以前に、私たちが体験していた「子どもの遊び」の世界に再び戻ることになるのです。それによって、ゾーエーとしての生を取り戻すのです。

　さて、私たちが生き方を考える時、2通りの生き方が考えられます。
　① 虚構としての社会の中で、虚構と知りつつ、虚構の中に居場所を見いだす生き方。

これは、実は、第3章の主題で、「目的」とか「価値」、「意味」といったアイディアによる生き方を、第3章で検討してきたのでした。社会の中で、とりあえずの目的を立て、とりあえずの「居場所」を持つことで満足できる人は、それはそれでいいのではないでしょうか。ただし、社会の虚構性をどうしても真面目に考え過ぎてしまって、社会の中では、生き方に不自由を感じてどうしようもない人は、以下に示す生き方をとるのがいいでしょう。
　② 「生成としての存在」に耳を傾け、自分も、生成である「エネルゲイア」を生きることで「今、ここ」を充実させる生き方。

これが、私たちが第5章で考えてきたことなのです。あなたの「エネルゲイア」を知り、社会に参入する前の子どものように無心に「遊ぶ」こと——そうした生き方にこそ、あなたは、充足感という幸福を見いだすことでしょう。

結びの言葉
　最後に一言：『悦ばしき知識』の中で、ニーチェが想定したあの悪魔がある日、あなたの所へやって来て、「お前が現に生き、また生きてきたこの人生を、いま一度、いな、さらに無数度にわたって、お前は生きねばならぬだろう。そこには新たな何ものもなく、あらゆる苦痛とあらゆる快楽、あらゆる思想と嘆

息、お前の人生の言いつくせぬ巨細のことども一切が、お前の身に回帰しなければならぬ。しかも何から何までことごとく同じ順序と脈絡にしたがって、――さればこの蜘蛛も、樹間のこの月光も、またこの瞬間も、この自己自身も、同じように回帰せねばならぬ」(第４書、§341) と、囁いたとしたらどうでしょう。つまり、あなたの行為が、次の人生でも、またその次の人生でも、ただただ永遠に反復されるだけなのだ、ということで、この悪魔は、あなたの行為は何の目的も意味も持たないのだ、ということを強調しているのです。「意味」も「目的」も人間による捏造物なのだという、ニーチェの考え方は、前の章で紹介しました。あらゆる事象は、ただただ未来永劫に渡って繰り返されるだけである、という、この「永劫回帰」という名で知られるニーチェの説は、「ただ意味も無く繰り返される、ただ目的も無く繰り返される」、ということを通して、「意味」や「目的」という捏造物を引き剥がしてしまった後の「生の無目的性、無意味性」を強調するためにニーチェが考案した説なのです。ニーチェは、この「永劫回帰」を唱えることによって、生の無目的性、無意味性を際立たせ、それでもお前はこの生を欲するのか、と私たちに迫ります。第５章を読んだ、今のあなたは、「よく生きる」のに、「意味」や「目的」にはもはやこだわらないことでしょう。つまり、あなたがエネルゲイアを生きている限り、この悪魔の囁きを気にも止めないことでしょう。

あとがき

　「人生の意味とは何か」という問いは、哲学に関心のある人ならば、一度は魅了されたことのある問いではないでしょうか。かく言う私も、この問いに魅了されて、哲学を志したわけです。20歳の頃、音楽の勉強をしようと、渡米した時のことです。思いがけぬ事故で指を骨折し、音楽の道を断念せざるを得なくなり、何のために生きているのか、という問いに真剣に悩まされた時、ブルース・パタノスターという哲学の教授が、親切なことにも、お見舞いに来てくださり、私のたどたどしい英語に真剣に耳を傾け、「人生について考えるために読むべき本」をギブスの上にサインペンで書いてくださいました。その時の出会いが、哲学を始めるきっかけになりました。その時、紹介された著者名に、今回取り上げた分析哲学系の哲学者の名前があったのです。彼は「分析哲学の長所は、議論の上で過ちを犯す時でも、誰にでも分かるように過ちを犯す、という点だよ」と言っていましたが、彼のその言葉の調子や動作を今でも生き生きと思い浮かべることができます。それから、ブルースの下で、哲学を学び始めましたが、ブルースの影響で、だんだん私の中で、「考えること」がエネルゲイアになっていきました。これがなければ、後に大学院に進み、「認知意味論」の創始者の一人、マーク・ジョンソンにも出会うことがなかったでしょう。本書でも、マークの弟子である以上、メタファーによる考察を展開し、思索の手掛かりにしています。

　けれども、いわゆる哲学の専門集団においては、哲学を学ぶ過程で、「人生の意味」についての問いは、何か「青臭い」問いであるかのように片付けられてしまい、入門時には気に掛かっていたこの問いも、哲学の素人を呼び寄せる時に役立つような、宣伝文句に活用される時以外は、忘れ去られてしまっているような、そんな問題になってしまっているのではないでしょうか。私は、本書

において、初心を忘れずに、かつ、誰にでも哲学の醍醐味が味わえるように、「人生の意味とは何か」という問いに向き合いました。

　哲学に関心を持つ学生は、必ずといってよいほど、「人生の意味とは何か」というテーマで講義をして欲しい、ということを申し出てきます。このように、この問題に関する関心が存在する以上、そうした関心に、誠実に応答しなければなりません。私自身の哲学の原点に帰るためにも、そしてこうした学生の関心に応えるためにも、何か書いておきたいと思うようになったのが、この本を著す動機でした。本書が若い人たちにとって、あるいは人生行路において、歩を止めざるを得なくなってしまった人たちにとって、人生を考える上での手引書になってくれれば、と願っています。

　そんなわけで、本書は、常に Mentor として私を導いてくれた、ブルース・パタノスター教授に捧げたいと思います。清水の父母、広島の父母、妻の順子と息子の智愛、折山章二先生、外山旭先生、宗像和先生、高山真知子先生、中山一萱先生、高見信治先生、隈元忠敬、陽子先生夫妻、山内廣隆先生、嘉指信雄さん、八重田淳さん、現代ビジネス学科の同僚、学生たち……お名前を挙げ始めたら切りがないほど多くの人たちの顔が浮かんできます。

　今回は、勤務先の安田女子大学から、出版助成費をいただいております。最後になりましたが、前回の『認知意味論の哲学』に続いて、大変お世話になった大学教育出版の佐藤守さんにお礼を申し上げます。Each man's life touches so many other lives（一人の人間の人生は、そんなに多くの他の人たちの人生と触れ合っているんですよ）という言葉を胸に刻んで、多くの人たちに感謝しつつ。

　　2004年　　　　　　　　　　　　　　　　　　智愛の誕生日に

参考文献及び引用文献

各章ごとに参考にした、あるいは引用した、文献順に並べてあります。

第1章

1. Lakoff, George and Turner, Mark, 1989, *More than Cool Reason*, The Univ. of Chicago, Chicago.
2. 宮本武蔵、1986、『五輪書』、鎌田茂雄訳注、講談社学術文庫。
3. ニーチェ、1971、『このようにツァラツストラは語った』上下2巻、吉沢伝三郎訳、講談社文庫。
4. ダンテ、1986、『神曲』上中下3巻、山川丙三郎訳、岩波文庫。
5. シェークスピア、1967、『マクベス』、小津次郎訳、『シェイクスピア全集7』より、筑摩書房。
6. Berman Rick, *Star Trek; Generations*, 1994, VHS, Paramount.
7. ジャクソン、ピーター、2001、『ロード・オブ・ザ・リング』、J. R. R.トールキン原作、DVD、日本ヘラルド映画株式会社。
8. ジャクソン、ピーター、2002、『ロード・オブ・ザ・リング；二つの塔』、J. R. R.トールキン原作、DVD、日本ヘラルド映画株式会社。
9. クライン、ナオミ、2003、『貧困と不正を生む資本主義を潰せ』、松島聖子訳、はまの出版。
10. ハイデガー、1960、『存在と時間』上中下3巻、桑木務訳、岩波文庫。
11. サルトル、1977、『実存主義とは何か』、伊吹武彦訳、人文書院。
12. 豊田利晃、2001、映画『青い春』、監督、脚本：豊田利晃、原作：松本大洋。
13. ペルザー、デイヴ、2002、『"Itそれ"と呼ばれた子』、田栗美奈子訳、ソニー・マガジンズ。
14. 松本清張、1973、『砂の器』上下2巻、新潮文庫。
15. 伊佐野英樹、瀬戸口克陽、2004、『砂の器』、TVドラマ、TBSエンタテインメント。
16. 野村芳太郎、1974、『砂の器』、DVD。松竹株式会社。
17. MBC Production、2004、『愛の群像』、DVD、MAXAM。

18. 古谷実、2002、『ヒミズ』4巻、講談社。
19. サルトル、『嘔吐』、白井浩二、人文書院。
20. ファノン、フランツ、1998、『黒い皮膚、白い仮面』、海老坂武他訳、みすず書房。
21. リップマン、W., 1987、『世論』、掛川トミ子訳、岩波文庫。
22. Thomas, Laurence, 1992, "Next Life, I'll Be White" in Twenty Questions, eds. G. Lee Bowie, Meredith W. Michaels, & Robert C. Solomon. 2nd. ed. HBJ.
23. ラッセル、ジョン、1991、『日本人の黒人観』、新評論。
24. セン、アマルティア、1999、『不平等の再検討』、池本幸生他訳、岩波書店。
25. マッキンタイア、1993、『美徳なき時代』、篠崎榮訳、みすず書房。
26. ホ・ジノ、2002、『春の日は過ぎゆく』、VHS、松竹ホームビデオ。
27. トゥアン、イーフー、1993、『個人空間の誕生』、阿部一訳、せりか書房。
28. 柳田國男、1993、『明治大正史、世相篇』講談社学術文庫。
29. 夏目漱石、1967、『硝子戸の中』、旺文社文庫。
30. 夏目漱石、2002、『坑夫』、新潮文庫。
31. 夏目漱石、2002、『文鳥・夢十夜』、新潮文庫。
32. ドレングソン、アラン、2001、『ディープ・エコロジー』、井上有一監訳、昭和堂。
33. 宮崎駿、1995、『風の谷のナウシカ』ワイド判全7巻、徳間書店。
34. ソロー、1995、『森の生活、ウォールデン』、岩波文庫。
35. サレス、ヴァルテル、1998、『セントラル・ステーション』、VHS、アミューズビデオ。
36. 世阿弥、観阿弥、1972、『花伝書（風姿花伝）』川瀬一馬訳注、講談社文庫。
37. MBC Production, 2001, 『Hotelier』DVD, IMX.
38. アガンベン、ジョルジョ、2000、『人権の彼方に』高桑和巳訳、以文社。
39. 羅貫中、1992、『三国志演義』上下2巻、立間祥介訳、平凡社。
40. Capra, Frank, 1946, *It's a Wonderful Life*, VHS, Goodtimes Home Video Co.
41. Johnson, Mark, 1987, *The Body in the Mind*, Chicago University Press, Chicago.
42. カント、1974、『啓蒙とは何か』、篠田英雄訳、岩波文庫。
43. Foucault, Michel, "What is Enlightenment?" in *The Foucault Reader*, ed. Paul Rabinow, Pantheon Books, New York, 1984. pp.33~34.
44. 山下和美、1999、『天才柳沢教授の生活』第14巻、講談社。
45. 斎藤環、2003、『OK? ひきこもり OK!』マガジンハウス。
46. 宮崎駿、2002、『千と千尋の神隠し』VHS。ブエナ・ビスタ・ホーム・エンタテインメント。
47. ワイラー、ウィリアム、1959、『Ben-hur』、VHS、ワーナー・ホームビデオ。
48. レオポルド、アルド、1997、『野生の歌が聞こえる』、新島義昭訳、講談社学術文庫。
49. Roddenberry, Gene, 1993, *Star Trek: The Next Generation*: Episode 141 "Tapestry", VHS, Paramount.

50. イ・ジェヨン、2003、『スキャンダル』、DVD、アミューズソフトエンタテインメント。
51. シバ、バンダナ、2002、『バイオパイラシー』、松本丈二訳、緑風出版。
52. クリプキ、ソール、1985、『名指しと必然性』八木沢敬、野家啓一訳、産業図書。
53. レッドフォード、ロバート、1994、『リバー・ランズ・スルー・イット』、VHS、パイオニア LDC。
54. ユン・ソクホ、2002、『冬のソナタ』、DVD、NHK ソフトウェア。
55. 黒沢清、2003、『アカルイミライ』、DVD、メディアファクトリー。
56. フーコー、ミッシェル、1987、『同性愛と生存の美学』、増田一夫訳、哲学書房。
57. 小津安二郎、1984、『一人息子』、『小津安二郎作品集 3』より、立風書房。
58. カイヨワ、ロジェ、1990、『遊びと人間』、多田道太郎訳、講談社学術文庫。
59. プラトン、1993、『法律』上下 2 巻、森進一他訳、岩波文庫。
60. ニーチェ、1964、『道徳の系譜』、木場深定訳、岩波文庫。
61. チョムスキー、ノーム、2004、『秘密と嘘と民主主義』、田中美佳子訳、成甲書房。
62. 司馬遷、1972、『史記』全 6 巻、丸山松幸他訳、徳間書店。
63. Bergman, Ingmar, 1957, *The Seventh Seal*, VHS, Homevision.
64. 1996、『驚異の小宇宙・人体 II、脳と心、第三集、人生をつむぐ臓器、～記憶～』、VHS、NHK エンタープライズ。
65. カミュ、1954、『異邦人』、窪田啓作訳、新潮文庫。
66. アリストテレス、1971、『ニコマコス倫理学』上下 2 巻、高田三郎訳、岩波文庫。
67. エピクロス、1959、『エピクロス：教説と手紙』、フル・ネーム、岩波文庫。
68. Mill, John Stuart, 1861, *Utilitarianism*, Collins, London.

第 2 章

1. トルストイ、1964、『ざんげ』、木村彰一訳、『トルストイ：世界文学大系 84』、北垣信行、木村彰一訳、筑摩書房。
2. カミュ、1969、『シーシュポスの神話』清水徹訳、新潮社。
3. Stace, Walter T., 1948, "Man against Darkness," in *The Atlantic Monthly*, September, Boston.

第 3 章

1. Sagoff, Mark, 1991, "Zuckerman's Dilemma: A Plea for Environmental Ethics," in *People, Penguins, and Plastic Trees*, ed. by VanDeVeer D. Wadsworth Publishing Company, 1995.

2. Hare, R. M. 1972, "Nothing Matters: Is 'the Annihilation of Values' something that could happen?" *in Applications of Moral Philosophy*, Macmillan, London. pp.32-39.
3. Baier, Kurt, 1957, "The Meaning of Life" in The Inaugural Lecture at Canberra University, pp.18-29.
4. Edwards, Paul, 1967, "Life, Meaning and Value of" in *The Encyclopedia of Philosophy*, vol. 4, ed. Paul Edwards, Macmillan, New York, pp.467-476.
5. ネーゲル、トマス、1989、『コウモリであるとはどのようなことか』、永井均訳、勁草書房。
6. ネーゲル、トマス、1993、『哲学ってどんなこと?』、岡本祐一郎他訳、昭和堂。
7. ロールズ、1979、『正義論』、矢島欽次監訳、紀伊国屋書店。
8. ヒューム、1948、『人生論』全4巻、大槻晴彦訳、岩波文庫。
9. バーリン、I., ジャハンベグロー、R., 1993、『ある思想史家の回想』、河合秀和訳、みすず書房。
10. 丸山真男、1976、『戦中と戦後の間』、みすず書房。
11. 畠山重篤、松永勝彦、1999、『漁師が山に木を植える理由』、成星出版。

第4章

1. Taylor, Richard, 1970, "The Meaning of Life" in his *Good and Evil*, Macmillan, New York, pp.141-150.
2. 西岡兄妹、2003、『この世の終りへの旅』、青林工藝舎。
3. ショーペンハウエル、1976、『存在と苦悩』、金森誠也編訳、白水社。
4. マルセル、ガブリエル、1966、『技術時代における聖なるもの』、福井芳男他訳、春秋社。
5. チャップリン、チャールズ、1952、『ライムライト』、VHS、ポニーキャニオン。
6. ノージック、ロバート、1992、『アナーキー・国家・ユートピア』、嶋津格訳、木鐸社。
7. ウォシャウスキー、アンディ&ラリー、2000、『マトリックス』、VHS、ワーナー・ホーム・ビデオ。

第5章

1. Lachs, John, 1964, "To Have and To Be" in *Personalist*, vol.45, #1, Winter 1964, Basil Blackwell, London, pp.540-547.
2. チャップリン、チャールズ、1993、『モダンタイムズ』、VHS、ポニーキャニオン。
3. フォード、ヘンリー、2002、『藁のハンドル』、竹村健一訳、中公文庫。
4. シュローサー、エリック、2001、『ファストフードが世界を食いつくす』楡井浩一訳、草思社。

5. リッツア、ジョージ、1999、『マクドナルド化する社会』、正岡寛司監訳、早稲田大学出版部。
6. パラスト、グレッグ、2003、『金で買えるアメリカ民主主義』、貝塚泉、永峰涼訳、角川書店。
7. シンガー、ピーター、1995、『私たちはどう生きるべきか』、山内友三郎訳、法律文化社。
8. 柄谷行人、2000、『倫理21』、平凡社。
9. アリストテレス、1959、『形而上学』上下2巻、フル・ネーム、岩波文庫。
10. ドヴォーキン、アンドレア、1989、『インターコース』、寺沢みづほ訳、青土社。
11. トルストイ、1964、『クロイツェル・ソナタ』、木村彰一訳、『トルストイ：世界文学大系84』、北垣信行、木村彰一訳、筑摩書房。
12. 鈴木大拙、1975、『禅による生活』、春秋社。
13. 松本大洋、2002、『メザスヒカリノサキアルイハパラダイス』、NHK放送、劇団黒テントによる。
14. ホイジンガ、ヨハン、1973、『ホモ・ルーデンス』、高橋英夫訳、中公文庫。
15. デリダ、ジャック、2003、『Fichus』、逸見龍生訳、白水社。
16. マッキンタイア、1993、『美徳なき時代』、篠崎榮訳、みすず書房。
17. ニーチェ、1993、『権力への意志』上下2巻、原佑訳、ちくま学術文庫。
18. ニーチェ、1980、『悦ばしき知識；ニーチェ全集8』、信太正三訳、理想社。
19. ニーチェ、1994、『偶像の黄昏；反キリスト者』、原佑訳、ちくま学術文庫。
20. ニーチェ、1952、『この人を見よ』、阿部六郎訳、新潮文庫。
21. ニーチェ、1971、『このようにツァラツストラは語った』上下2巻、吉沢伝三郎訳、講談社文庫。
22. ニーチェ、1964、『道徳の系譜』、木場深定訳、岩波文庫。
23. 永井均、1996、『子どものための哲学』、講談社。
24. 宮台真司、1998、『これが答えだ！』、飛鳥新社。
25. 松本大洋、1997、『ピンポン』全4巻、小学館。
26. 松本大洋、1995、『ZERO』上下2巻、小学館。
27. Daldry, Stephen, 2000, *Billy Elliot*, VHS, Universal Studios.

第6章

1. エピクロス、1959、『エピクロス：教説と手紙』、フル・ネーム、岩波文庫。
2. ノージック、1993、『生のなかの螺旋』、井上章子訳、青土社。
3. ノージック、1997、『考えることを考える』上下2巻、坂本百大訳、青土社。
4. Marquis, Don, 1989, "Why Abortion is Immoral," in *Taking Sides*, Third edtition,

ed. Satris, Stephen, The Dushkin Publishing Group, Connecticut, 1992. pp.208-215.
5. ネーゲル、トマス、1989、『コウモリであるとはどのようなことか』、永井均訳、勁草書房。
6. ハイデガー、1983、『ロゴス、モイラ、アレーテイア』、宇都宮芳明訳、理想社。
7. ハイデガー、1960、『存在と時間』上中下3巻、桑木務訳、岩波書店。
8. ニーチェ、1980、『悦ばしき知識』、信太正三訳、理想社。

■著者略歴

青木　克仁　（あおき　かつひと）

1957年　静岡市に生まれる。
アメリカ合衆国、Southern Illinois Universityにて、社会哲学をガース・ギラン、認知意味論をマーク・ジョンソンのもとで学ぶ。
平成4年、同大学院哲学科より、Ph. D. を取得。
専門は言語哲学（認知意味論）、社会哲学。
現在は、広島市安田女子大学現代ビジネス学科教授。

主な著作
『対話（コミュニケーション）のための論理学』（大学教育出版）
『認知意味論の哲学』（大学教育出版）

イメージから考える人生論

2005 年 5 月 10 日　初版第 1 刷発行

■著　者────青木克仁
■発行者────佐藤　守
■発行所────株式会社 大学教育出版
　　　　　　　〒700-0953 岡山市西市 855-4
　　　　　　　電話 (086) 244-1268　FAX (086) 246-0294
■印刷所────互恵印刷㈱
■製本所────㈲笠松製本所
■装　丁────ティー・ボーンデザイン事務所

Ⓒ Katsuhito Aoki 2005, Printed in Japan
検印省略　　落丁・乱丁本はお取り替えいたします。
無断で本書の一部または全部を複写・複製することを禁じます。
ISBN4-88730-624-5